石油石化装备行业发展报告

2024

中国石油和石油化工设备工业协会 编著

石油工业出版社

内容提要

本书梳理了 2024 年度我国石油和石油化工装备行业的相关产业政策、行业运行、科技创新、团体标准、科技成果等内容，全面反映 2024 年度行业发展情况，为政府部门和相关企事业单位制定产业政策和发展战略提供参考。

本书可供石油和石油化工装备行业研发、制造、采购、应用、管理人员使用，也可供高等院校相关专业师生参考。

图书在版编目（CIP）数据

石油石化装备行业发展报告 . 2024/ 中国石油和石油化工设备工业协会编著 . -- 北京：石油工业出版社，2025.3. -- ISBN 978-7-5183-7426-7

Ⅰ. F426.22

中国国家版本馆 CIP 数据核字第 2025L9Z536 号

出版发行：石油工业出版社
（北京安定门外安华里 2 区 1 号　100011）
网　　址：www.petropub.com
编辑部：（010）64523693
图书营销中心：（010）64523633
经　销：全国新华书店
印　刷：北京九州迅驰传媒文化有限公司

2025 年 3 月第 1 版　2025 年 3 月第 1 次印刷
880×1230 毫米　开本：1/16　印张：14.75
字数：341 千字

定价：200.00 元
（如出现印装质量问题，我社图书营销中心负责调换）
版权所有，翻印必究

《石油石化装备行业发展报告 2024》

编委会

主　任：刘宏斌

副主任：秦永和　张雨豹　张冠军　雷　平

委　员：张锦宏　周家尧　郝鸿毅　张福琴　邢桂坤
　　　　宋志龙　王　波　贺会群

工作组：邹连阳　王逸达　汪　洁

前言
PREFACE

  石油石化装备是保障国家能源安全、推进新型工业化、发展新质生产力的重要支撑，是促进国民经济健康发展和增进民生福祉的重要基础，是国际竞争的重要领域。推动石油石化装备高质量发展是加快建设制造强国、能源强国的重要任务，事关中国式现代化全局。

  以习近平同志为核心的党中央从国家发展和能源安全的战略高度，对能源安全和石油石化装备高质量发展作出重要战略部署。习近平总书记指出："加强原创性、引领性科技攻关，把装备制造牢牢抓在自己手里，努力用我们自己的装备开发油气资源，提高能源自给率，保障国家能源安全"。

  在党中央的高度重视及国家相关部门的大力推动下，我国石油石化装备行业创新发展取得历史性成就，全产业链产品种类和产业规模稳居世界第一。陆上油气钻采装备国产化率达到90%，滩浅海油气钻采装备国产化率超过70%，炼油化工装备国产化率达到95%，部分关键技术装备达到国际先进水平。我国石油石化装备产业正处于由"大"变"强"的关键时期。

  本报告梳理了2024年度我国石油石化装备行业的产业政策、行业信息、科技创新等相关内容，力求反映2024年度石油石化装备行业的发展状况，为政府部门和相关企事业单位制定产业政策和发展战略提供参考。

  本报告的内容及数据来源于国家、机构及媒体公开发布的信息。无论是否注明原作者及出处，其版权均属于原作者。本报告旨在帮助业内人士了解行业发展信息，无意触及原作者的合法权益。本报告的编制，得到了有关行业、企业的领导和专家悉心指导，在此一并表示感谢。

  受笔者水平和信息来源的限制，本报告难免有疏漏之处。欢迎广大读者批评指正，也欢迎为本报告下一版本的出版提供更加专业、详实的指导。

目录 CONTENTS

第一篇　产业政策 ········· 1

一、《习近平关于国家能源安全论述摘编》在全国发行 ········· 2

二、我国首部《中华人民共和国能源法》为石油石化装备行业转型发展提供行动指南 ········· 3

三、国务院印发《2024—2025年节能降碳行动方案》 ········· 3

四、国务院推动大规模设备更新和消费品以旧换新 ········· 5

五、工业和信息化部等七部门印发《推动工业领域设备更新实施方案》 ········· 6

六、工业和信息化部印发实施《绿色工厂梯度培育及管理暂行办法》 ········· 7

七、工业和信息化部部署20项重点任务打造"中国制造"品牌 ········· 8

八、市场监管总局等五部门印发《中国首台（套）重大技术装备检测评定管理办法（试行）》 ········· 8

九、工业和信息化部等三部门印发《关于进一步完善首台（套）重大技术装备首批次新材料保险补偿政策的意见》 ········· 9

十、工业和信息化部印发《首台（套）重大技术装备推广应用指导目录（2024年版）》 ········· 10

十一、国家能源局召开2024年全国能源工作会议 ········· 11

十二、国家能源局召开2024年大力提升油气勘探开发力度工作推进会 ········· 11

第二篇　行业信息 ········· 15

一、石油石化装备行业经济运行情况 ········· 16

    1. 主要经济指标 ········· 16

    2. 经济运行质量 ········· 17

    3. 出口交货情况 ········· 19

二、石油石化装备制造基地发展情况 ········· 19

    1. 宝鸡基地 ········· 19

    2. 建湖基地 ········· 20

    3. 大庆基地 ········· 22

    4. 东营基地 ········· 23

    5. 广汉基地 ········· 24

6. 荆州基地 25
7. 牡丹江基地 27
三、中国油气资源数据公布 28
四、中国工程院发布 2024 年全球工程前沿技术 29
五、《中国油气与新能源市场发展报告（2024）》发布 30
六、《中国能源大事年鉴 2024》发布 34
  1. 油气行业持续推进增储上产 34
  2. 油气企业密集部署天然气增产保供 35
  3. 天然气管网互联互通加快推进 35
  4. 重大储气工程陆续投产 36
  5. 成品油管输价格形成机制进一步完善 36
  6. 天然气利用政策优化调整 37
  7. 成品油出口退税率下调至 9% 37
  8. 炼油行业节能降碳工作全面推进 38
  9. 新能源车发展加速汽柴油替代 38
  10. 油气企业加速布局新能源业务 39
  11. 油气企业优化海外发展战略布局 39
  12. 我国规上原油天然气生产持续增长 40
七、主要油气田产量 40
八、我国建成百万吨油气当量煤岩气田 42
九、中国石化牵头成立深部地热领域创新联合体 43
十、我国首口万米科探井钻深突破万米 44
十一、镇海炼化打造世界级石化产业基地 44
十二、我国新增油气管道里程超 4000 千米 45

第三篇　行业科技　47

一、油气钻采装备 48
  1. 钻完井装备 48
    1）全球首台 12000 米特深井自动化钻机刷新亚洲最深直井纪录 48
    2）"新胜利三号"平台入列胜利油田海上钻探 49
    3）世界首台 4000 米车装沙漠钻机在非洲服役 49
    4）沙漠快移混合动力钻机成功开钻 50
    5）电驱自动化连续油管在侧钻技术领域应用 50
    6）首套陆地钻井用 28~140 兆帕防喷器系统及 35 兆帕控制装置联调试验 51
    7）国内承压能力最高的 175 兆帕节流压井管汇研制成功 52
    8）我国高端人工岛丛式井智能钻机日趋成熟 52

9）全国产化 12000 米深智钻机成功交付 ·············· 53
10）国内首套深部岩心钻探装备通过验收 ·············· 53
11）国产化离线钻机投入工业应用 ·············· 54
12）山地地热智能钻机成功发运 ·············· 54
13）国产油气钻井防喷器实现系列化 ·············· 55
14）新一代智能振动筛研制成功 ·············· 57
15）新型精细控压自动节流管汇及控制系统投入应用 ·············· 58
16）CNPC-IDS 旋转导向定向仪器技术获突破 ·············· 59
17）475IDSS 智能导向系统现场试验成功 ·············· 59
18）"经纬"旋转地质导向钻井系统突破国外技术垄断 ·············· 60
19）"璇玑"旋转导向钻井与随钻测井系统在海外规模化作业 ·············· 60
20）175℃高温 MWD 系统投入应用 ·············· 61
21）石工卓灵 38 毫米 MWD 研制成功 ·············· 61
22）油气钻井钻头全系列国产化 ·············· 62
23）国内首套超大尺寸尾管悬挂器现场应用 ·············· 64
24）无线射频循环堵漏工具试验成功 ·············· 64

2. 作业装备 ·············· 65
1）大通径测试工具填补国内技术空白 ·············· 65
2）连续油管穿光缆技术获重大突破 ·············· 66
3）非金属隔热连续管成功应用 ·············· 66
4）超高温超高压射孔器为万米深层油气开发添新利器 ·············· 66
5）127 型超深穿透射孔器再创世界纪录 ·············· 68
6）电驱自动化修井装备成功应用 ·············· 68
7）电驱压裂应用技术达到国际先进水平 ·············· 69
8）中国首艘大型压裂船研制核心装备验收交付 ·············· 70
9）川渝压裂现场首次应用"燃气直驱" ·············· 71
10）全球首套 175 兆帕压裂装备投入使用 ·············· 72
11）175 兆帕超高温超高压采气井口装置投入使用 ·············· 73
12）光伏供电融合液压举升技术首次应用 ·············· 73
13）一站多井液压抽油机"节能省地＋智能运行" ·············· 74
14）智能无杆排采系统助力油气生产量效双增 ·············· 74
15）智能液压抽油机开拓排水采气新市场 ·············· 74
16）多功能洗修井作业一体机投入应用 ·············· 75
17）新型 CO_2 微气泡驱油工具投入应用 ·············· 76

二、海洋油气工程装备 ·············· 76
1. 油气钻采装备制造企业深度参与大洋钻探船"梦想"号研制 ·············· 76
2. 全球首套"一体式水下井口系统"海试应用成功 ·············· 79
3. 我国首个深水钻井隔水管海试成功 ·············· 79

4. 我国最大补偿能力钻柱补偿系统成功应用 ································ 80
5. HXJ225DB 自动化海洋修井机出厂 ····································· 81
6. 超长抗旋转海工钢丝绳打破国外垄断 ··································· 82
7. 固定式井下节流阀获 DNV 认证 ·· 83
8. 压缩机橇助力我国首个海上膜脱碳示范工程项目建成投用 ················· 83
9. 全球首座移动式注热平台投入应用 ····································· 84
10. 井口地面安全阀及二氧化碳回注井口装置投入应用 ····················· 85
11. 我国自主研制首座大型浮式天然气液化装置建成出坞 ··················· 87
12. 国产大功率原油发电机组／天然气发电机组研制成功 ··················· 88

三、油气储运装备 ·· 89

1. 我国天然气管道关键设备及核心控制系统全面实现国产化 ················ 89
2. 我国长输管道压缩机组智能控制技术达到国际领先水平 ·················· 91
3. 国内首套 273 毫米管径厚壁管内检测器试验成功 ························ 93
4. 天然气管道黑粉捕集设备通过出厂验收 ································· 93
5. 国内首台低流量高压力 LNG 浸没燃烧式气化器投运 ····················· 94
6. 四川高含硫气田集输处理压力容器出厂交付 ····························· 94
7. 国产燃驱压缩机组创运行时长新纪录 ··································· 95
8. "柔性内焊机器人"通过鉴定 ·· 96
9. 国家高钢级大口径油气长输管道全面应用全自动焊技术 ·················· 97
10. 国产最大功率高速往复式压缩机组投入运行 ··························· 97
11. 我国自主研制首艘新型大型 LNG 运输船成功交付 ······················ 98
12. 电驱水平定向钻机助力大口径长距离穿越工程 ························· 99
13. 天然气管网 SCADA 系统全面实现国产化替代 ························· 100
14. 国内首套大容量超低温储罐通过国际认证 ····························· 100
15. LNG 储罐泄放阀和高压低温泵实现国产替代 ·························· 101
16. 油气专用管材助力陕京管道累计输气 7000 亿立方米 ··················· 101
17. 自动化油气储运系列装备实现国产化替代 ····························· 102

四、炼油化工装备 ··· 104

1. 全球最大乙烯装置"三机"启动建设 ·································· 104
2. 乙烷制乙烯技术装备取得重大突破 ···································· 105
3. 3000 吨级锻焊加氢反应器创造世界纪录 ······························· 106
4. 四川盆地气田项目高含硫工况设备交付 ································ 107
5. 石化行业节能降碳减排新技术成效明显 ································ 108
6. 石化装置油品检测核心设备实现国产化替代 ···························· 108
7. 全球最大旋转补偿器模拟试验装置研制成功 ···························· 109
8. 塔壁吹扫"爬壁机器人"投入应用 ···································· 110
9. 石化装置裂解气急冷器换热管替代进口 ································ 111
10. 聚乙烯装置超高压反应釜实现国产化应用 ···························· 111

11. 中沙古雷150万吨乙烯项目丙烯塔出厂 ………………………………………… 112

　五、新能源装备 ………………………………………………………………………………… 113

　　1. 兆瓦级高纯度电解海水制氢装置试运行成功 …………………………………… 113
　　2. 国内最大一体橇装式1.5兆瓦分布式氢能电站投入运行 ……………………… 115
　　3. 氢能"制储输加用"技术装备成功应用 ………………………………………… 116
　　4. 氢能装备制造基地揭牌 …………………………………………………………… 117
　　5. 全国首座城镇燃气掺氢综合实验平台在深圳投用 ……………………………… 118
　　6. 压缩空气储能核心压缩机技术突破 ……………………………………………… 119
　　7. 250兆帕及320兆帕超高压压缩机填补国内空白 ……………………………… 119
　　8. 锌溴液流电池储能系统和全钒液流电池先后投入应用 ………………………… 120
　　9. 智能微电网系统在青海油田投入运行 …………………………………………… 121
　　10. CCUS项目配套压缩机组投入运行 ……………………………………………… 122

第四篇　数字化、智能化、绿色化 ……………………………………………… 123

　一、智能钻完井技术与装备研究中心成立 …………………………………………………… 124
　二、数智研究院有限公司注册成立 …………………………………………………………… 125
　三、"海弘"高端完井工具"智慧工厂"建成投产 ………………………………………… 125
　四、录井大数据智能解释系统成功开发 ……………………………………………………… 126
　五、"氢代油"绿色钻井示范工程启动运行 ………………………………………………… 127
　六、数据驱动实现远程数控打井 ……………………………………………………………… 128
　七、页岩油气勘探开发装备制造中试基地揭牌 ……………………………………………… 128
　八、深水地震勘探采集水下机器人投入应用 ………………………………………………… 129
　九、油气勘探智能节点采集系统国际领先 …………………………………………………… 129
　十、石油工程井场数据智汇盒（ICDB）通过鉴定 …………………………………………… 131
　十一、国产化光纤数据采集系统完成海上首次应用 ………………………………………… 132
　十二、石油机械数智化生产线上线运行 ……………………………………………………… 132
　十三、海洋油气装备"智能工厂"全面投产 ………………………………………………… 133
　十四、压裂远程决策支持平台推广应用 ……………………………………………………… 134
　十五、智能化全电动压裂成熟运行 …………………………………………………………… 136
　十六、潜油电泵智能生产线建成投产 ………………………………………………………… 137
　十七、数字化连续管装备自动巡航模式成功应用 …………………………………………… 139
　十八、油气管道智能化站场加快建设 ………………………………………………………… 139
　十九、中东井场数字化改造EPC项目正式授标 ……………………………………………… 141
　二十、数字孪生智能乙烯工厂建成运行 ……………………………………………………… 142
　二十一、"金睛"电子安全监督系统成功应用 ……………………………………………… 143

二十二、炼化装置泵群智能巡检机器人通过鉴定 144

二十三、油气钢管制造获碳足迹认证 146

第五篇　标准与质量 147

一、国际标准 148

1. 《潜油直线电机》国际标准发布 148
2. 《感应加热弯管》国际标准发布 149
3. 《油气田设备材料绿色制造和低碳排放指南》国际标准发布 149
4. 《石油天然气工业 钻采设备 钻井泵》国际标准项目成功立项 150
5. 《管道缺陷修复用B型套筒》国际标准立项修订 151
6. 《顶部驱动钻井系统》国际标准立项编制 151

二、CPI团体标准 152

三、检测与认证认可 158

1. 基本情况 158
2. 检测机构情况 158
   1）国家石油钻采炼化设备质量监督检验中心（上海科创） 158
   2）国家油气钻采设备质量检验检测中心（世纪派创） 160
   3）国家油气田井口设备质量检验检测中心（江汉所） 161
   4）国家石油机械产品质量检验检测中心（江苏） 161
   5）国家石油管材质量检验检测中心（工程材料院） 161
   6）四川科特检测技术有限公司 162
   7）北京康布尔石油技术发展有限公司 163
   8）国家石油装备产品质量检验检测中心（山东） 164
3. 认证认可 164

第六篇　科技成果 167

一、2024年度央企十大国之重器发布 168

1. 我国自主设计建造的首艘大洋钻探船"梦想"号正式入列 168
2. 我国自主设计建造的"海葵一号"和"海基二号"同时投产 169
3. 700亿参数昆仑大模型发布 169
4. 我国自主研制的300兆瓦级F级重型燃气轮机点火成功 169
5. 中国首台12000米深智钻机交付 170

二、油气装备物联网应用项目入选工信部行业发展典型案例 170

三、"宽频宽方位高密度地震勘探关键技术与装备"获国家技术发明奖一等奖 170

四、"'深海一号'超深水大气田开发工程关键技术与应用"获国家科技进步奖一等奖 172

五、长寿命大型乙烯裂解反应器设计制造与维护技术获国家科技进步奖二等奖 173

六、中石协发布 2023 年度新产品、新技术、新材料科技创新成果 …………………… 174
　　七、东方宏华再次荣获陆地石油钻机单项冠军 ………………………………………… 176
　　八、北石公司静音节能永磁直驱顶驱摘得大赛金奖 …………………………………… 176

第七篇　发展综述 …………………………………………………………………… 177

　　一、面临的形势与需求方面 ……………………………………………………………… 179
　　二、深地油气钻探装备方面 ……………………………………………………………… 183
　　三、深水油气钻探装备方面 ……………………………………………………………… 191
　　四、非常规油气钻探装备方面 …………………………………………………………… 199
　　五、炼油化工装备方面 …………………………………………………………………… 206
　　六、数字化智能化方面 …………………………………………………………………… 211

第一篇
产业政策

2024年以来，在以习近平同志为核心的党中央高度重视、热情关怀和积极引领下，党和国家出台了一系列支持政策，有力助推了我国石油和石油化工装备产业在自主创新和突破"卡脖子"技术等方面的高质量发展，我国石油和石油化工装备产业正在由"大"变"强"。

本报告在习近平总书记提出"四个革命、一个合作"能源安全新战略十周年之际出版发行，汇集了习近平总书记围绕国家能源安全战略发表的一系列重要论述，立意高远、内涵丰富、思想深刻，对于新时代新征程统筹能源发展和能源安全，深入推动能源革命，加快建设能源强国，为中国式现代化建设提供安全可靠的能源保障，具有十分重要的意义。

全国人大首次表决通过的《中华人民共和国能源法》，立足我国能源资源禀赋实际，适应能源发展新形势，对能源领域基础性重大问题做出法律规定，是能源领域的基础性、统领性法律，为石油石化行业发展释放了"绿色"信号，也为行业发展提供了行动指南，对于进一步夯实能源行业法治根基、保障国家能源安全和推动绿色低碳转型，具有十分重大和深远的意义。

工业和信息化部、国家能源局等部门先后出台了推动节能降碳、绿色制造、设备更新、品牌培育以及支持首台（套）重大技术装备的相关政策，持续推动提升油气资源勘探开发力度，为石油石化装备行业的快速发展创造了政策氛围和经济环境。

本篇收集整理了相关产业政策，并对政策要点加以解读，便于读者了解政策的核心内容。

一、《习近平关于国家能源安全论述摘编》在全国发行

2024年6月10日，在习近平总书记提出"四个革命、一个合作"能源安全新战略十周年之际，《习近平关于国家能源安全论述摘编》一书在全国发行。该书汇集了习近平总书记围绕国家能源安全战略发表的一系列重要论述，立意高远、内涵丰富、思想深刻，对于新时代新征程统筹能源发展和能源安全，深入推动能源革命，加快建设能源强国，为中国式现代化建设提供安全可靠的能源保障，具有十分重要的意义。

十年来，石油石化装备行业深入学习贯彻习近平总书记关于国家能源安全的一系列重要论述，实施了一系列开创性举措，推进了一系列变革性实践，打造了一批大国重器。突出安全高效，全面提升多元化能源资源供给能力；突出节能降耗，大力推进绿色低碳发展；突出自立自强，强化能源与化工领域科技攻关；突出激发活力，全面深化重点领域改革；突出互利共赢，积极稳妥开展国际能源合作。有效履行了保障国家能源安全、维护石油和石油化工装备产业链供应链稳定的重大责任。

二、我国首部《中华人民共和国能源法》为石油石化装备行业转型发展提供行动指南

2024年11月8日，十四届全国人大常委会第十二次会议表决通过《中华人民共和国能源法》（以下简称《能源法》），自2025年1月1日起施行。这部法律共九章，依次为总则、能源规划、能源开发利用、能源市场体系、能源储备和应急、能源科技创新、监督管理、法律责任和附则，共八十条。

《能源法》立足我国能源资源禀赋实际，适应能源发展新形势，对能源领域基础性重大问题做出法律规定，是能源领域的基础性、统领性法律，为石油石化行业发展释放了"绿色"信号，也为行业发展提供了行动指南，对于进一步夯实能源行业法治根基、保障国家能源安全和推动绿色低碳转型，具有十分重大和深远的意义。

《能源法》明确规定了加大石油、天然气资源勘探开发力度，鼓励规模化开发，强调优化石油加工转换产业布局和结构，有助于推动化石能源产业的绿色转型。明确了能源科技创新的发展路径，指出能源科技的重点方向是能源资源勘探开发、化石能源清洁高效利用，以及储能、节约能源等。这既是对石油石化行业提出的发展要求，也是具有导向意义的转型路径。

《能源法》突出加快能源绿色低碳发展的战略导向。我国能源资源禀赋"富煤、贫油、少气"，同时风能、太阳能、生物质能、地热能、海洋能等资源丰富，发展可再生能源潜力巨大。应对能源需求压力巨大、供给制约较多、绿色低碳转型任务艰巨等挑战，需要大力发展可再生能源。

《能源法》在法律层面统筹高质量发展与高水平安全，为加快构建清洁低碳、安全高效的新型能源体系提供坚强法治保障。满足人民美好生活用能需求，是《能源法》的出发点和落脚点。用能需求得到满足，用能质量得到提升，是人民群众对能源高质量发展最直观的感受。《能源法》坚持以人民为中心的发展思想，以高质量能源供给满足人民高品质生活需要为目的，强化法律制度保障，全方位提升能源供给效能，坚决守住民生用能底线，不断提升人民用能获得感。

三、国务院印发《2024—2025年节能降碳行动方案》

2024年5月23日，国务院印发《2024—2025年节能降碳行动方案》（以下简称《行动方案》），要求各级部门、单位认真贯彻执行。节能降碳是积极稳妥推进碳达峰碳中和、全面推进美丽中国建设、促进经济社会发展全面绿色转型的重要举措。为加大节能降碳工作推进力度，采取务实管用措施，尽最大努力完成"十四五"节能降碳约束性指标，制定该方案。

▲ 扫码查看《2024—2025年节能降碳行动方案》

《行动方案》针对石化、油气、煤化工等行业提出重点任务：

第一，化石能源消费减量替代行动，包括：严格合理控制煤炭消费，优化油气消费结构。

第二，钢铁行业节能降碳行动，包括：加强钢铁产能产量调控，深入调整钢铁产品结构，加快钢铁行业节能降碳改造。

第三，石化化工行业节能降碳行动，包括：

（1）严格石化化工产业政策要求。强化石化产业规划布局刚性约束。严控炼油、电石、磷铵、黄磷等行业新增产能，禁止新建用汞的聚氯乙烯、氯乙烯产能，严格控制新增延迟焦化生产规模。新建和改扩建石化化工项目须达到能效标杆水平和环保绩效A级水平，用于置换的产能须按要求及时关停并拆除主要生产设施。全面淘汰200万吨/年及以下常减压装置。到2025年底，全国原油一次加工能力控制在10亿吨/年以内。

（2）加快石化化工行业节能降碳改造。实施能量系统优化，加强高压低压蒸汽、驰放气、余热余压等回收利用，推广大型高效压缩机、先进气化炉等节能设备。到2025年底，炼油、乙烯、合成氨、电石行业能效标杆水平以上产能占比超过30%，能效基准水平以下产能完成技术改造或淘汰退出。2024—2025年，石化化工行业节能降碳改造形成节能量约4000万吨标准煤、减排二氧化碳约1.1亿吨。

（3）推进石化化工工艺流程再造。加快推广新一代离子膜电解槽等先进工艺。大力推进可再生能源替代，鼓励可再生能源制氢技术研发应用，支持建设绿氢炼化工程，逐步降低行业煤制氢用量。有序推进蒸汽驱动改电力驱动，鼓励大型石化化工园区探索利用核能供汽供热。

《行动方案》提出，2024年，单位国内生产总值能源消耗和二氧化碳排放分别降低2.5%左右和3.9%左右，规模以上工业单位增加值能源消耗降低3.5%左右，非化石能源消费占比达到18.9%左右，重点领域和行业节能降碳改造形成节能量约5000万吨标准煤、减排二氧化碳约1.3亿吨。2025年，非化石能源消费占比达到20%左右，重点领域和行业节能降碳改造形成节能量约5000万吨标准煤、减排二氧化碳约1.3亿吨。

《行动方案》指出，推进节能降碳关键共性技术攻关和推广应用，深化绿色低碳先进技术示范工程建设。修订发布绿色技术推广目录，积极培育重点用能产品设备、重点行业企业和公共机构能效"领跑者"，发挥标杆引领作用。

《行动方案》指出，节能降碳是大力发展新质生产力的重要举措。加快改造升级，推动传统产业绿色低碳转型。以节能降碳为切入点发展新质生产力，关键在科技创新和先进技术应用。《行动方案》结合钢铁、石化化工、有色金属、建材等行业的最新前沿技术和装备，推广普及钢铁行业高炉炉顶煤气、焦炉煤气余热、低品位余热综合利用、石化化工行业先进气化炉、有色金属行业高效稳定铝电解和铜锍连续吹炼、建材行业陶瓷干法制粉等先进技术装备，为相关行业节能降碳改造升级指明了方向。结合大规模设备更新和消费品以旧换新，推进"十四五"后两年节能降碳改造，在节能增效、提高先进产能占比的同时，提升生产效率、拉动投资消费，是实现经济发展稳中求进、以进促稳的重要举措。

四、国务院推动大规模设备更新和消费品以旧换新

2024年3月28日，国务院召开推动大规模设备更新和消费品以旧换新工作视频会议。国务院总理李强在会上强调，要深入学习贯彻习近平总书记重要指示精神，认真落实中央经济工作会议、中央财经委员会第四次会议和全国两会精神，扎实推动大规模设备更新和消费品以旧换新，以更新换代有力促进经济转型升级和城乡居民生活品质提升。

▲ 扫码查看《推动大规模设备更新和消费品以旧换新行动方案》

李强指出，推动新一轮大规模设备更新和消费品以旧换新，是党中央着眼高质量发展大局作出的重大决策部署。这项工作既利当前又利长远，既稳增长又促转型，既利企业又惠民生，具有全局性战略性意义。各地区各部门要提高站位，深化认识，切实把思想和行动统一到党中央决策部署上来，把推动设备更新和消费品以旧换新工作摆到重要位置抓实抓好。

李强强调，大规模设备更新和消费品以旧换新关系到各行各业和千家万户，必须坚持市场为主、政府引导，坚持鼓励先进、淘汰落后，坚持标准引领、有序提升，扎实推进设备更新、消费品以旧换新、回收循环利用、标准提升四大行动，切实把好事办好。要尊重企业和消费者意愿，加强政策支持和推动，着力形成更新换代的内生动力和规模效应。要注重分类推进，把握轻重缓急，优先支持发展前景好、投入带动比高的行业设备更新，加快淘汰超期服役的落后低效设备、高能耗高排放设备、具有安全隐患的设备，重点支持需求迫切、拉动效应大但购置成本较高的大宗耐用消费品以旧换新。要着眼提高经济循环质量和水平，做好回收循环利用的文章，加快"换新＋回收"物流体系和新模式发展，推动再生资源加工利用企业集聚化、规模化发展。要统筹考虑企业承受能力和消费者接受程度，加快制定、修订一批标准，通过标准的逐步提升推动更新换代常态化。要精心组织实施，强化统筹协调，加强政策宣传解读，因地制宜抓好落实，确保大规模设备更新和消费品以旧换新工作取得扎实成效。

此前，国务院于2024年3月13日印发《推动大规模设备更新和消费品以旧换新行动方案》（以下简称《行动方案》）。《行动方案》以习近平新时代中国特色社会主义思想为指导，深入贯彻党的二十大精神，贯彻落实中央经济工作会议和中央财经委员会第四次会议部署，统筹扩大内需和深化供给侧结构性改革，坚持市场为主、政府引导，鼓励先进、淘汰落后，标准引领、有序提升，实施设备更新、消费品以旧换新、回收循环利用、标准提

升四大行动，大力促进先进设备生产应用，推动先进产能比重持续提升，推动高质量耐用消费品更多进入居民生活，畅通资源循环利用链条，大幅提高国民经济循环质量和水平。

《行动方案》提出，到 2027 年，工业、农业、建筑、交通、教育、文旅、医疗等领域设备投资规模较 2023 年增长 25% 以上；重点行业主要用能设备能效基本达到节能水平，环保绩效达到 A 级水平的产能比例大幅提升，规模以上工业企业数字化研发设计工具普及率、关键工序数控化率分别超过 90%、75%；报废汽车回收量较 2023 年增加约一倍，二手车交易量较 2023 年增长 45%，废旧家电回收量较 2023 年增长 30%，再生材料在资源供给中的占比进一步提升。

《行动方案》明确了 5 方面 20 项重点任务。一是实施设备更新行动。推进重点行业设备更新改造，加快建筑和市政基础设施领域设备更新，支持交通运输设备和老旧农业机械更新，提升教育文旅医疗设备水平。二是实施消费品以旧换新行动。开展汽车、家电产品以旧换新，推动家装消费品换新。三是实施回收循环利用行动。完善废旧产品设备回收网络，支持二手商品流通交易，有序推进再制造和梯次利用，推动资源高水平再生利用。四是实施标准提升行动。加快完善能耗、排放、技术标准，强化产品技术标准提升，加强资源循环利用标准供给，强化重点领域国内国际标准衔接。五是强化政策保障。加大财政政策支持力度，完善税收支持政策，优化金融支持，加强要素保障，强化创新支撑。

《行动方案》要求，各地区、各部门要在党中央集中统一领导下，完善工作机制，加强统筹协调，做好政策解读，营造推动大规模设备更新和消费品以旧换新的良好社会氛围。

五、工业和信息化部等七部门印发《推动工业领域设备更新实施方案》

2024 年 3 月 27 日，工业和信息化部等七部门联合印发《推动工业领域设备更新实施方案》（以下简称《方案》）。《方案》提出到 2027 年，工业领域设备投资规模较 2023 年增长 25% 以上，规模以上工业企业数字化研发设计工具普及率、关键工序数控化率分别超过 90%、75%，工业大省大市和重点园区规上工业企业数字化改造全覆盖，重点行业能效基准水平以下产能基本退出、主要用能设备能效基本达到节能水平，本质安全水平明显提升，创新产品加快推广应用，先进产能比重持续提高。

▲ 扫码查看《推动工业领域设备更新实施方案》

《方案》要求，坚持市场化推进、标准化引领、软硬件一体化更新，提出要主动适应和引领新一轮科技革命和产业变革，积极推进新一代信息技术赋能新型工业化，在推动硬件设备更新的同时，注重软件系统迭代升级和创新应用。

《方案》提出，针对工业母机、工程机械等生产设备整体处于中低水平的行业，加快淘汰落后低效设备、超期服役老旧设备，重点推动工业母机行业更新服役超过10年的机床等；针对航空、光伏、动力电池、生物发酵等生产设备整体处于中高水平的行业，鼓励企业更新一批高技术、高效率、高可靠性的先进设备，重点推动航空行业全面开展大飞机、大型水陆两栖飞机及航空发动机总装集成能力、供应链配套能力等建设等；在石化化工、医药、船舶、电子等重点行业，围绕设计验证、测试验证、工艺验证等中试验证和检验检测环节，更新一批先进设备，提升工程化和产业化能力。

具体包括：以生产作业、仓储物流、质量管控等环节改造为重点，推动数控机床与基础制造装备、增材制造装备、工业机器人、工业控制装备、智能物流装备、传感与检测装备等通用智能制造装备更新；推动人工智能、第五代移动通信（5G）、边缘计算等新技术在制造环节深度应用，形成一批虚拟试验与调试、工艺数字化设计、智能在线检测等典型场景；构建工业基础算力资源和应用能力融合体系，建设面向特定场景的边缘计算设施，推动"云边端"算力协同发展。在算力枢纽节点建设智算中心。

《方案》细化了未来几年工业领域设备更新投资方向，关注绿色与安全，提出实施绿色装备推广行动、实施本质安全水平提升行动。总体而言，高端、智能、绿色、安全是未来的重点。

我国是工业大国，2023年全部工业增加值39.9万亿元，占国内生产总值（GDP）31.7%，制造业增加值占全球比重超过30%，连续14年位列全球第一。随着新型工业化深入推进，工业领域对先进设备的需求将持续增长，是大规模设备更新的重点领域。推动工业领域大规模设备更新有利于促进技术进步、拉动有效投资、提升发展质效，是促进制造业高端化、智能化、绿色化发展的重要举措，对推进新型工业化、建设现代化产业体系具有重要意义，有助于加快形成新质生产力。新一轮工业设备更新将开启四万亿市场空间。

六、工业和信息化部印发实施《绿色工厂梯度培育及管理暂行办法》

为贯彻落实习近平总书记关于绿色制造的重要指示精神，加快构建绿色制造和服务体系，发挥绿色工厂在制造业绿色低碳转型中的基础性和导向性作用，加快形成规范化、长效化培育机制，打造绿色制造领军力量，工业和信息化部于1月19日印发实施《绿色工厂梯度培育及管理暂行办法》（工信部节〔2024〕13号，以下简称《暂行办法》）。作为今后开展绿色工厂梯度培育及管理的行政规范性文件，《暂行办法》将进一步引领绿色制造标杆发挥示范带动作用，推动行业、区域绿色低碳转型升级。

▲扫码查看《绿色工厂梯度培育及管理暂行办法》

《暂行办法》突出构建国家、省、市三级"纵向联动"，绿色工业园区、绿色供应链管理企业"横向带动"的绿色制造标杆培育新机制。《暂行办法》主要包括总则、培育要求、创建程序、动态管理、配套机制、附则等6部分内容共27个条款，另外包括绿色制造第三方评价工作要求、绿色工业园区和绿色供应链管理企业的评价要求，以及绿色制造名单单位动态管理表等4个附件。

七、工业和信息化部部署20项重点任务打造"中国制造"品牌

2024年4月3日，《工业和信息化部关于做好2024年工业和信息化质量工作的通知》（以下简称《通知》）印发，部署做好2024年工业和信息化质量提升、中试发展与品牌建设有关工作。

▲ 扫码查看《工业和信息化部关于做好2024年工业和信息化质量工作的通知》

《通知》提出，将更好统筹质的有效提升和量的合理增长，坚持质量第一、效益优先，推进完成实施制造业卓越质量工程、提高以可靠性为核心的产品质量、夯实质量发展基础、推动制造业中试创新发展、打造"中国制造"品牌等五方面20项重点任务，为加快推进新型工业化提供有力支撑。

在实施制造业卓越质量工程方面，明确推进质量管理数字化。持续宣贯《制造业质量管理数字化实施指南（试行）》，鼓励产学研用联合研制关键方法和工具。面向重点行业，分场景凝练质量管理数字化技术解决方案，促进供需精准对接；分层次梳理质量管理数字化场景清单，明确关键场景的建设要点和实施路径。培育工业互联网平台示范标杆，提升平台解决方案供给水平，支撑企业增强质量管理能力。

八、市场监管总局等五部门印发《中国首台（套）重大技术装备检测评定管理办法（试行）》

为促进我国重大技术装备质量提升，支撑重大技术装备攻关工程，推动制造业高端化、智能化、绿色化发展，加快推进新型工业化，国家市场监督管理总局、国家发展和改革委员会、科技部、工业和信息化部、国家知识产权局五部门近日联合印发《中国首台（套）重大技术装备检测评定管理办法（试行）》（国市监质规〔2024〕3号，以下简称《办法》）。

▲ 扫码查看《中国首台（套）重大技术装备检测评定管理办法（试行）》

《办法》明确，中国首台（套）重大技术装备［以下简称中国首台（套）］是指国内实现重大技术突破、拥有知识产权、尚未取得明显市场业绩的装备产品，包括整机设备、核心系统和关键零部件等。中国首台（套）检测评定是指按照规定的程序对装备产品开展检测评审、

综合评价，以确定装备产品是否属于中国首台（套）的技术服务活动。

《办法》提出，中国首台（套）检测评定标准由技术创新、质量水平、预期效益等反映装备产品状况的关键指标组成。中国首台（套）检测评定坚持战略导向、促进应用，科学规范、客观公正，包容审慎、鼓励创新的原则，充分发挥质量基础设施效能和协同服务作用。

《办法》规定，中国首台（套）检测评定包括申请、受理、评价、公示和发布5个环节。检测评定工作原则上每年集中开展一次，由市场监管总局会同相关部门确定本年度拟开展检测评定的装备产品领域和范围，组织检测评审机构、专家按照规定程序对装备产品开展检测评审和综合评价，最终确定中国首台（套）重大技术装备目录，并向社会公示发布。

《办法》详细规定了中国首台（套）检测评审机构的遴选程序和工作要求。同时，为了提升检测评审机构能力，从提高技术水平、加强质量管理和优化人员配置方面对检测评审机构提出具体要求。

九、工业和信息化部等三部门印发《关于进一步完善首台（套）重大技术装备首批次新材料保险补偿政策的意见》

为深入贯彻党中央、国务院关于推进制造强国建设的战略决策，落实中央金融工作会议和全国新型工业化推进大会精神，加快推动重大技术装备和新材料产业高质量发展，工业和信息化部、财政部、国家金融监督管理总局等三部门于2024年5月24日联合印发《关于进一步完善首台（套）重大技术装备首批次新材料保险补偿政策的意见》（工信部联重装〔2024〕89号，以下简称《意见》）。

▲ 扫码查看《关于进一步完善首台（套）重大技术装备首批次新材料保险补偿政策的意见》

《意见》自发布之日起执行，此前印发的《关于开展首台（套）重大技术装备保险补偿机制试点工作的通知》（财建〔2015〕19号）、《关于深入做好首台（套）重大技术装备保险补偿机制试点工作的通知》（财办建〔2018〕35号）、《关于进一步深入推进首台（套）重大技术装备保险补偿机制试点工作的通知》（财建〔2019〕225号）、《关于开展重点新材料首批次应用保险补偿机制试点工作的通知》（工信部联原〔2017〕222号）等文件同时废止。

《意见》强调，以习近平新时代中国特色社会主义思想为指导，深入贯彻党的二十大精神，完整、准确、全面贯彻新发展理念，加快构建新发展格局，着力推动高质量发展，统筹发展和安全，聚焦国家重点支持领域，坚持问题导向、结果导向、目标导向，推动首台（套）重大技术装备、首批次新材料［以下简称首台（套）、首批次］创新发展和推广应用。

《意见》从政策支持范围、优化政策制度设计、强化政策监督管理等三个方面提出了九条工作举措。

《意见》要求，突出应用牵引作用，明确政策定位。拓展首台（套）、首批次概念内涵，聚焦国家重大战略需求，扩展支持数量和年限，增强用户信心，以应用带动首台（套）、首批次迭代更新、实现批量稳定生产、形成成本竞争优势。突出保险保障作用，优化制度设计。推动首台（套）、首批次保险扩大保障范围、提升服务水平，通过保险风险管理的制度设计，破解初期市场信任不足导致的应用瓶颈。突出财政资金效能，严格申报审核。规范申报程序，严格审核标准，稳定各方预期，加强总结评估，及时完善政策，有效提升政策精准性、实效性，切实发挥财政资金作用。突出事前事后监管，加强监督管理。压实各实施主体责任，加强规范指导，开展绩效评价，强化执纪问责，有效提升政策执行制度化、规范化水平，更好保障财政资金安全。

《意见》明确了政策支持范围，优化了政策制度设计，强化了政策监督管理。加快首台（套）推广应用；加快首批次推广应用；重点支持国家战略领域。明确资格审定机制，采取"先资格审定、后资金申请"的方式。首先确定首台（套）、首批次资格，明确资格有效的年限，并按装备、新材料产品价值一定比例计算保费补助资金额度上限；调整资金申请机制；根据生产制造企业的资格审定、投保、装备和新材料交付、保费实际缴纳及当年财政预算额度情况，严格审核确定应拨付补助资金。对于已投保质量保障类保险的首台（套）、首批次，一般不再收取质量保证金；提升保险保障支持，聚焦生产企业推广应用及迭代更新阶段面临的主要风险，拓展适用保险险种，为首台（套）、首批次提供综合保险保障方案。支持生产制造单位根据装备、新材料产品特性和实际需要，在政策框架下自主决定投保险种、投保数量和投保年限。保险公司按照"保本微利"与"精算平衡"原则，定期开展保险费率回溯和动态调整。要求依法依规投保承保；切实加强规范指导；强化政策执纪问责。

十、工业和信息化部印发《首台（套）重大技术装备推广应用指导目录（2024年版）》

▲扫码查看《首台（套）重大技术装备推广应用指导目录（2024年版）》

2024年9月15日，工业和信息化部印发《首台（套）重大技术装备推广应用指导目录（2024年版）》，旨在促进首台（套）重大技术装备创新发展和推广应用，加强产业、财政、金融、科技等国家支持政策的协同。

其中，涉及石油和石油化工领域的重大技术装备分别列在"大型石油和化工装备"和"船舶与海洋工程装备"两部分。

十一、国家能源局召开 2024 年全国能源工作会议

2023 年 12 月 21 日，全国能源工作会议在北京召开。会议以习近平新时代中国特色社会主义思想为指导，全面贯彻党的二十大和二十届二中全会精神，贯彻落实中央经济工作会议部署，认真落实全国发展和改革工作会议要求，总结 2023 年工作，部署 2024 年重点任务。

会议强调，2024 年能源工作要坚持以习近平新时代中国特色社会主义思想为指导，深入落实习近平总书记重要指示批示精神和中央重大决策部署，坚持以党的创新理论引领能源高质量发展新实践，全面贯彻党的二十大和二十届二中全会精神，深入落实中央经济工作会议决策部署，认真落实全国发展和改革工作会议要求，全面加强党对能源工作的领导，坚持稳中求进工作总基调，完整准确全面贯彻新发展理念，加快构建新发展格局，统筹高质量发展和高水平安全，深入推进能源革命，加快建设新型能源体系、新型电力系统，加强能源产供储销体系建设，在新的历史起点上推动能源高质量发展再上新台阶。

一要扛牢能源安全首要职责，立足我国能源资源禀赋，坚持稳中求进、以进促稳、先立后破，全力抓好能源增产保供，持续提高能源资源安全保障能力。二要聚焦落实"双碳"目标任务，持续优化调整能源结构，大力提升新能源安全可靠替代水平，加快推进能源绿色低碳转型。三要瞄准能源科技自立自强，深入实施创新驱动发展战略，完善能源科技创新体系，着力推动科技与产业融通衔接，扎实开展能源标准化工作，提升能源产业链供应链自主可控水平，着力打造能源科技创新高地。四要发挥改革关键支撑作用，落实关于构建全国统一大市场等有关工作部署，积极推进电力市场化交易，持续推进能源法治建设，深化能源领域体制机制改革，不断提升能源治理能力水平。五要着眼完善能源监管体系，健全完善能源监管制度，创新开展过程监管、数字化监管、穿透式监管、跨部门协同监管，加大监管工作力度，有效维护公平公正市场秩序。六要牢固树立安全发展理念，严格落实"三管三必须"，以"时时放心不下"的责任感抓好安全生产，坚守安全生产底线。七要积极加强能源国际合作，以共建"一带一路"为引领，充分利用国际国内两个市场、两种资源，保障开放条件下的能源安全，全面提升国际影响力话语权。八要大力加强民生用能工程建设，推进北方地区清洁取暖，推动农村能源清洁低碳转型，提升电动汽车充电基础设施水平，更好满足人民群众用能需求。九要全面加强党的建设，强化党的创新理论武装，落实巡视整改责任，加强基层党组织建设，建设高素质专业化能源干部队伍，以高质量党建引领能源高质量发展。

十二、国家能源局召开 2024 年大力提升油气勘探开发力度工作推进会

2024 年 7 月 10 日，国家能源局在北京组织召开"2024 年大力提升油气勘探开发力度工作推进会"，深入贯彻落实"四个革命、一个合作"能源安全新战略和大力提升油气勘探

开发力度部署要求，总结前期工作经验，分析当前面临形势，对重点工作任务再动员、再部署，鼓足干劲，乘势而上，确保完成"十四五"后两年油气产储量目标任务，保障我国能源安全。

会议指出，全行业坚持稳中求进总基调，坚持把保障国家能源安全作为首要职责，多措并举增加油气供给，加快推进绿色低碳转型，不断为行业高质量发展注入强劲动力。

一是勘探开发力度持续提升，提前两年完成"七年行动计划"主要目标，自主保障我国油气核心需求的能力不断增强。我国油气勘探开发投资同比增长7%，新建原油产能2250万吨、天然气产能420亿立方米，原油产量稳定在2亿吨以上，天然气产量超过2300亿立方米，实现原油稳产增产、天然气连续第七年增产超过百亿立方米。推动页岩油等非常规原油增储上产，加快新疆吉木萨尔、大庆古龙、胜利济阳3个国家级页岩油示范区建设，全年页岩油产量预计突破400万吨。持续推动非常规天然气勘探开发，预计全年产量突破920亿立方米，占到天然气总产量的40%。向深地油气进军，两口万米科探井开钻，正在探索万米深油气区域。深化海域重点盆地油气成藏认识，海洋原油增产成为全国原油上产的主力，其中渤海油田产量突破3400万吨，是目前国内原油第一大生产基地。组织行业技术交流，编制年度勘探开发白皮书，发布油气勘探开发标志性成果，加快工程示范及产业推广进程，持续促进以科技创新引领勘探大发现和高水平开发建产。配合有关部门和地方，优化油气矿权管理，建立用地用海、财税等协同保障措施。

二是立足"全国一张网"，产供储销体系持续完善，全国储气能力迈上新台阶，管网干线"管输硬"瓶颈基本消除。推动中俄东线泰安—泰兴段提前一年投产，俄气已从东北直达京津冀和长三角地区。对接俄远东天然气进口，加快推进虎林—长春—石家庄天然气管道前期工作。全力推进川气东送二线等干线管道建设，进一步提升干线管输能力。落实全国储气能力建设实施方案和加快方案，推进储气设施集约布局，着力提高市场调节和顶峰保供能力。提前超额完成地下储气库年度注气计划，提前实现满库入冬，地下储气库最大采气能力同比增加3000万立方米每天。组织召开全国油气管道规划建设和保护工作会议，推动管道建设和全生命周期管道保护工作，压实企业主体责任和属地监管责任。与水利部联合发文，加强南水北调中线干线工程与石油天然气长输管道相互穿越、跨越及邻接工程的保护。

三是适应复杂局面，国际合作水平持续提升。面对复杂多变的局面，继续加强与油气资源国、消费国及有关方面的沟通协调，不断巩固深化务实合作，积极维护全球油气市场安全稳定。与俄罗斯、中亚、中东有关国家及地区扩展合作，进一步巩固提升了我国油气进口规模，进口来源涵盖全球主要油气出口国和周边资源国，油气进口通道持续巩固完善。海外合作进一步取得突破。

四是实现保供稳价，保障经济社会发展油气需求。努力构建适应国情的油气市场体系，在近年国际油气市场大幅波动的情况下，基本实现国内油气供应量足价稳，充分体现了社会主义制度优越性。

五是深化油气行业改革，行业治理迈上新台阶。贯彻落实《关于进一步深化石油天然气市场体系改革提升国家油气安全保障能力的实施意见》，深化油气行业改革。做好"十四五"石油天然气发展规划中期评估工作，进一步明确规划深入实施的工作思路。制定《天然气利用政策（修订）》并广泛征求意见。制定石油天然气"全国一张网"建设实施方案。加强省级和企业规划与国家规划衔接，按年度推进油气管网设施重点工程建设。加强LNG接收站集约布局和规范管理。

六是着眼可持续发展，绿色转型取得新突破。制定《加快油气勘探开发与新能源融合发展行动方案（2023—2025年）》，统筹推进油气供应安全和绿色发展。持续推动形成油气上游领域与新能源新产业融合、多能互补的发展新格局，积极稳妥推动氢能产业发展。梳理输氢管道工程涉及的技术、标准和安全等方面问题。组织开展管道输氢安全性、稳定性、可持续性等方面研究。

会议强调，要提高政治站位，准确把握油气增储上产的关键环节，采取有力举措持续推进。要坚持规划先行，扎实做好顶层设计，着眼于新型能源体系的构建和油气行业的高质量发展，科学谋划油气勘探开发布局及任务。要聚焦重点盆地，加大资金和工作量投入强度，强化科技攻关力度，集中立体勘探，规模高效建产，加快建立油气勘探开发基地。要以科技创新为引领，持续开展"两深一非一老"四大领域攻坚战，加快突破万米级深地、千米级深水、纳米级非常规和老油气田高效开发关键理论与技术难题。要高质量推进油气勘探开发体制机制改革创新，努力激发骨干油气企业内生动力和竞争性环节市场活力。要加快绿色转型，坚持因地制宜、多元融合，系统推动油气清洁高效开发利用，加快碳捕集、利用与封存（CCUS）产业化发展，推动油气勘探开发助力"双碳"目标实现。

2024年是落实"十四五"油气规划的关键之年，新型能源体系建设将加快形成，预计我国石油消费将保持小幅增长，天然气消费保持适度增长。油气行业发展也面临不少挑战，必须采取有力措施积极应对。要强化高水平产供储销体系建设，并重点做好以下几方面工作：

一是着力提升勘探开发能力，端牢油气饭碗。统筹做好规划计划落实。坚持系统思维，高质量推进落实"七年行动计划"、规划实施方案，细化制定重点油气产区建设专项实施方案。组织推动年度增储上产任务落实。按照油气产量稳产增产目标，组织分析论证，制定年度预期性目标和重点项目清单，贯通形势分析、月度总结、重点项目调度、项目备案等工作，切实做好扎实有序按进度增储上产，确保年度储量产量任务落实到位。

二是着力加快基础设施建设，持续提升供气保障协同能力。持续加快油气管网设施重点工程建设，推进中俄东线南段、西气东输三线中段、西气东输四线、川气东送二线、虎林—长春—张家口等天然气干线管网项目建设。加快落实全国储气能力建设实施方案，压实各方储气能力建设责任，推进储气设施集约布局、加快建设。

　　三是着力促进国际能源合作高水平发展，统筹应对风险挑战。巩固和拓展与周边油气资源国合作，夯实跨境油气进口通道体系。持续协调增强全球油气全产业链协同能力，促进国际油气合作高水平发展，为全球能源安全和能源治理作出新的贡献。

　　四是着力推动绿色低碳转型，助力"双碳"目标。持续推进油气勘探开发与新能源深度融合发展，打造油气增储上产与绿色低碳发展共赢模式，推进绿色油气田建设，构建环境友好、节能减排的油气生产体系。

第二篇
行业信息

本篇重点介绍了石油和石油化工装备行业经济运行情况、主要装备制造基地发展情况以及油气、炼化等细分领域与装备研发制造相关的重要内容。其中，行业经济运行相关数据主要来自国家统计局的统计数据，反映行业规模、资产、营收、利润以及经济运行质量等情况；根据有关规定，部分指标仅给出同比增长数据，有需要了解详细数据的可以向国家有关部门或本协会咨询。

中国石油和石油化工设备工业协会自 2008 年开始做石油石化装备制造产业基地的建设与服务，先后与地方政府合作共建了江苏建湖、黑龙江牡丹江、山东东营等产业基地。这些产业基地的建设与发展为石油石化装备行业的发展和地方经济建设做出了巨大贡献，在石油石化装备制造产业链的补短锻长以及拓宽领域、增强韧性等方面发挥了巨大作用。本篇重点介绍了其中部分制造基地的发展情况，供行业管理部门、地方政府和制造企业参考。

本篇提供的油气资源、产量规模等数据，主要来自相关细分领域的行业报告、新闻报道等媒体公开发布的信息，可以作为研究机构和制造企业制定产品研发战略和拓展市场的参考。

一、石油石化装备行业经济运行情况

根据国民经济行业分类标准，石油石化装备行业主要包括金属压力容器制造、石油钻采专用设备制造、深海石油钻探设备制造、炼油化工生产专用设备制造、海洋工程装备制造等细分领域。以下数据均来自对国家统计局上述领域相关数据的分析。

1. 主要经济指标

2024 年，石油石化装备行业主要经济指标呈现以下特点：

（1）行业规模平稳增长，经济运行持续向好，盈利能力有所增强。

截止到 2024 年 12 月底，全行业规模以上企业 2408 家，同比 2023 年同期 2238 家增加了 7.6%；资产总额 7347.08 亿元，同比 2023 年同期 6979 亿元增加了 5.29%；全年营业收入 4695.68 亿元，同比 2023 年同期 4537.84 亿元增加了 3.48%；全年利润总额 343.5 亿元，同比 2023 年同期 310.3 亿元增加了 10.7%。

石油石化装备行业主要指标 2023—2024 年度同比情况如图 2-1 所示。

（2）细分领域发展不均衡。

金属压力容器制造分行业资产总计同比增长 0.54%，但营业收入和利润总额同比分别下降 1.18% 和 11.19%，表明该细分行业的盈利能力有所减弱；石油钻采专用设备制造分行业资产总计增长 3.40%，营业收入同比下降 2.95%，利润总额同比微增 0.63%，显示该细分行业面临一定的市场压力，但盈利能力保持稳定；深海石油钻探设备制造分行业资产总计增长 2.81%，营业收入同比下降 10.19%，利润总额同比大幅下降 68.31%，表明该细分行业的市场表现和盈利能力显著下滑；炼油化工生产专用设备制造分行业资产总计同比下降 2.42%，营业收入同比下降 2.80%，利润总额增长 8.63%，显示该细分行业在成本控制和盈利能力方面有所改善；海洋工程装备制造分行业资产总计同比增长 21.68%、营业收入同比增长 23.32%，利润总额同比增长 82.02%，表明该细分行业在 2024 年表现突出，具有较强的市场竞争力和盈利能力。

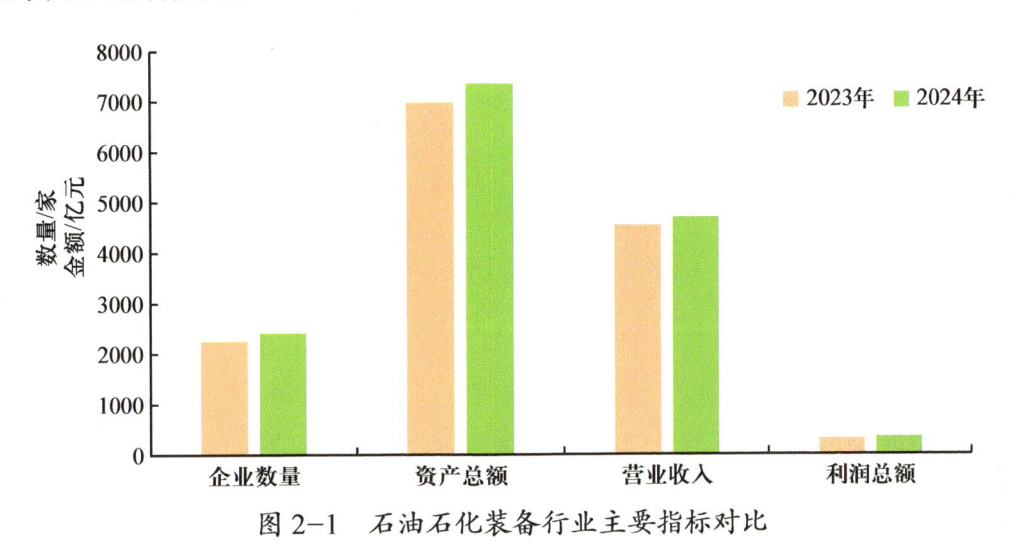

图 2-1 石油石化装备行业主要指标对比

2024 年度细分领域规模效益对比情况如图 2-2 所示，2023—2024 年度细分领域同比情况如图 2-3 所示。

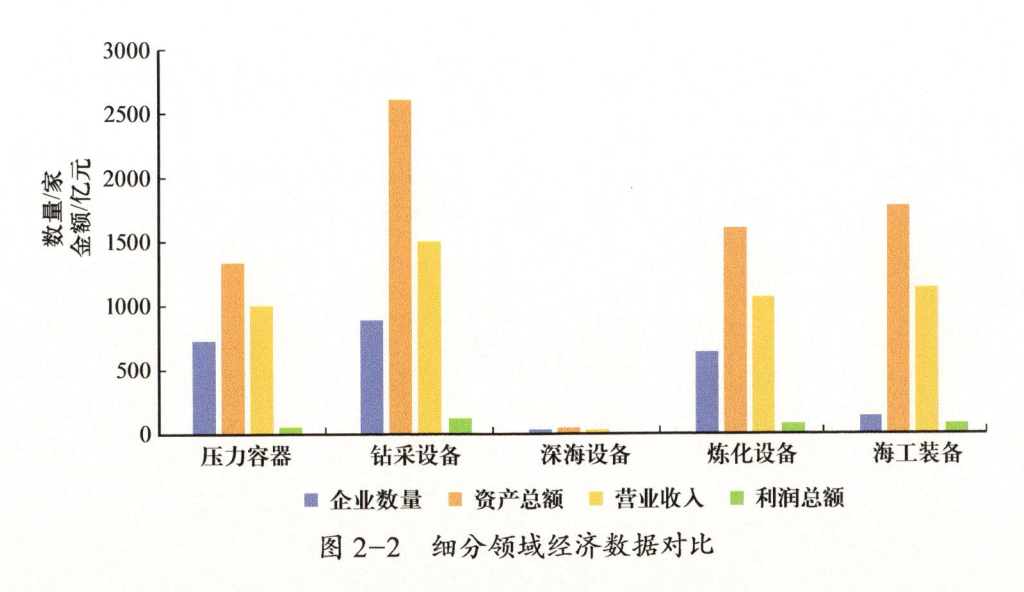

图 2-2 细分领域经济数据对比

2. 经济运行质量

2024 年，石油石化设备制造行业发展遭遇挑战，经济运行质量喜忧参半。受市场不稳、技术更新成本高等因素影响，截止到 12 月底，亏损企业数量累计 461 家，较 2023 年同期 340 家同比增加 35.6%，亏损面从 14.12% 扩至 19.14%；亏损额累计 38.08 亿元，同比增加 33.01%。

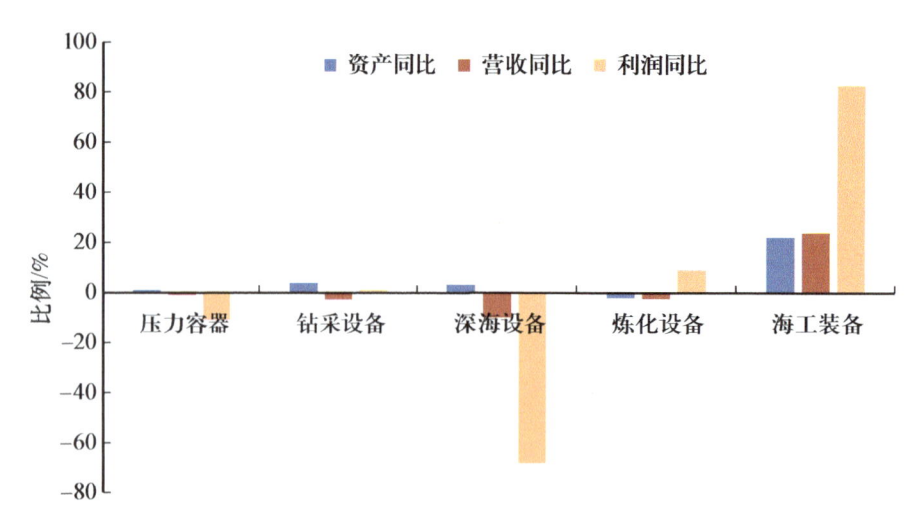

图 2-3 细分领域 2023—2024 数据同比增减对比

从五个分行业来看，金属压力容器制造行业 725 家规上企业中亏损企业 165 家，同比增加 29.92%，亏损面扩至 22.76%，亏损额同比增加 4.43%；石油钻采专用设备制造行业 892 家规上企业中亏损企业 163 家，同比增加 38.14%，亏损面升至 18.27%，亏损额同比增加 64.72%；深海石油钻探设备制造行业 30 家规上企业中亏损企业 2 家，同比增加 100%，亏损面扩至 6.67%，亏损额增至 1.76 亿元，由于基数低，所以增幅显著；炼油化工生产专用设备制造行业 630 家规上企业中亏损企业 105 家，同比增加 54.41%，亏损面扩至 16.67%，亏损额同比下降 18.44%，成本控制得力；海洋工程装备制造行业 131 家规上企业中亏损企业 26 家，与上年持平，亏损面 19.85%，亏损额同比增加 90.77%。

细分领域亏损面与亏损额同比情况如图 2-4 所示。

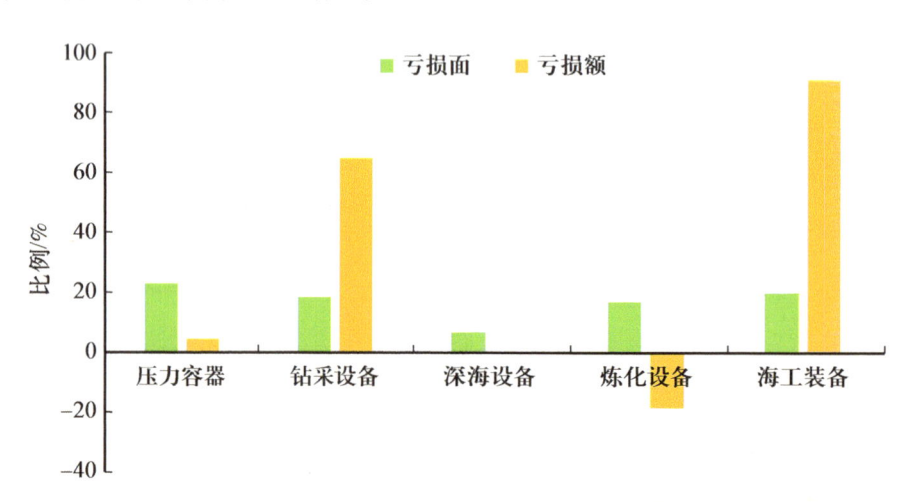

图 2-4 细分领域亏损面与亏损额同比

截止到 2024 年 12 月底，全行业应收账款 1565.47 亿元，较去年同期增加 9.84%，资金回笼压力加大；资产负债率 56.77%，较上年同期的 59.51% 下降，负债水平优化；流动资产周转率 0.94 次，低于去年的 0.99 次，运营效率略降；成本费用利润率同比上升 7.95%，但总资产利润率下降 9.28%。全行业负债水平降低，整体经济运行质量有所改善，但也存在应收账款增加、运营效率降低、总资产盈利下滑等问题，盈利水平面临挑战。其中，金属压力容器制造全年应收账款增加 11.01%，资产负债率降低 10.90%，盈利指标下滑明显；石油钻采专用设备制造全年应收账款增加 5.05%，资产负债率降低 6.25%，成本费用利润率略升；深海石油钻探设备制造全年盈利指标大幅下滑，成本费用利润率和总资产利润率降幅超 60%；炼油化工生产专用设备制造成本费用利润率上升；海洋工程装备制造应收账款增加 34.82%，盈利指标也有提升。

3. 出口交货情况

2024 年，石油石化装备制造行业出口交货成绩亮眼，全年出口交货累计达 845.81 亿元，相较于 2023 年同期的 709.96 亿元同比增长 19.13%，显示出行业出口规模显著增长。

从五个分行业来看，受益于技术创新与市场拓展，各细分领域均为正增长，如图 2-5 所示。其中，海洋工程装备出口交货值全年累计 390.74 亿元，同比增长 35.22%，表现突出；金属压力容器制造出口交货值全年累计 93.49 亿元，同比增长 19.29%，增长平稳；石油钻采专用设备出口交货值全年累计 323.25 亿元，同比增长 5.64%；炼油化工生产专用设备出口交货值全年累计 36.67 亿元，同比增长 2.29%；深海石油钻探设备出口交货值全年累计仅 1.67 亿元，虽同比大增 112.73%，但因基数小，整体规模仍小。

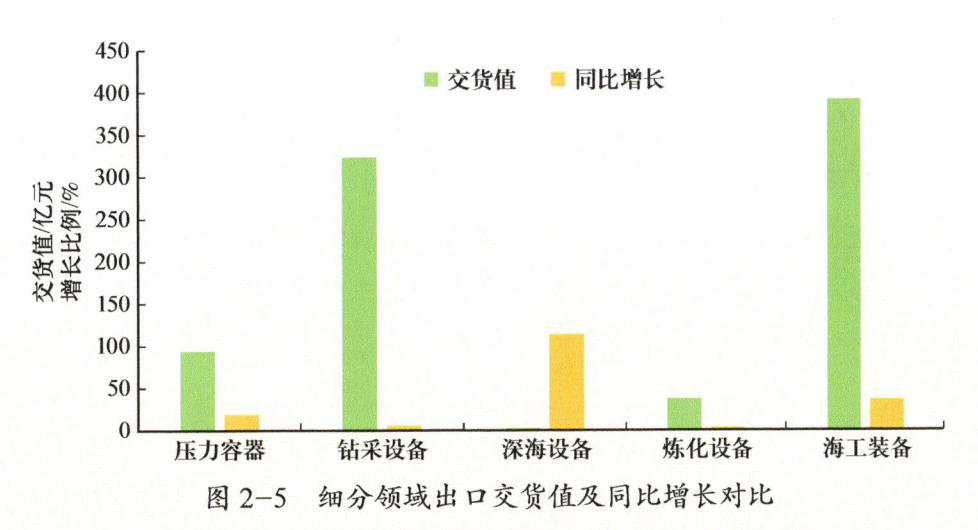

图 2-5 细分领域出口交货值及同比增长对比

二、石油石化装备制造基地发展情况

1. 宝鸡基地

宝鸡是"中国石油装备制造基地"，现有规上企业 32 家，其中宝石管业有限公司和宝鸡石油机械有限公司 2 家龙头企业，赛孚石油、西北石油金钻石油、翌东石油等 20 余家高科技型骨干企业，以及70余家零部件配套企业，形成了较为完整的石油装备产业链。拥有国家级单项冠军企业1家，国家级小巨人企业1家，省级专精特新企业11家。拥有石油装备行业唯一的国家石油天然气工程技术研究中心、唯一的国家级工程技术研究中心，2个省级企业技术中心、2个市级企业技术中心，1个博士后工作站，科研技术人员1580多人，享受国务院特殊津贴专家2人。拥有授权专利1200多件，制定各类标准132项，科研力量在全国石油装备产业中具有绝对优势。

宝鸡基地的石油装备主要集中在石油钻采设备、油气专用管及井田工程设备配件三个领域，石油钻机、钻井泵等钻机部件、油气输送管、城市输水输热管、连续油管等产品的技术水平和市场占有率位居全国第一。

龙头企业宝石机械是国家油气钻井装备工程技术研究中心的依托单位，承担国家级、省部级科研项目70多项，获国家及省部级奖励210余项，专利技术稳居中国石油装备制造系统榜首，领建国家级海洋油气钻探装备分中心建设。公司主导产品包括陆地和海洋石油钻采装备、重要场合用钢丝绳、牙轮及PDC钻头、井口井控设备、压裂机组、油田用特种车辆等产品，"宝石机械"被认定为"中国驰名商标""中国名牌"产品，研制开发的12000米特深井自动化钻机入选"国之重器"。

龙头企业宝石管业是专业化现代制管企业。公司拥有42条行业先进的生产线，最大产能351万吨，具备3820毫米大管径、X90高钢级、58毫米大壁厚输送管，高性能石油专用管和CT150超高强度万米连续管的生产能力。公司集输送管、石油专用管、连续管、管材防腐、焊接材料、新能源装备和制造服务等业务于一体，十一个生产和两个研发基地分别位于我国东北、华北、华东、西北、西南五大区域和"一带一路"陆海大通道重要节点，覆盖国家四大油气能源通道，是国内生产基地分布最广的能源管材装备制造企业。公司拥有行业唯一的国家石油天然气管材工程技术研究中心，主办国内行业唯一的技术期刊——《焊管》，在输送管、专用管、连续油管三大领域技术实力全国领先。

2. 建湖基地

建湖县石油装备产业起步于20世纪70年代，目前已成为县域经济支柱产业之一。经过50多年的发展壮大，2008年被中石协认定为"中国石油装备制造业基地"，是唯一的县级国家级基地；2009年入选江苏省首批30家产业集群、江苏省重点发展的15个特色装备产业基地；2010年被认定为国家火炬计划石油装备特色产业基地，江苏省新型工业化产业示范基地，江苏省优质石油装备产品生产示范基地；2012年被认定为江苏省石油装备特色产业基地、江苏省石油装备区域名牌；2017年"国家石油机械产品质量检验检测中心（江苏）"获国家级资质认定和授权；2021年中国石油石化装备制造基地（建湖）通过复评；2022年，江苏省新型工业化产业示范基地通过复评。建湖石油装备产业获得多项荣誉，

2024年4月，被授予中国石油石化装备行业共建基地；7月，油气钻采井口装备产业集群获批江苏省中小企业特色产业集群。2024年4月，第八届全国石油石化装备产业基地建设与发展大会在建湖县圆满召开；8月，建湖油气钻采井口装备产业集群获批国家级中小企业特色产业集群。

基地现有石油机械制造企业1200多家，提供就业岗位4万多个，规上企业131家，形成了以鸿达阀门、信得石油、亿德隆石油、聚龙湖等为龙头的石油装备产业集群，全行业产值规模超百亿元。2023年全口径开票105亿元，2024年预计开票销售突破120亿元。

产业结构持续优化。拥有数控车床、数控加工中心、锻压机等各类高档设备近4万台套，以及25吨电渣重熔炉、6300吨液压快锻机组等大型锻造设备，年产优质合金钢坯、锻造件等100万吨。初步形成从上游锻钢、铸造等基础加工，到石油井口、抽油机、采油树等中游制造，再到下游钻探应用、压裂测试服务等完整的产业链条，涵盖高中压阀门、钻采设备、井控装置、井口装置、钻井修井工具等近百个品种，正在向井下装置、海洋油气开采装备、油气复合开采装备、页岩气开采装备和钻探工程服务，以及数字化、智能化等产业链价值链中高端装备领域拓展。

创新能力显著提升。拥有中国驰名商标2个，省著名商标和名牌产品24个，"特达"牌液压动力钳、"銮"牌套管头、"永军"牌钻井液管汇等3个产品被评为"中国石油石化装备行业名牌产品"。拥有省级以上高新技术企业50多家、国家专精特新"小巨人"企业3家、省级专精特新中小企业22家、国际国内专利技术600多项。高度重视产业人才的培养与合作，有合作近20年的西安石油大学、中国石油大学（北京）、建湖石油机械研究所、西南石油大学油气装备技术产学研联合研究所等各类科研合作平台30余个，引进"两院"院士、高校教授50余名，为全县石油装备制造行业培养专业人才400多名。

产品不断提档升级。主要产品始终处于市场领先地位，其中鸿达压裂井口装置和采油树、琪航页岩气压裂井口装置、双鑫新型高效节能抽油机、三益智能感控一体化油气钻采防喷系统等一批产品获得省首台套重大装备认定。鸿达公司自主研发的国内首台（套）175兆帕采气井口装置打破国外技术垄断。崇达公司自主研发的固井压裂设备，实现了从常规油气开采设备向页岩气、砂岩气等非常规油气开采设备的升级转型。全行业拥有国瑞液压齿轮泵、永维海洋钻井隔水套管等可替代进口产品16种。亿德隆公司的多功能高压节流管汇、旭东公司的高压两级整体式套管头、煜洋公司的注水井口装置等57个产品通过省级新产品新技术鉴定。

市场空间不断扩大。70%以上石油装备企业具有三大油公司供销网格体系资格，90%以上通过ISO 9000、ISO 10000体系认证，50%以上通过美国石油协会（API）认证。国内市场方面，全县企业为"三桶油"配套销售额近50亿元，较2023年度增长超10%。鸿达、亿德隆等多家企业与易派客建立合作关系，年度交易额约4亿元。节流管汇、采油树、防喷器等产品国内市场占有率达70%，液压油管钳国内市场占有率达75%，远程控制装置市场占有率达30%以上。对外出口方面，产品远销俄罗斯、中东、美国等国家和地区，全行业出口额逐年上升。2023年，行业出口额超1.8亿美元，同比增长2.8%，占全县进出口总额的四分之一。

配套服务逐步完善。建湖科创园是石油装备企业重要的孵化器，先后获评国家级科技企业孵化器"国字号"荣誉、江苏省小企业创业示范基地、江苏省创业孵化示范基地、盐城市5A级中小企业创业园。现有入园企业598家，75%以上是机械加工制造业。盐海电镀中心是江苏苏北地区规模大、镀种全、工艺先进的电镀企业之一，拥有12个镀种、45条表面处理生产线。国家石油机械产品质量检验检测中心（江苏）可对44大类石油机械产品开展检验检测，覆盖85%的石油机械产品，与省内外大型企业、各大油田、国内认证机构和检测中心等建立长期业务合作关系，业务范围涵盖本省及河北、新疆、辽宁、黑龙江、山东、浙江、陕西、上海、天津等多地。

3. 大庆基地

大庆市是一座以石油、石化为支柱产业的著名工业城市，人均GDP达到1.62万美元。着力打造"世界著名的资源转型创新城市、中国新兴的高端制造城市和全省领先的高质量发展城市"。

石油石化装备行业现有规模以上企业120户，拥有大庆油田有限责任公司装备制造集团、石油石化机械厂、力神泵业、惠博普、普罗石油等一批骨干和龙头企业，包括抽油机、减速器、潜油电泵、射孔器材、真空加热炉、乙烯炼化装置、特种抽油杆、油气田专用高效分离器等一批国内技术一流、国际知名的特色产品。截至目前，全市高端装备行业拥有大庆市华禹石油机械制造有限公司、大庆市龙兴石油机械有限公司、大庆市普罗石油科技有限公司等30余户"专精特新"中小企业。

现已建成高新区高端装备制造产业园、经开区石油装备制造产业园2个核心区，以及铁人园区油田集输设备、光明新城石化设备、王家围子人工举升设备制造3个特色产业基地，入驻规上企业100多家，约占规上企业总数的85%，产业集群集聚效应凸显。

积极引导装备企业坚持引进来与走出去相结合，充分利用国内国外两个市场、两种资源，加强企业交流合作。支持力神泵业、惠博普等龙头企业开拓海外市场。目前惠博普的油气工程及服务（EPCC）、环境工程及服务，以及油气资源开发及利用一体化服务，正在为中东、中亚、非洲、美洲等30多个国家和地区油气工业提供高效、环保的综合解决方案，服务能力和服务质量已达到国际先进标准。

强化标准支撑引领，进一步加强基础质量标准研制，引导和支持专业机构、骨干企业开展可靠性技术研究和联合攻关。组织开展2024年省质量标杆遴选工作，大庆市普罗石油科技有限公司以"实施6S管理提升产品质量的经验"被认定为省级质量标杆企业。支持企业积极开展首台（套）装备自主研制创新，扩大市场示范应用，大庆市普罗石油科技有限公司废水处理装置，被认定为2024年度黑龙江省首台（套）创新产品。

下一步，将围绕《黑龙江省高端装备产业振兴专项行动方案（2022—2026年）》明确的十大重点发展方向，持续壮大石油装备产业，谋划发展海工装备等新兴产业，引领全市高端装备制造业向价值链更高环节攀升。一是筑牢现实基础，持续壮大高端石油装备，一方面推动产品向智能化转型，另一方面持续壮大产业规模能力，围绕钻井装备、采油采气装备、油气集输装备等重点领域，通过推动企业产品向数字化、智能化、集成化转变等有效手段，打造国内重要的高端石油装备生产基地，让传统产业焕发出新的生机活力。二是构筑新兴优势，推动及谋划发展海工装备等新兴产业，重点推动装备制造集团、力神泵业等企业围绕海洋钻井平台需求，开发水下专用井口、管汇、泵阀等产品，引领大庆市装备制造业向价值链更高环节攀升。

4. 东营基地

东营市因油而生、因油而兴，在保障胜利油田开发建设过程中，石油装备产业逐步发展壮大，现已成为东营市特色优势产业，2008年被中国石油和石油化工设备工业协会授予全国第一个"中国石油装备制造业基地"称号。东营市委、市政府高度重视基地建设工作，把基地作为打造石油装备产业集群的重要载体，采取一系列措施支持产业高质量发展，石油装备产业规模、层级不断提升。2023年，全市121家石油装备规上企业，实现产值180.4亿元，预计2024年实现产值195亿元。

产业集群集聚发展。东营市石油装备先后被评为国家中小企业特色产业集群、省战略新兴产业集群、省现代优势产业集群、省主导产业集群、省特色产业集群、省十强产业"雁阵形"产业集群，是省市重点支持发展的高端装备制造业。形成了以东营高新区、东营经济技术开发区、垦利开发区、河口开发区为主的集聚区，集中了全市90%的规模以上石油装备企业，产品涵盖勘探、钻完井、测井、采油、油气集输、海洋石油装备等6大链条，产品门类齐全，发展到37个系列1500多个品种，能够为油气开采工业提供全产业链的成套装备、配件及服务。

龙头骨干企业优势明显。培育了一批龙头骨干企业，营收过亿元企业46家，科瑞集团、高原公司、胜机公司进入行业五十强，新大管业被认定为国家复合材料输油管道制造业单项冠军示范企业，恒业石油被认定为膜分离制氮设备制造业单项冠军培育企业，高原公司皮带抽油机被认定为制造业单项冠军产品，科瑞集团连续多年名列山东省制造业高端品牌培育企业品牌价值50强名单，威飞海洋装备等5家公司入选山东省高端装备领军培育企业。骨干企业持续发力拳头产品，瞄准专业细分市场，坚定走专精特新之路，23家石油装备企业被认定为工信部专精特新"小巨人"，125家企业入选省级专精特新中小企业名单。

首台套技术装备研制能力强。拥有一批高层级创新研发平台，建设了全国唯一的采油装备工程技术研究中心，建有省级重点实验室1家、技术创新中心2家、省科技成果转化中试示范基地2个、工程实验室4家、工程技术研究中心5家、企业技术中心19家、工业设计中心8家。新产品、新技术研发能力较强，92个产品被认定为山东省首台（套）技术装备产品。威飞海洋公司联合中海油研究总院研制生产的国内首套浅水水下采油树系统在渤海成功应用，成为全球第五家、国内首家可自主生产该装备的企业，打破了西方技术垄断，是我国海洋油气开发关键核心装备国产化的重要跨越。胜机公司研发的智能化修井机实现修井作业由8人减至4人，是国内首个实现良好现场应用的智能修井设备，被中国石化作为示范装备在胜利油田推广，整体技术达到国际先进水平。

政策支撑坚实有力。强化产业规划引领，编制石油装备产业专项规划，明确产业发展目标和方向、路径，指导产业高质量发展。实施产业链长制，市政府主要领导为"总链长"，一名副市长担任石油装备产业链"链长"，配备一个牵头部门、一个工作实施方案、一个创新平台、一支专家服务团队，形成完善的工作机制。设立专项发展资金，在企业技术改造、工业互联网平台、数字化车间建设等方面进行全方位支持，2020年以来，先后奖补石油装备企业近2.5亿元，引导企业加快转型升级步伐。建设产业赋能平台，建有国家级石油装备质量监督检验中心、中国（东营）国际石油石化装备与技术展览会、"云帆"石油装备行业级工业互联网平台、易瑞国际油气能源装备B2B跨境电商平台等高质量平台，有效夯实石油装备产业发展基础。

5. 广汉基地

广汉市油气装备产业经过30余年的稳步发展，已建成产业链较为完备、行业影响力突出的油气装备制造产业集群，聚集了一批技术创新能力强、技术积累多的科研机构和工艺技术精、制造能力强的装备制造企业，是国内油气装备制造最为集中的地区之一。

广汉市油气装备企业主要布局在德阳高新区，该园区2015年9月被认定为国家高新技术产业开发区，是国家新型工业化产业示范基地、国家安全应急产业示范基地、全国创业孵化示范基地、国家创新型产业集群试点园区、国家科技服务业试点园区、首批四川省"5+1"重点特色园区。以国家制造业单项冠军企业东方宏华为链主，中国石油所属三个研究院为支撑，带动220余户产业链上下游企业集聚，形成了产业链完善、配套齐全的油气装备产业集群，产品涵盖了油气设备"钻、控、采、输、服"各环节。"广汉油气装备制造"区域品牌入选全国区域品牌价值百强榜，品牌价值达到445亿元。

在宏华石油、宝石机械等龙头企业带动下，广汉市油气装备产业已聚集川庆井下、精控阀门、川油井控、华晨油气等产业链上下游关联配套企业超过220家，其中规模以上工业企业69家，被工信部认定为首批国家中小企业特色产业集群。集群内现有制造业单项冠军企业1家，国家级专精特新"小巨人"企业4家，省级专精特新中小企业12家，高新技术企业35家，2023年集群产值超150亿元。

油气装备产业链入选工信部产业园区推进新型工业化（产业链发展与安全类）典型案例。产业链配套方面已形成包含技术开发、产品设计、生产制造、配套加工、检验检测服务等的完整链条。以中国石油三个研究院为代表的科研单位持续带动广汉市油气装备制造企业科技创新，先后建成国家能源高含硫气藏开采研发中心、国家能源页岩气研发（实验）中心、石油井控和钻采设备产品质量控制和技术评价实验室等3个国家级实验室、12个国省级企业技术中心和6个院士专家工作站，引领行业技术迭代升级。主持或参与国家、行业等标准制修订19项，"全向平移模块化高寒钻机"等20余项技术填补国际国内空白，30余项技术国际国内领先，近三年荣获国家、省部级科技进步奖13项。宏华石油、宝石机械等龙头企业的配套企业超过180家。以科特检测、汉正检测、圣诺油气、爱普斯石油等为代表的油服企业，可提供钻采设备检测、评估及监理、实验室检测、智能检测及工程检测、智慧油气田一体化解决方案等服务。

广汉油气装备企业积极响应国家"双碳"目标号召，顺应行业数字化转型趋势，积极推动装备自动化及智能化升级，建成国内第一批数字化压裂仿真实验室，在国内率先使用全流程电动自动化压裂技术，开发了全国首创的电驱连续油管作业机、国内首台万米大陆科学钻探专用钻机"地壳一号"，国内首套超静音智能钻机2023年6月在非洲乌干达顺利开钻。宏华集团提供的以全电驱压裂装备为基础的页岩气整体解决方案可将固定资产投资降低30%以上，井场占地面积减少30%～50%，燃料成本减少40%以上，压裂或钻完井综合费用降低20%，操作人员减少一半，有效降低井场生产成本，实现节能减排。

广汉市油气装备产业抢抓川渝"气大庆"建设历史机遇，进一步发挥东方宏华、宝石机械等链主企业和龙头企业带动作用，以数智赋能为抓手、智能制造为核心、研发设计和工程服务为动能，围绕产业链补链延链强链，推动全产业链企业从"制造"向"智造＋服务"转型，做优做大一批重点企业，打造国际一流的高端、智能、绿色油气装备制造基地和智慧油气田一体化解决方案服务基地。

6. 荆州基地

荆州石油文化渊源深厚，自1969年国家在江汉地区开展"石油会战"以来，初步建成了石油石化产业综合服务基地，具有五十多年的发展历史，见证了新中国石油产业的高速发展，也形成了荆州石油产业的独特优势和重要地位。

荆州市石油石化装备产业目前已形成了以中石化四机石油机械有限公司为龙头的荆州区油气装备制造产业集群；以长江石化为龙头的洪湖市石化装备制造产业集群；以中石化机械钢管分公司为龙头的油气集输管材生产基地；以嘉华科技、湖北汉科、荆州华孚为骨干的油田化学及智慧油服产业集群；形成了"三集群一基地"的产业分布。

洪湖市石化装备制造产业园被原国家质检总局确定为全国优质石化设备生产示范区，被省科技厅认定为湖北省高新技术特色产业基地，2007以来连续16年被省经信厅评为省重点成长型产业集群，2022年获评国家级首批中小企业特色产业集群，2023年被省经信厅评为湖北省新型工业化产业示范基地。荆州区油气装备制造产业集群和洪湖市石化装备制造产业集群连续16年被列入省级重点成长型产业集群，2022年获批的国家火炬荆州油气钻采装备特色产业基地，对荆州油气钻采装备产业创新驱动、智能转型、高质量发展，具有十分重要的现实意义和长远的战略意义。

荆州区共有规模以上石油装备制造企业49家，2024年1—11月完成工业总产值84.7亿元，占全区工业总产值的比重为45.9%；产值过亿元骨干企业共有10家。重点企业四机完成工业总产值28.3亿元，同比增长6.64%；四机赛瓦完成工业总产值11.3亿元，同比增长21.6%；中油科昊完成工业总产值3亿元，同比增长52.6%。集群企业建有国家级企业技术中心1个（中石化四机石油机械有限公司）；省级企业技术中心2个（四机赛瓦石油钻采设备有限公司、湖北江汉建筑工程机械有限公司）；省级工程技术研究中心4个（湖北省石油钻采设备工程技术研究中心、湖北省石油钻完井装备工程技术研究中心、湖北省起重机械工程技术研究中心、湖北省油气增产装备工程技术研究中心）；省级企校联合创新中心8个（湖北省石油钻采设备企校联合创新中心、湖北省石油装备企校联合创新中心、湖北省建筑起重机械企校联合创新中心、湖北省智能油气钻采装备企校联合创新中心、湖北省油气勘探装备企校联合创新中心等）、省级专家工作站1个（湖北江汉建筑工程机械有限公司）。集群内企业研发生产的石油钻采压裂装备、固井装备、井下工具等特种装备的生产规模和技术居同行业首位；钻（修、固）井机、蝶（闸）阀、工程装备配件、高压柱塞泵等一批重大装备产品达到国际一流、国内领先水平。产品先后出口到美国、加拿大、俄罗斯联邦、北非等近40个国家和地区。

洪湖市共有规模以上石化装备制造企业52家，2024年1—11月完成工业总产值69.35亿元，占全市工业总产值的比重为27.48%；实现工业税收12668万元，占全市工业税收比重30.77%。产值过亿元骨干企业共有20家，税收过千万元企业1家、过百万元企业25家。重点企业远春石化完成工业总产值14.57亿元，同比下降0.13%，实现税收766万元，同比下降86.44%；长江石化完成工业总产值8.73亿元，同比增长7.74%，实现税收3020万元，同比下降20.70%；昌发容器完成工业总产值5.61亿元，同比增长8.39%，实现税收762万元，同比下降61.61%。主导产品为一类、二类、三类压力容器，焦化行业的大、中型塔内件，年产量250万吨，产品覆盖全国29个省市自治区，产品品种200多个，占全国石化填料生产的1/4。实现了从乡镇企业向大型石化设备制造商的跨越，集群产品档次不断提升，实现了从抱耳环等冲压填料到三类压力容器、空冷器、换热器等高端产品的升级。

荆州经开区共有石化装备及油田开采科技类规上企业14家，涉及油管作业机、仪器仪表、微生物采油助剂、钻井液、完井液等产品类别，代表企业有湖北汉科、嘉华科技、明德科技、三雄科技等。2024年1—11月，14家企业实现产值15.2亿元，税收5137万元。近年来，14家企业的科技创新实力在不断增强，其中汉科、嘉华、三雄科技、创联石油、湖北油田化学产业技术研究院等企业多次在省科技进步、省科技成果、省技术发明、科技型中小企业创新等各类奖项上披金斩银，特别是嘉华科技"一种用于页岩气开发钻井的油基钻井液"打破了国外的油基钻井关键技术对我国的封锁，完成单井钻井液美国进口产品替代，产品成本降低了64%，荣获2020年第一届湖北专利奖金奖和湖北省高价值专利大赛金奖。汉科公司的相关技术曾获省科技进步奖一等奖、二等奖；湖北油田化学产业技术研究院曾获省科技进步奖二等奖。

油气集输管材产业主要以沙市钢管分公司为主，该公司是中国石化集团公司下属唯一一家专业焊管企业，是管线钢管国产化研制和新材料应用的引领者。产品从单一的螺旋焊管发展到高钢级直缝钢管、弯管、涂敷钢管和高频焊管等，具备了一站式供应的服务能力。产品主要应用于油气长输管道及城市天然气管网建设，少量用于结构用网等非油市场。钢管焊接、成型、检测、涂敷等关键技术均达到行业领先，获得国家实验室认可证书（CNAS）、中国特种设备制造许可证，还取得了沙特阿美、科威特KNPC、阿联酋KOC、巴西石油、伊朗等国家石油公司、摩迪公司的认证，成为众多国外商家合格的供应商。

荆州市石油石化装备产业将秉承荆州石油文化底蕴，弘扬新时代石油精神，在现有产业集群和竞争优势的基础上，实现"科技创新"与"产业赋能"的纵深对接，"装备制造、技术服务、科研服务"三主线并行协同，以产业集群为单元，利用物联网、云、人工智能等新一代信息技术，结合精益、绿色、数字治理等先进发展理念，对传统产业进行全要素、全方位、全角度、全链条改造，构建"智能制造+工业互联网+数字化转型"场景，对传统石油石化装备产业赋新能，催生新的价值效益增长点，构建产业链上下游协同的共赢生态体系和数字化转型能力体系，打造绿色智慧生态型石油石化装备制造产业基地，实现可持续高质量发展。

7. 牡丹江基地

牡丹江市石油装备制造产业是伴随着大庆油田的勘探、开采逐步发展壮大起来的，是我国较早发展的地区之一和中石协首批授牌的中国石油石化装备制造基地，现已成为国内石油钻具配套产品生产的重要基地，在国内各大油田具有较强的地区品牌效应和影响力。

现有石油装备生产企业53户，其中规上企业16户，2024年1—11月完成产值7.5亿元、同比增长5%，出口2.5亿元，吸纳就业2528人。产品涵盖钻井、采油、修井、打捞、固井、压力容器、仪器仪表等领域，年可加工20余万件（套），占国内油田市场份额10%

左右，产品远销美国、加拿大、俄罗斯、印度、北非等 20 多个国家和地区。林海石油公司等 30 户企业取得中国石油入网许可资质；北方油田公司等 15 户企业拥有出口资质；80% 以上的企业通过了 ISO 9001：2000 标准国际质量体系认证和美国石油学会的 API 认证。

黑龙江北方双佳钻采机具有限责任公司是由中国兵器装备集团有限公司下属黑龙江北方工具有限公司控股的石油钻采机具专业制造企业。经过四十余年的发展，已形成了震击解卡工具、内防喷工具、钻柱工具、固井工具、打捞工具、扩孔工具、磨铣工具、井口工具、顶驱钻具部件等十余个系列、数百个品种、上千种规格的产品谱系，产品遍布国内各大陆地和海洋油田，并远销中东、东南亚、欧美、非洲等数十个国家和地区，震击解卡工具、稳定器和旋塞产品列入行业名牌产品，多种产品替代进口。企业现拥有专利 45 项，其中发明专利 10 项。是国家高新技术企业、国家级重点专精特新"小巨人"企业，黑龙江省技术创新示范企业、黑龙江省专利优势试点企业、黑龙江省质量标杆企业、黑龙江省震击解卡工具工程技术研究中心、黑龙江省制造业单项冠军企业、黑龙江省石油钻采装备产业技术创新战略联盟首届理事长单位，已成长为中国石油井下工具品种最多、规格最全和最具影响力的石油井下工具专业制造服务企业之一。

天合石油集团汇丰石油装备股份有限公司成立于 2003 年，是一家以生产、研发、销售、维修、租赁石油钻采、修井、固井、完井等陆地、海上石油钻采工具及设备为主营业务的专业化公司，产品主要出口美国、中东等 60 多个国家和地区。实现了标准化、系列化、配套化生产。天合石油集团是牡丹江首批国家高新技术（上海、牡丹江两地）、螺杆钻具省级创新中心、中国石化装备五十强、黑龙江省诚信经营示范企业，是国内唯一能自主研发、生产、销售、服务一体化的成套油气钻具产品公司。产品销往 55 个国家，其中 80% 以上产品出口国际市场，也是国内石油钻采工具研发和生产规模较大的企业之一。

牡丹江基地将以打造石油装备全产业链为目标，以发展石油石化装备主机、核心部件为重点，按照生成发展、壮大发展、集群发展的总体思路，依托市内龙头企业，依托国内油田科研单位，提高技术创新、机制创新和管理创新能力，重点发展牡丹江市具有比较优势的钻井、采油装备、集输装备，积极发展石化加工装备、非常规油气装备和天然气装备，适当发展钻井装备、勘探装备和海洋油气钻采装备，引导发展油田服务业，从传统的装备制造向现代化制造服务方向转变。持续扩大"牡丹江制造"品牌在国内外石油装备市场的影响力、竞争力和占有率。

三、中国油气资源数据公布

自然资源部发布的《2023 年中国自然资源公报》显示，根据 2023 年全国油气储量统计快报数据，全国油气勘查新增探明储量保持高位水平，石油勘查新增探明地质储量连续

4年稳定在12亿吨以上，天然气、页岩气、煤层气合计勘查新增探明地质储量连续5年保持在1.2万亿立方米以上。

2023年，我国在石油、天然气等能源资源出现多个突破：在鄂尔多斯盆地东缘发现我国首个千亿立方米深煤层大气田，探明煤层气地质储量超1100亿立方米；四川盆地深层致密砂岩天然气藏再获突破，日产气22万立方米；石油、天然气等能源矿产保供成效明显，自给率上升，能源消费结构持续优化。截至2023年末，全国石油剩余技术可采储量38.5亿吨，同比增长1.0%；天然气剩余技术可采储量66834.7亿立方米，同比增长1.7%；页岩气剩余技术可采储量5516.1亿立方米；煤层气剩余技术可采储量5348.4亿立方米，同比增长40.4%。

其中，石油勘查新增探明地质储量12.7亿吨，新增探明技术可采储量2.2亿吨；天然气勘查新增探明地质储量9812亿立方米，新增探明技术可采储量4155.2亿立方米；煤层气勘查新增探明地质储量3179.3亿立方米，新增探明技术可采储量1613.4亿立方米，同比增长712.1%；深层煤层气勘探开发取得重要进展，深层煤层气新增探明地质储量2484.2亿立方米，对煤层气新增探明地质储量贡献率达78.1%，深层煤层气新增探明技术可采储量1199.8亿立方米，对煤层气新增探明技术可采储量贡献率达74.4%。

值得关注的是，南海海域开平11-4油田勘查新增探明储量达到大型规模，成为国内首个深水自营大型油田。鄂尔多斯盆地苏里格气田、四川盆地合兴场气田和安岳气田，以及塔里木盆地克拉苏气田新增探明储量达到大型规模。鄂尔多斯盆地神府煤层气田和大吉煤层气田新增探明储量达到大型规模。

四、中国工程院发布2024年全球工程前沿技术

2024年12月18日，中国工程院在北京发布了《全球工程前沿2024》报告，揭示了当前全球工程科技的前沿动态，为未来工程科技的发展指明了方向。

其中，油气领域入选工程研究前沿的有：二氧化碳捕集与原位转化一体化技术、油气与风—光—热—储多能融合开发利用方法、长7段页岩油原位转化机理、深层油气储层智能精细表征方法。油气领域入选工程开发前沿的有：复杂地质条件下随钻智能探测与识别系统、万米深地复杂地层钻井技术与设备研发、页岩气井产能实时在线预测系统、煤层气与煤炭资源共采技术、二氧化碳矿化充填封存一体化技术。占能源与矿业工程总数的37.5%。

在新一轮科技革命和产业变革加速演进的背景下，工程科技创新迎来了前所未有的密集活跃期。作为引领未来工程科技发展的关键方向，工程前沿具有前瞻性、先导性和探索性的显著特征，是培育工程科技创新能力的重要指引。此次报告，中国工程院根据前沿所

处的创新阶段，将工程前沿细分为侧重理论探索的工程研究前沿和侧重实践应用的工程开发前沿。

2024年全球工程前沿具有四大显著特点：一是工程前沿研究向极微观深入，芯片、生物医学、量子物理等领域的突破正引领着全球科技和产业的颠覆性变革；二是工程前沿探索向极端条件迈进，制造、能源、材料等领域的技术进步为极端环境下的作业提供了更可靠的保障；三是工程前沿开发向极精准拓展，卫星导航、机器人操控等技术的发展为人类的生产和生活开辟了新空间；四是工程前沿创新向极综合交叉发力，多学科交叉渗透，为全球科技创新与产业创新深度融合开辟了新的途径。

在油气领域，随着工程前沿技术的不断探索和应用，油气勘探、开发、生产等环节正迎来新的变革。在制造、材料等领域的技术进步推动下，油气设备的性能得到了显著提升，抗灾、耐极温、耐腐蚀等特性为油气田的稳健运营提供了坚实保障。同时，精准的地质勘探技术和高效的油气开采技术也大大提高了油气资源的利用率和开采效率。

五、《中国油气与新能源市场发展报告（2024）》发布

2024年5月，由中国石油集团规划总院主编的《中国油气与新能源市场发展报告（2024）》（以下简称《报告》）正式出版发行。这是中国石油规划总院第二次发布的关于中国油气与新能源市场的年度研究报告。《报告》在内容和深度上突出展现原创观点，从市场特点、重大事项、政策解读3个方面深刻把握2023年市场发展脉搏，洞察2024年及未来五年市场发展趋势。

（1）中国能源发展概况。当今全球正经历百年未有之大变局，能源发展进入转型与安全并重新阶段。作为全球最大的能源消费国，我国经济持续回升向好，能源消费需求保持刚性增长，依然是全球经济和能源消费增长的主要引擎，2022年我国一次能源消费同比增长2.9%，高于全球增速；消费量约37.9亿吨油当量，全球占比达到26.2%，远超排名第二的美国（15.9%）。中国式转型与发展特色方案更加完善，在全球能源发展中的地位更加举足轻重，新能源发展"领头羊"地位更加牢固，2022年我国太阳能和风能新增装机规模占全球的46.2%，太阳能和风能累计装机规模占全球的38.8%。面对复杂严峻的国际环境和艰巨繁重的国内改革发展稳定任务，我国能源行业深入推进"四个革命、一个合作"、加快构建新型能源体系，能源绿色低碳转型工作扎实推进，能源体制机制持续完善，围绕节能降碳、油气与新能源融合、风光资源开发利用、绿电绿证、新能源汽车等的相关专项政策相继出台，推动能源高质量发展迈上新台阶。

2023年，我国一次能源需求增速回升，经济和能源实现双增长。GDP同比增长5.2%，一次能源需求同比增长5.7%，能源消费弹性系数再度超过1，经济增长对能源消耗的依赖

程度有所升高。油气消费总量和占比进一步提高，油气在我国一次能源需求结构中的占比分别为18.3%、8.7%，同比分别提高0.4个百分点、0.3个百分点，油气消费合计占比约为27%，在我国能源体系中依然扮演重要角色。新能源已成为能源系统增量主体，助力我国加快建设新型能源体系。

（2）原油市场。2023年，国际油价呈N形走势，宽幅波动，布伦特原油均价为82美元/桶，同比下降16.8%。全球供需处于紧平衡状态，需求"西稳东升"，消费出现结构性分化，供给总体紧缩，全球贸易走向东西双循环。埃克森美孚收购先锋自然资源，向市场释放了未来石油和天然气仍将是全球能源结构重要组成部分的战略判断。全球气候大会制定"转型脱离化石燃料"路线图，选择化石能源与非化石能源融合发展的道路。国内消费快速反弹，消费复苏回暖，汽油、煤油及石脑油消费量增幅明显，石油表观消费量同比增长11.5%。国内原油产量略有增长，进口原油同比增长11%，进口依存度达73%。

2024年，预计布伦特原油均价为80~85美元/桶。"OPEC+"减产协议仍是石油市场的"压舱石"，全球供需小幅短缺。国内石油需求增长放缓。碳排放"双控"及乘用车电动化进程加速，预计国内石油需求为7.83亿吨，增速约为4%。

未来五年，预计全球石油需求将保持缓慢增长，增速约为1%；我国石油需求将于2028年前后达峰，未来五年增速约为2%。

（3）成品油市场。2023年，我国成品油消费呈现补偿性反弹。全年国内成品油产量接近4.1亿吨，同比增长12.2%；国内成品油表观消费量达3.65亿吨，同比增长11.9%。国内炼油能力和加工负荷同比增加。国内规模以上总炼油能力增加至9.4亿吨/年，平均加工负荷达到71%，较上年提高3个百分点。消费属性的油品成为主要增长点。汽油、煤油和柴油消费量分别为1.56亿吨、0.35亿吨和1.75亿吨，同比增速分别为12.1%、90.4%和3.3%。电动力和LNG是规模最大的车用替代燃料。电动力对汽油的实际替代规模约为2000万吨，LNG对柴油的替代量约为1850万吨。

2024年，国内成品油不同产品走势分化：汽油消费增速回落至潜在水平，汽油市场继续面临电动力的加速替代；航煤消费将持续增长；在运输方式低碳化和燃料低碳化双重压力下，柴油消费将重回下降通道。预计成品油消费需求为3.67亿吨，同比增速为0.7%。成品油供过于求的矛盾进一步加剧。国内规模以上总炼油能力增加2000万吨/年。

未来五年，国内炼油能力将逐步接近10亿吨/年大关，成品油消费量进入峰值窗口期。

（4）化工产品市场。2023年，乙烯产品链供应增长放缓，需求修复明显。乙烯产能同比增长7.8%，当量消费量同比增长6.9%，自给率为69.5%，同比提高2.9个百分点，下游装置开工率变化不一。丙烯产品链供应延续高增长，供应过剩状况加剧。丙烯产能同比增长12.5%，当量消费量同比增长6.9%，自给率为90%，同比提高2.3个百分点，下游产品产能普遍过剩。丁二烯产品链消费迎来爆发式增长，维持较高景气度。丁二烯产能同比增长5.8%，当量消费量同比增长13.3%，自给率为85.2%，同比减少3.7个百分点，下游装置开工率总体上升。芳香烃主要产品市场情况各有不同，纯苯供应增长不及需求增长，市场供应趋紧，苯乙烯扩能步伐不减，产能满足率大幅上升，对二甲苯（PX）市场仍然处于紧平衡状态。重点化工新材料自给率提升，但市场供应缺口仍然较大，茂金属聚乙烯自给率为17.3%，乙烯—醋酸乙烯共聚物（EVA）自给率为64.4%，聚甲醛自给率为59.5%。

2024年及未来五年，乙烯产能延续快速增长态势，预计总产能达到5846万吨/年。丙烯链产品面临的市场形势较为严峻，预计丙烯新增产能超千万吨，总产能达到7229万吨/年。PX由于无新增产能计划，产品盈利情况将进一步好转。未来五年，产能和需求将实现双增长。

（5）天然气市场。2023年，国产资源稳定上产，进口资源量增加。天然气全年表观消费量达3945亿立方米（除港澳台外），增速由负转正达到7.7%。天然气消费传统产业加快恢复，新兴市场为发展注入新动能。基础设施建设有序推进，长输管道新增里程超过3600千米，沿海LNG接收站新增接收能力1800万吨/年，地下储气库叠加沿海LNG储罐，总储气能力占表观消费量的8.4%。行业政策聚焦重点环节，鼓励多能融合，优化利用方向，重新核定管输费率，健全天然气价格联动机制，持续深化天然气市场体系改革。

2024年，呈现供需两旺格局，上游勘探开发力度加大，长贸合同进口气量递增，国际气价在中位波动，资源供应条件进一步改善。预计全年表观消费量增加300亿立方米至350亿立方米。

未来五年，我国新型能源体系建设具有"四新一强"的特征，天然气将为能源加快清洁低碳转型、促进新型能源体系建设作出重要贡献。国内天然气市场进入培育新动能、实现新发展的关键时期，发电市场加快培育壮大，逐步开创城镇燃气、工业燃料、天然气发电"三足鼎立"的新局面，天然气需求年均增速在5%左右。

（6）新能源市场。2023年，光伏发电实现跨越式发展，全国新增光伏并网装机容量同比增长148.1%，全国光伏组件产量同比增长69.3%。风力发电驶入发展快车道，全国新增风电装机容量同比增长20.7%，风电发电量同比增加12.3%。新型储能快速发展，全国新增新型储能装机规模同比增长194%，已投运新型储能同比增长163%。氢能全产业链加快发展，全国绿氢生产能力达7.8万吨/年，建成输氢管道超150千米，建成加氢站428座。生物液体燃料供需呈差异化发展态势，生物液体燃料产量折合标准油452万吨，消费量折合标准油274万吨。国家加快推进新能源大基地规划建设，拓宽消纳途径，创新发展模式，提高项目经济性。

2024年及未来五年，我国新能源将保持良好发展势头，市场规模持续扩大。光伏产业进一步夯实在国际竞争中的优势地位。风电市场呈现单机容量持续大型化、投资成本稳中有降的发展趋势。新型储能装机将以超过50%的年均复合增长率快速发展，锂离子电池仍是新型储能装机的主要形式。氢能产业规模将持续扩大，氢能应用将拓展至化工、冶金等多领域场景。国内生物液体燃料供需均继续增长，生物航煤和生物柴油是主要发展方向。

（7）油气与新能源融合发展。油气与新能源融合发展，是在我国推动构建清洁低碳、安全高效能源体系的背景下，油气行业主动探索、积极推进的转型路径，将推动形成国家能源安全保障能力提升、能源行业低碳转型、油气企业绿色可持续发展的多赢局面。油气产业链成熟完善，与新能源融合发展具有多方面独特优势。

一是油气企业在地热开发与利用上可发挥资源、技术、市场等多重优势，依托丰富的地下资源勘探和开发经验，规模化发展地热业务，缓解北方地区冬季天然气保供压力。二是我国油气富集区域与风光资源丰富地区高度重合，油气企业可大力推进油气矿区及周边地区风电和太阳能发电规模化开发利用，实现生产用能清洁替代，减少企业碳排放。三是气电调峰具有低碳排放、负荷调节范围宽、变负荷能力强、响应快速、可实现日调峰与季节性调峰、占地少、工期短等特点，对新型电力系统建设具有重要支撑作用。"三北"地区是油气企业天然气主力产区，通过因地制宜发展气电调峰，结合燃机掺氢、"绿氢—化工"耦合发展，可实现"风光气储氢"大型新能源基地建设，促进新能源就地消纳，保障大型能源基地电力外送可靠性，进一步提升电力安全水平。四是油气企业的炼化销售产业链可以有效支撑氢能制取、储运与终端应用。炼厂副产氢提纯和天然气制氢（符合低碳氢范畴），可以满足国内氢能产业发展初期交通领域用氢需求，推动氢能起步发展。利用"三北"油区丰富的风光资源制氢，替代炼化"灰氢"，可实现炼化企业绿色低碳转型，并可通过氢储能解决弃风弃光问题，也可为交通、化工、冶金、电力等行业深度脱碳提供保障。另外，油气企业的数万座燃油销售终端有条件快速建设油（气）氢合建站，并进一步建成油气电氢储综合能源服务站，为我国智能交通、智慧出行的发展提供支撑。五是油气企业可充分发挥上下游产业链一体化优势，将炼化企业产生的二氧化碳捕集后输送至油田，用于CCUS-EOR，提高原油采收率，降低碳排放，同时向社会提供CCS服务，为我国"双碳"目标的实现提供兜底保障。

目前，中国石油、中国石化、中国海油等国内油气企业积极开展了系列实践探索，形成了"地热+""风电+""光伏+""氢能+"等一批油气与新能源融合发展特色模式，建成了玉门油田20万千瓦光伏示范项目、文昌深远海浮式风电平台、中国石油北京城市副中心0701街区中深层地热供暖试点示范项目、新疆库车绿氢示范项目、吉林油田CCUS-EOR示范项目等一批典型示范工程。

在碳达峰碳中和"1+N"政策体系引领下，我国油气企业还要进一步发挥自身优势，促进油气业务与风光发电、地热、氢能、CCUS、综合能源服务等领域的协同发力和融合发展,并与煤炭、电力等行业开展广泛合作,多层次、多维度保障国家能源安全,有力支持我国新型能源体系建设。

六、《中国能源大事年鉴2024》发布

2024年12月26日,中能传媒研究院发布了《中国能源大事年鉴2024》,其中"第二篇 油气增储上产持续巩固"列举了油气领域11项重大事件,摘录如下(有删减)。

1. 油气行业持续推进增储上产

2024年,在确保油气供应安全的大背景下,增储上产仍然是国内各大油田生产经营的主旋律和硬任务。3月,国家能源局印发的《2024年能源工作指导意见》明确,2024年全国能源生产总量要达到49.8亿吨标准煤左右。其中,原油产量稳定在2亿吨以上,天然气保持快速上产态势。为此,油气行业强化责任担当,持续提升自主供应能力。全国原油产量连续6年回升,天然气产量连续8年增产超百亿立方米。

中国石油坚持高效勘探、效益开发,大力推动油气勘探开发,努力实现油气增储上产。前三季度油气产量稳中有增,油气产量当量13.42亿桶,同比增长2%。其中原油产量7.08亿桶,同比增长0.3%;生产可销售天然气3.8万亿立方英尺,同比增长4.0%。中国石化在勘探方面,加强物探、风险勘探和一体化评价勘探,四川盆地页岩气、北部湾盆地新区带等勘探取得重大突破,胜利济阳页岩油国家级示范区建设高效推进。前三季度实现油气产量当量3.86亿桶,同比增长2.6%。其中原油产量为21.1亿桶,同比增长0.3%;天然气产量为1.05万亿立方英尺,同比增长5.6%。中国海油在勘探方面共获得9个新发现,成功评价23个含油气构造。其中,中国海域获得新发现文昌10-3东,展现了珠江口盆地西部中深层天然气良好勘探前景;成功评价曹妃甸23-6,该构造有望成为大中型油田。在开发生产方面,渤中19-2油田开发项目、流花11-1/4-1油田二次开发项目、"深海一号"二期天然气开发项目等7个新项目顺利投产,其他新项目正稳步推进。前三季度净产量达5.42亿桶油当量,同比上涨8.5%。其中,中国净产量达3.69亿桶油当量,同比上升6.8%,主要得益于渤中19-6和恩平20-4等油气田的产量贡献;海外净产量1.73亿桶油当量,同比上升12.2%,主要得益于圭亚那Payara项目投产带来的产量增长。

尽管最近几年新能源发展迅速,但以油气行业为代表的传统能源在一次能源中的占比依然居于主导地位。未来几年国内油气行业依然面临消费需求增长的压力。考虑到国内新增石油主要集中在深地、深海和非常规领域,勘探开发的难度和成本与之前相比明显提高,石油公司将面临一定的成本压力,特别是以陆地开采为主的石油公司,"十五五"期间将以稳产为主基调。

2. 油气企业密集部署天然气增产保供

2024年10月，国家能源局组织召开2024—2025年采暖季天然气保暖保供专题会议。会议要求持续强化产供储销各环节工作，加强天然气供应保障，加强采暖季市场运行监督，细化极端情形应急保障，多措并举保障天然气安全运营和稳定供应。

中国石油各大主力气区加大增产保供力度。截至2024年10月底，塔里木油田2024年已投产气井39口，新建天然气产能654万立方米每天。我国最大天然气储气库——新疆油田呼图壁储气库，预计今冬明春最大日调峰能力同比增加133万立方米。辽河油田储气库群已完成11轮注气，并创下全国在役储气库单轮周期注气量最多的纪录。

中国石化充分发挥上中下游一体化优势，积极统筹国内外天然气资源，持续开展12座储气库注气工作。2024年供暖季已落实的天然气保供资源较上一供暖季天然气保供目标增长9.7%。普光气田日产气量创近两年日产量新高，元坝气田日产天然气量同比增长13%，天津、青岛等自有LNG接收站罐存可达80%以上。中国海油充分利用进口LNG与国产气互保互供优势，持续做好船舶运输及接卸，中高位罐存进入冬季。通过保障自产海气和煤层气稳定供应，巩固拓宽外采气渠道；稳定长协资源供应，提前谋划筹措LNG现货资源；签足签实合同，稳定资源价格，已签署12份LNG长协，锁定资源3224万吨/年，通过优化LNG历史长协、引入新增长协，长协挂钩油价的平均斜率大幅下降。LNG现货来源遍及25个以上国家和地区，通过持续优化资源结构，LNG资源中现货比例由2016年的7%增至近年的20%~30%。

国家管网继续加快干线管道建设，加速"全国一张网"织网组网。中俄东线增输工程、金坛储气库地面设施扩能、漳州LNG及外输管道等管线建成投产。国家管网积极开展冲峰能力建设，包括资源通道建设类项目12项、管输能力提升类项目15项、互联互通类项目8项，项目全部建成投产后每天可增加管网冲锋能力1.38亿立方米。其中2024年建设的6项资源通道项目每天可增加管网冲锋能力0.46亿立方米，预计2024年冬季保供冲峰能力每天将提升至10.5亿立方米。

3. 天然气管网互联互通加快推进

2024年9月，国家"十四五"石油天然气发展规划重点项目——西气东输四线吐鲁番到哈密段成功通气，标志着西气东输四线首段工程建成投产。西气东输管道系统包括西气东输一线、二线、三线、四线，全长超2万千米。西气东输四线是继西气东输一线、二线、三线管道之后又一条东西走向的能源战略通道，四线首段工程建成投产，将进一步增强我国天然气管网互联互通保供韧性。

2024年12月，我国单管输气量最大的天然气管道——中俄东线天然气管道全线贯通，年输气能力增至380亿立方米，达到最高水平。中俄东线是我国四大能源战略通道中东北通道的重要组成部分，北起黑龙江黑河，南至上海，途经 9 个省份，全长 5111 千米。中俄东线全线贯通后，实现"北气南下"直抵上海，并与东北管网、陕京管道系统、西气东输管道系统、沿海多座液化天然气接收站等实现互联互通，有效增强我国东部地区天然气供应能力和应急调峰保障能力。预计 2025 年，通过中俄东线进入长三角地区的天然气将进一步增加近 50 亿立方米，届时总量将占当前国家管网集团向长三角地区输气量的约五分之一。

2024 年，新增管道里程超 4000 千米，管网互联互通加速推进，西气东输管道系统在长三角地区与中俄东线、苏皖管道等互联互通，织"线"成"网"，形成了"西气东输、俄气南下、南气北上、川气东送、海气登陆、灵活调配、全面保障"的供气格局。随着织网扩网步伐不断加速，我国主干油气管网总里程超 10 万千米，一次管输能力从 2020 年的 2230 亿立方米增长到目前的 3940 亿立方米，增幅达 76%，天然气"全国一张网"日供气能力超 10 亿立方米。

4. 重大储气工程陆续投产

2024 年 5 月，国家管网集团漳州 LNG 接收站项目迎来首艘 LNG 船舶，漳州 LNG 接收站也成为国家管网成立以来首座建成投产的接收站，一期 LNG 接收处理能力 300 万吨/年。9 月，中国石化在广东省的首个 LNG 项目——华瀛 LNG 接收站正式投入运营。本次投入运营的一期工程共有 3 座 20 万立方米 LNG 储罐、1 个 LNG 运输船接卸泊位及相关配套设施，年接转能力达 600 万吨、年供气能力达 88 亿立方米。同月，国家管网集团天津 LNG 接收站二期项目正式投产。此次 3 座 LNG 储罐及配套设施投产后，天津 LNG 接收站总供气能力达到 1200 万吨/年，总储气能力将达到近 10 亿立方米，气化外输能力达到 7000 万立方米每天，成为国内单日气化能力最强的 LNG 接收站。

2024 年 11 月，黄草峡储气库建设工程一次投运成功，为重庆地区新增天然气调峰能力 9.3 亿立方米，将有效保障冬季居民家庭、商业和工业用气的稳定供应。12 月，位于重庆市渝北区的铜锣峡储气库建设工程投入采气运行，将大幅提升西南地区天然气调峰能力和应急保障水平。

2024 年以来，中国石油的铜锣峡、黄草峡储气库，中国石化的华瀛 LNG 接收站，国家管网集团的天津 LNG 接收站二期、漳州 LNG 接收站等一批标志性重大储气工程陆续投产。这些项目的顺利投产，极大地增强了我国冬季天然气调峰保供能力。预计今冬明春天然气储备能力将同比增加 50 亿立方米以上，保供能力提高 1 亿立方米每天以上，为保障我国冬季高月高日的调峰需求筑牢根基。

5. 成品油管输价格形成机制进一步完善

2024 年 12 月，国家发展改革委发布《关于完善成品油管道运输价格形成机制的通知》，明确国家管网集团应在不超过最高准许收入的前提下，综合考虑管道建设运营成本、市场需求情况、替代运输方式价格等因素，与用户公平协商确定跨省管道运输价格。省级价格主管部门可参照通知相关规定管理省内成品油管道运输价格。该政策出台意味着国家在能源运输价格机制上将更加灵活，也将对整个行业产生深远的影响。

6. 天然气利用政策优化调整

2024年6月，国家发展改革委发布《天然气利用管理办法》，时隔12年对中国天然气行业政策进行了优化调整。2000年以来我国天然气市场进入快速发展期，利用方向涵盖城镇燃气、工业燃料、交通运输、天然气化工、天然气发电等领域，为加强天然气高效利用，统筹市场发展和稳定供应，国家发展改革委于2007年出台《天然气利用政策》，于2012年第一次修订。

《天然气利用政策》在引导天然气市场规范有效发展、促进天然气高效利用和稳定供应方面发挥着关键作用。近年来，天然气利用各领域发展形势发生较大变化，城镇燃气领域北方清洁取暖特别是农村"煤改气"产生较大用气需求，交通领域特别是乘用车领域天然气燃料面临电、氢燃料等竞争，新能源发电波动性对燃气发电等灵活调节和支撑电源提出了新的需求，氢能等新业态发展对天然气的利用方式和发展方向产生影响。为推动天然气行业高质量发展，结合形势变化，此次修订了《天然气利用政策》，并将名字调整为《天然气利用管理办法》。

《天然气利用管理办法》延续了天然气利用方向分为优先类、允许类、限制类和禁止类的主体架构，同时结合国家能源安全、碳达峰碳中和目标落实、产业结构升级等需要，重点在民生保障、气电培育、车用及储气设施优化、天然气制氢优化、液化天然气冷能利用等多方面升级完善了利用政策，强调具备经济可持续性的高质量发展，强调全国一盘棋的行业协同发展。

7. 成品油出口退税率下调至9%

2024年11月，财政部、税务总局发布《关于调整出口退税政策的公告》，自2024年12月1日起，将包括汽油、柴油、航空煤油等商品在内的部分成品油出口退税率由13%下调至9%。该政策的调整无疑将对成品油行业产生深远影响。

成品油出口一直以来都是国内成品油市场供需调节的重要手段。近年来，随着国营及民营多个新炼能项目的投产，以及运输燃料消费总量逐渐逼近峰值，国内成品油市场已经从过去的供不应求转变为供过于求，在这种背景下，出口成为缓解国内供需矛盾的重要途径。对于成品油行业而言，从短期来看，出口退税率的下调将直接压缩成品油出口的利润空间，一些实力较弱、盈利能力不强的企业可能会因为无法承担增加的出口成本而选择减少出口量，甚至退出出口市场；然而从长期来看，这一政策调整或将加速国内落后炼油产能的淘汰整合进程，推动行业格局的优化升级。

8. 炼油行业节能降碳工作全面推进

2024年6月，国家发展改革委等部门发布《炼油行业节能降碳专项行动计划》（以下简称《行动计划》），锚定2025年和2030年两个时间节点，提出炼油行业节能降碳主要目标，围绕产业结构调整优化、节能降碳改造和用能设备更新、能源消费绿色低碳转型、能源资源循环利用、数字化升级等方面部署节能降碳重点任务。

《行动计划》提出，到2025年底，全国原油一次加工能力控制在10亿吨以内，炼油行业能源资源利用效率进一步提升，能效标杆水平以上产能占比超过30%，能效基准水平以下产能完成技术改造或淘汰退出。2024—2025年，通过实施炼油行业节能降碳改造和用能设备更新形成节能量约200万吨标准煤、减排二氧化碳约500万吨。到2030年底，炼油行业布局进一步优化，能效标杆水平以上产能占比持续提升，主要用能设备能效基本达到先进水平。炼油行业能源资源利用效率达到国际先进水平，生产过程绿电、绿氢消费占比明显提升，炼油行业绿色低碳发展取得显著成效。

炼油行业是石油化学工业的龙头，是能源消耗和二氧化碳排放大户。我国是全球第一炼油大国，经多年发展，已形成本地化、大型化和一体化的发展格局，千万吨及以上炼油厂占总产能比重超过了50%。目前，炼油行业仍有约15%的产能能效达不到基准水平，节能降碳潜力巨大。

9. 新能源车发展加速汽柴油替代

2024年以来，国内新能源车行业快速发展，加速了对汽油车的替代。根据中国汽车流通协会乘用车市场信息联席分会公布的数据，7月，国内常规燃油乘用车零售84万辆，新能源乘用车零售87.8万辆。新能源乘用车月度零售销量首次超过传统燃油乘用车。截至10月底，新能源车销量已连续4个月超过燃油车。新能源车正在成为市场主流。与此同时，国内重卡领域的"油转气"进程也在加快。根据第一商用车网公布的数据，2024年前10个月，国内天然气重卡呈爆发式增长，市场需求同比增长316%。最新终端数据显示，1—10月国内天然气重卡累计销量达12.9万辆，屡创月度新高，有效拉动了行业整体数据增长。

中国石油油气市场模拟与价格预测重点实验室的数据显示，2024年1—9月，国内成品油消费量同比下降2.1%；预计2024年原油加工量将同比下降1.9%，成品油消费量将达3.9亿吨，同比下降2.0%。预计2024年新能源车、天然气重卡对汽柴油消费的替代量累计超过5000万吨，较2023年同期扩大2000万吨，替代率增至15%。

在新能源及替代资源持续冲击下，预计成品油需求将呈现低速增长趋势，但在炼油能力增长及生产供应相对稳定预期下，供需基本面将持续宽松运行。全年来看，国内成品油总消费量或将进入下降通道，2024年或将成为成品油市场发展的转折年，成品油消费在2024年或2025年见顶的概率大幅提升。如果成品油出口数量维持目前水平，预计国内主要炼油企业将适当下调加工负荷。展望后期，成品油消费的下降将有利于我国石油消费总量的降低，并减少对进口原油的依赖程度。

10. 油气企业加速布局新能源业务

2024年，油气企业在努力实现油气增储上产的同时，加速布局新能源业务。

中国石油加快油气勘探开发与新能源融合发展，大力推动风光发电、地热、氢能、CCUS业务快速发展。2024年4月，中国石油最大水面光伏发电项目——冀东油田分布式自发自用光伏发电项目正式全部并网发电；9月，吉林油田昂格55万千瓦风电项目并网投产，中国石油单体规模最大的风电项目正式建成。2024年前三季度，中国石油油气和新能源业务实现经营利润1442.6亿元，同比增长8.7%。

中国石化的发力重点则在氢能交通业务方面，全力推动充电和加气网络发展，推进氢能交通稳步发展，积极向"油气氢电服"综合能源服务商转型。2024年7月，中国石化宣布启动"万站沐光"行动，规划到2027年，在油气矿区、石油石化工业园区及加油站等新建设光伏站点约10000座，从布局集中式光伏发电等6方面支持培育光伏发电新技术、新模式、新业态，拓展光伏发电应用场景，以推动新能源与传统油气产业深度融合发展。

中国海油着力构筑差异化竞争优势，争当深远海风电领军者，大力推动海上风电与油气生产融合发展，持续提高绿电替代水平，2024年预计消纳绿电超7亿千瓦·时；积极推动CCS/CCUS产业化，开展国内全海域潜力评价，依托渤中19-6气田打造我国北方海上CCUS示范中心。

11. 油气企业优化海外发展战略布局

2024年，"三桶油"积极响应"一带一路"倡议，海外业务布局逐步深化，下属油服公司及工程公司借助母公司平台优势，把握行业发展新机遇，取得海外业务发展的持续突破和盈利能力的持续提升。

中国石油海外业务加大新项目获取力度。2024年6月在2023—2024年苏里南浅海第二轮招标中中标14区块和15区块，获得14区块和15区块油气勘探、开发及生产的作业权，拥有70%合同权益；9月正式签署苏里南浅海14区块和15区块石油产品分成合同，标志着中国石油首次进入苏里南开展油气勘探开发活动。圭亚那—苏里南盆地是近年来全球油气勘探的热点区域，苏里南浅海14区块和15区块位于该盆地东部区域和圭亚那在产区块东南延伸带，此次中标将有助于中国石油进一步夯实海外业务高质量发展的资源基础。

中国石化旗下公司接连拿下海外订单。炼化工程集团与沙特阿美签订沙特阿美Jafurah天然气扩建三期气体压缩项目EPC总承包合同，Jafurah气田是沙特最大的非常规天然气田；中石化石油工程技术服务股份有限公司全资子公司与沙特阿美正式签订沙特国家天然气管网（MGS）三期管道项目群6标段和7标段工程境内采购和施工交钥匙固定总价合同，金额超11亿美元。MGS三期管道项目群是横贯沙特自东向西的天然气输送大动脉，该项目进一步彰显中国石化在海外石油工程建设领域的专业技术水平和施工管理能力。

中国海油逐步布局超深水，不断加强与巴西的油气合作。2024年1月，中国海油参与建设并拥有权益的巨型盐下超深水油田Mero二期项目投产，项目所用FPSO（浮式生产储卸油装置）于2023年6月在中国完成建造，同年9月抵达巴西，设计储油能力约为140万桶，是全球最大的FPSO之一。中国海油于2024年7月成功中标Mero油田1200万桶原油贸易长期合约资源；于10月与巴西国家石油管理局及佩罗塔斯盆地的合作伙伴就4个巴西海上勘探区块分别签订矿税制石油合同；同月，其参与建设并拥有权益的Mero三期项目顺利投产。

12. 我国规上原油天然气生产持续增长

2025年1月17日，国家统计局发布2024年12月能源生产情况。数据显示，2024年，规上工业原油、天然气生产持续增长，全年总体保持增长态势（图2-6和图2-7）。规上工业原油产量21282万吨，同比增长1.8%。进口原油55342万吨，同比下降1.9%。规上工业天然气产量2464亿立方米，同比增长6.2%。进口天然气13169万吨，同比增长9.9%。

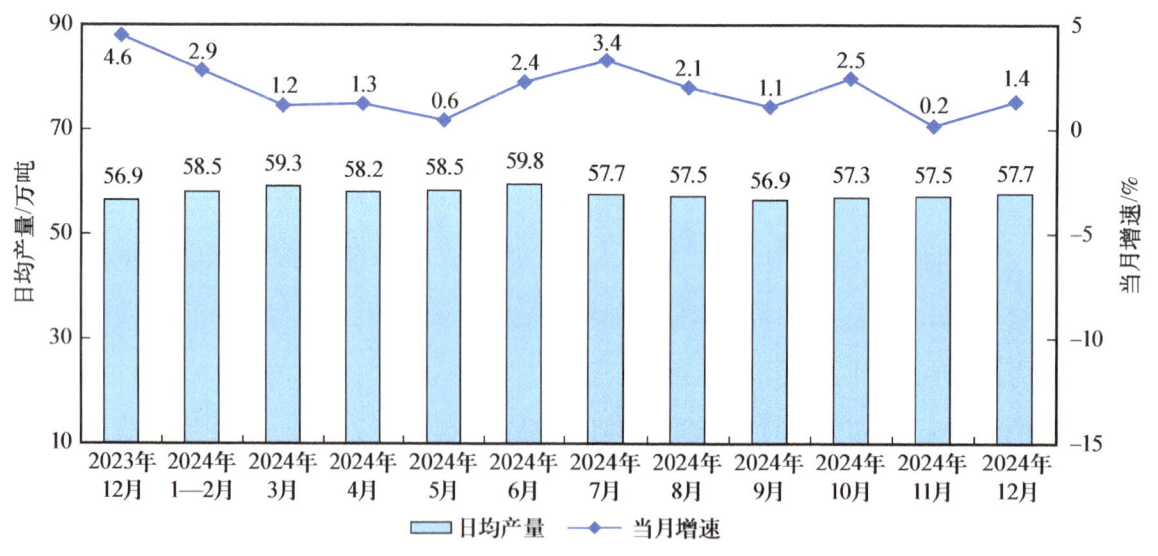

图2-6 规模以上工业原油产量月度走势

七、主要油气田产量

2024年，我国油气产量突破4.08亿吨，同比2023年增长4.8%，连续8年保持千万吨级快速增长势头。中国石油、中国石化、中国海油，以及延长石油的主要油气田先后交出上半年成绩单。

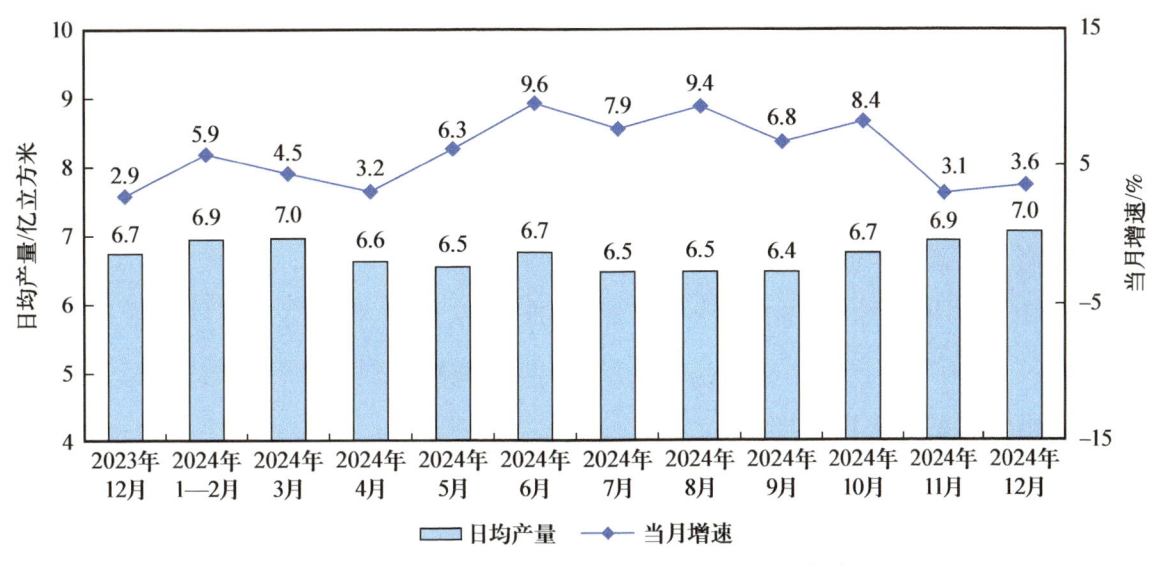

图 2-7　规模以上工业天然气产量月度走势

长庆油田圆满完成全年油气生产任务，油气产量创历史新高。2024 年油气当量达到 6671 万吨，较 2023 年净增 64 万吨，累计生产油气当量超 10 亿吨，减排二氧化碳超 10 亿吨。其中生产原油 2578 万吨，实现 2500 万吨以上持续稳产；天然气年产量连续 3 年突破 500 亿立方米，综合递减率控制在 9.2%，连续五年刷新国内油气田产量当量纪录。

大庆油田作为我国东部第一大气区，全年油气产量超过 3480 万吨，原油产量连续 10 年保持 3000 万吨高产稳产，天然气产量突破 60 亿立方米，同比增产 1.55 亿立方米，实现连续 14 年稳定增长，为建设世界一流现代化百年油田注入活力。

塔里木油田全年生产石油液体 768 万吨、天然气 326 亿立方米，油气产量当量达到 3366 万吨，连续五年保持 3000 万吨以上稳产。其中，6000 米以深的油气产量当量突破 2000 万吨，达到 2047 万吨，占总产量比例超 60.8%，建成我国最大超深油气生产基地。

新疆油田全年油气当量产量达 1849 万吨，油气产量同比增长 39 万吨，原油产量连续 24 年保持千万吨以上，上产主阵地作用持续加强。

辽河油田油气产量达 1015.7 万吨，连续 39 年保持千万吨规模稳产。

西南油气田围绕常规气"压舱石"、致密气"新阵地"、页岩气"增长极"三条主线，多措并举加快推进增储上产，全年生产天然气超 447 亿立方米，同比增长 6.4%。天然气增储上产持续保持增长态势。

青海油田全年生产油气当量 713.7 万吨。其中，原油 240 万吨，超产了 5 万吨，天然气 59.77 亿立方米，超产 1.77 亿立方米，创近五年来最好成绩，原油产量连续 23 年保持 200 万吨以上硬稳产，天然气 60 亿立方米连续稳产 13 年。

华北油田生产原油超 500 万吨，连续 3 年增幅达 7%，原油年产量时隔 33 年，再次跃上 500 万吨台阶，标志着油田进入新的发展阶段。

吐哈油田全年油气当量 157.86 万吨，其中原油产量 142 万吨，天然气产量 1.99 亿立方米。

胜利油田原油产量和利润目标实现双增，投资规模和盈亏平衡点实现双降。新增探明、控制、预测三级储量实现"三个1亿吨"，全年油气当量产量为2429.8万吨，其中生产原油2359.16万吨，同比增加14万吨，天然气8.83亿立方米。2024年，胜利济阳页岩油主力洼陷勘探不断拓展，外围洼陷成功突破，页岩油资源量达到105.2亿吨，与常规油资源量相当，战略接替态势"形成势起"，全年累计产油50万吨。

西北油田全年生产原油684万吨、天然气37.15亿立方米，油气产量当量达到980万吨，同比增长10万吨，再创历史新高并连续8年实现稳定增长，继续保持油稳气增良好态势，油气保供资源基础不断夯实。

河南油田探明储量、控制储量、预测储量分别完成年计划的173％、153％、240％，超额完成年度三级储量任务；全年油气当量为138.3万吨，生产原油113.5万吨，同比增加5000吨；生产天然气6000万立方米，圆满完成年度任务指标。

中原油田实现了年度油气产量"双超"，标志着该油田在稳定原油生产和增加天然气产量方面取得了显著成就。原油产量达到133.5万吨，超出计划4.5万吨，天然气产量达到69.246亿立方米，超出计划0.246亿立方米，全年油气当量为685.3万吨。

渤海油田全年油气当量产量达3880万吨，其中原油产量突破3600万吨，天然气产量35亿立方米。

南海东部油田全年油气当量产量达2180万吨，新增探明油气地质储量创历史新高，油气产量连续三年实现2000万吨以上。

南海西部油田由中国海油湛江分公司与中国海油海南分公司共同运营，2024年全年产量突破1300万吨。值得关注的是，2025年是中国海油湛江分公司"上产一千万方"三年攻坚行动的"跨越之年"，是中国海油海南分公司"上产千万吨，产气超百亿"目标的决胜之年。

延长石油油田公司全年油气当量产量达2013万吨，同比净增211万吨。其中生产原油1180.5万吨，连续18年保持千万吨以上稳产，天然气产量达到104.5亿立方米，同比增产24亿立方米，连续16年增产，晋升为全国第四大气田，向着油田千万吨规模稳产30年、气田150亿立方米稳产20年目标进发。

八、我国建成百万吨油气当量煤岩气田

2024年8月30日，中石油煤层气公司建成我国首个百万吨油气当量煤岩气田——大吉气田，为加快推进我国煤岩气开发积累了宝贵经验。

中石油煤层气公司全面贯彻落实"加快发展页岩油气、深层煤岩气等非常规油气业务，全面提升国内油气产量、筑牢能源安全基础"的要求，立足鄂尔多斯盆地东缘，发现和探

明了国内首个中低阶煤煤层气田——鄂东煤层气田；统筹做好增储、建产、稳产，高效建成国家级煤层气产业示范基地。到 2024 年 8 月底，煤层气公司大吉气田深层煤岩气日产气量突破 500 万立方米，具备 150 万吨油气当量的年生产能力，是国内最大的深层煤岩气田。

中石油煤层气公司坚持从"快速突破"支撑当前和"久久为功"引领未来两个层面推进科技创新，自 2008 年成立以来累计生产天然气超 230 亿立方米，基本构建了煤层气勘探开发技术体系，对鄂尔多斯盆地和同类资源开发具有示范和引领作用。中石油煤层气公司率先在国内深层煤岩气开发上进行大规模压裂先导试验，深层煤岩气水平井吉深 6-7 平 01 井日产气突破 10 万立方米，标志着我国深层煤岩气试采获得重大突破，开启了深层煤岩气规模开发新局面。

九、中国石化牵头成立深部地热领域创新联合体

2024 年 1 月 23 日，由国务院国有资产监督管理委员会指导，中国石化主办的深部地热产业发展推进会暨创新联合体成立大会在北京召开。大会旨在贯彻落实党中央、国务院关于加快布局发展未来产业的决策部署，携手突破技术难题，共同探索深部地热领域的开发与利用。

实现深部地热产业高质量发展，离不开科技创新的有力支撑，离不开全产业链的整体联动。深部地热领域创新联合体（以下简称联合体）是在国务院国资委指导下，由中国石化牵头联合 11 家中央企业、10 家高校、1 家科研机构共同组建。联合体将致力于推动未来产业关键技术产、学、研、用一体化协同攻关，联合打造国家级研发平台、培育顶尖人才和创新团队、孵化领军企业和专精特新企业，为高效推进深部地热产业任务实施筑牢基础。联合体通过设立"1+1+1+N"组织体系，签订相关协议和各方任务书，强化一体化组织管理、明确各方责任、畅通协作机制，实现资源共享、协作共赢。

地热是一种可再生能源，具有资源量大、能源利用效率高、节能减排效果好等诸多优点，在能源变革背景下具有独特的"先发优势"。我国地热资源丰富，资源量约占全球地热资源的六分之一，开发利用潜力巨大，地热直接利用多年稳居世界第一，根据最新的权威公开数据显示，2020 年，中国地热直接利用装机规模在全球占比达 37.7%。

近年来，中国石化持续深耕地热能源，成为国内最大的地热能开发利用企业。在探索地热能规模开发方面，累计建成地热供暖能力近 1 亿平方米，在河北、陕西、山西、山东 4 省建成地热供暖能力均超千万平方米，建成多个数百万平方米规模的区域性地热供暖项目，其中在雄安新区建设的地热供暖项目被国际可再生能源机构列入全球推广项目名录。在推动地热产业科技进步方面，创新形成了地热系统形成机制、热储传热机理两大基础理论，攻克了"取热不耗水"工程技术等一批关键核心技术。在服务国家地热产业发展方面，

认真履行国家地热能中心、地热能标委会、中冰地热中心支撑职能，积极参与国家地热规划起草、政策研究制定，牵头编制了超过50%的行业标准，以及我国在全球地热领域第一项国际地热协会标准。

十、我国首口万米科探井钻深突破万米

2024年3月4日，我国首口设计井深超万米的科学探索井——中国石油塔里木油田深地塔科1井钻探深度突破10000米，成为世界陆上第二口、亚洲第一口垂直深度超万米井，标志着我国自主攻克了万米级特深井钻探技术瓶颈，深地油气钻探能力及配套技术跻身国际先进水平。

目前，我国陆上深层超深层油气资源占全国油气资源总量的34%，并且深层超深层新增油气储量占比逐年增大，深层超深层已成为我国油气资源增储上产的主阵地。面对新的挑战，中国石油多家单位开展联合攻关，攻克了超高钻台大载荷提升系统关键技术难题，自主研制了全球首台12000米特深井自动化钻机，创新研发了220℃超高温钻井液、抗高温螺杆、测斜等工艺技术，万米取心及电缆等资料录取装备实现突破，175兆帕特高压压裂车、压裂液装备完成生产研发并成功在现场试验，打造形成万米特深井安全高效钻完井等一批关键核心技术。

十一、镇海炼化打造世界级石化产业基地

2024年12月19日，浙江省"十四五"重点工程项目镇海炼化二期扩能和高端新材料项目全面机械竣工，实现了数字工厂与物理工厂同步交付，创造了国内同体量项目群建设中自主创新应用最广、智能化程度最高、节能降耗最优等多项纪录。至此镇海炼化的炼油能力提升至4000万吨级，其所在的浙江宁波石化基地炼油总能力突破5000万吨级，成为全国规模最大、技术最先进、竞争力最强的世界级石化产业基地，将形成高附加值产品链，拉动万亿级产值。

精细化工，是推动石油化工行业高质量发展的关键引擎，关乎重要产业链供应链安全稳定、绿色低碳发展、民生福祉改善。当前，我国已成为全球石油化工最大的生产国和消费国，形成了门类齐全、产业链基本配套的产业体系。2023年，我国石油化工营业收入达到15.95万亿元。到2023年底，浙江绿色石油化工产业集群营业收入突破1.7万亿元，规模位居全国第三；其中，宁波石化经开区、舟山绿色石化基地、衢州智造新城、杭州湾上虞经开区等10个重点石油化工园区营业收入均突破500亿元。在2023年全国高质量发展化工园区10强榜单中，浙江占据4席，数量居全国第一。

在长期发展壮大的过程中，国内石化工业积累了偏基础、偏中低端的结构性矛盾，能耗和风险隐患较为突出，转型升级需求迫切。2024年7月，工业和信息化部等九部门联合发布《精细化工产业创新发展实施方案（2024—2027年）》，提出到2027年，我国石化化工产业精细化延伸取得积极进展，具体涵盖产品供给、技术攻关、企业培育、聚焦发展等方面。

浙江宁波石化产业基地位于长三角地区，是石化下游产品消费中心。镇海炼化二期扩能和高端新材料项目总投资416亿元，涵盖常压蒸馏、催化裂化、聚丙烯、丙烷脱氢等18套装置。新增产能全面聚焦化工型流程，将催生"炼油—丙烷脱氢—丙烯—丙烯腈—ABS/蛋氨酸，炼油—液化气—异壬醇—环保型增塑剂"等多条高附加值的特色产业链，重点发展高端聚烯烃、高端新材料、高端化学品等产品，每年可为下游提供近800万吨相关产品，为长三角地区汽车、家电、纺织等优势产业的产业链完整度、竞争力提供强有力的支持，拉动上下游产业链万亿级产值。

镇海炼化是中国石化所属最大的炼化一体化企业，拥有220万吨/年乙烯生产能力，是国内唯一多次在所罗门全球乙烯绩效评价中位列第一群组的企业。镇海炼化二期扩能和高端新材料项目创多项纪录，成功实现全球杆载荷最大的立式迷宫压缩机等10个核心设备国产化，广泛应用智能化技术，投用完全自主的国产化工业操作系统，运用自主打造的工业互联网生态"石化智云"协同平台，有效支撑运行决策和管理。首次全面采用节能措施，整体降低能耗约11.7%。项目建设期累计实现连续安全人工时超9000万，单位工程质量合格率达100%，树立了行业标杆，迈向高端化、智能化、绿色化。

浙江省将绿色石化（精细化工）产业发展摆在重要位置，将其列为全省重点打造的四大世界级先进产业群之一，绿色石化行业也已成为浙江规模最大的支柱产业。为更大力度推动该产业高端化、智能化、绿色化发展，2024年初，印发了《浙江省绿色石化（精细化工）产业集群建设行动方案》，提出到2027年，基本建成世界级绿色石化产业基地，集群规上企业营业收入达2万亿元。

十二、我国新增油气管道里程超4000千米

2024年，我国油气管网基础设施加速建设，全年新增管道里程超4000千米，"全国一张网"正逐步完善，供应保障能力持续提升。

西气东输四线已完成吐鲁番—中卫段主体管道工程建设，投产后，西气东输年输气能力将提升150亿立方米。与此同时，我国单管输气量最大的天然气管道——中俄东线天然气管道已全线贯通，年输气能力增至380亿立方米，达最高水平。川气东送二线、虎林—长春天然气管道等管道工程也正在加速推进。目前，我国主干油气管网约10万千米，输

气能力从 2020 年的 2230 亿立方米增加到 3290 亿立方米，增幅达 48%，天然气"全国一张网"日供气能力超 10 亿立方米。到 2025 年，我国横跨东西、纵贯南北、覆盖全国、联通海外的天然气"全国一张网"将更加完善，初步形成东北、西北、西南，以及海上四大油气战略通道，同时建成"五纵五横"的天然气干线管网，进一步提升油气供应保障能力。

第三篇
行业科技

"十四五"以来，我国石油石化装备行业科技创新和高端技术装备研制不断取得重大进展。以12000米深地自动化钻机、高精度旋转导向系统、耐高温高压采气井口装置等为代表的油气钻采装备整体达到国际先进水平；以千万吨级大型炼油装置、百万吨级大型乙烯成套装备等为代表的高端石油化工设备国产化率突破95%；高钢级大口径油气输送管线及其全地况全自动焊接材料与技术、超高压气体压缩机等油气集输系统装备，以及海洋水下采油树、大型物探采集处理系统等一大批石油石化装备领域大国重器有力支撑了国家油气资源的开发利用和保障国家能源安全。中国石油宝石机械、东方电气宏华集团等油气钻采装备制造龙头企业深度参与大洋钻探船"梦想"号项目，再次展示了石油石化装备行业向智能化、集成化、品牌化发展的强劲实力。

一、油气钻采装备

1. 钻完井装备

1）全球首台12000米特深井自动化钻机刷新亚洲最深直井纪录

2024年3月4日，我国首口万米深地科探井——中国石油深地塔科1井钻探深度突破10000米，刷新亚洲最深直井纪录，标志着我国万米钻探系列技术步入世界前列，为挑战深地极限、开发超深层油气资源提供了坚实的装备保障。深地塔科1井自2023年5月30日在塔克拉玛干沙漠腹地正式开钻，在为期279天的钻进周期里，深地塔科1井挑战多重世界级难题，突破多项核心关键技术，先后使用29只钻头连续钻穿12套不同地层，入井钻具重量达352吨，成功抵达万米深度，在我国钻探工程史上具有里程碑式重大意义（图3-1）。

该钻机是超深层油气勘探开发的核心装备，关键部件全面实现国产化替代，攻克了超高钻台大载荷提升等难点，刷新国内钻机钻台

图3-1 深地塔科1井作业现场

高度纪录，解决了"超深井深、超高泵压、超大负荷"的钻井工程难题。近200℃超高温、140兆帕超高压、352吨超高入井载荷，深地塔科1井的破万之路面临"极限挑战"。为此，其应用了200余件国内顶尖装备和技术：全球首台12000米特深井自动化钻机、抗230℃高温和175兆帕高压测井仪器……这是高水平科技自立自强的充分体现。深地塔科1井突破万米，得益于精准的地质预测、及时的随钻分析、靠前的技术支撑。3000多千米外，346项井下数据实时传输至北京，专家"云上"集结，协力为安全钻进提供支持。

2)"新胜利三号"平台入列胜利油田海上钻探

2024年2月27日,胜利石油工程公司的"新胜利三号"钻井平台(图3-2)从招商局金陵(威海)船厂出发抵达胜利海区井位,精准就位埕北11D井组,正式入列海上钻探,为保障胜利海上、建设"海上胜利"增添钻井新利器。

图3-2 "新胜利三号"钻井平台

"新胜利三号"平台由美国LeTourneau公司设计,江苏扬子江海洋工程有限公司建造,招商局金陵(威海)船厂适应性改造,最大作业水深106.7米,最大钻井深度9000米,配备卡麦龙钻井包。

近年来,胜利海洋钻井公司以装备更新升级为契机,立足当前,着眼长远,瞄准国家新旧动能转换政策落实落地,在钻井平台和装备更新升级方面下苦功、求实效,克服诸多困难和挑战,逐步实现新突破。

3)世界首台4000米车装沙漠钻机在非洲服役

2024年6月12日,全球最大的自走式一体化沙漠钻机——4000米车装沙漠钻机(图3-3)在南阳二机集团顺利通过用户验收,并将赴非洲撒哈拉沙漠油区服役。这标志着世界首台4000米车装沙漠钻机研制成功。

这种新型4000米车装沙漠钻机由南阳二机集团自主研发,设计钻井深度4000米,最大钩载250吨,系全球最大的自走式沙漠钻机。为适应北非沙漠特殊工况,该公司在4000米车装沙漠钻机研制过程中,在国内首创12×12重载沙漠底盘,并攻克一系列技术难关,确保这种钻机

图3-3 沙漠钻机

的通过性能和越野能力适应于非洲恶劣的沙漠环境。与此同时，该钻机配套了自绷绳系统、顶部驱动和自动送钻技术。其中，自动送钻技术是国内首次在柴油机驱动的车装钻机上实现，填补了我国这一技术领域的空白。

4）沙漠快移混合动力钻机成功开钻

2024年7月23日，由中国石油技术开发有限公司出口的阿布扎比沙漠快移混合动力钻机项目的第十套钻机成功开钻，圆满实现项目全面交付。

阿布扎比混合动力钻机项目是阿联酋政府发展绿色能源的标志性项目之一，于2023年4月签约，是近年来中油技开单笔签约额最大的油气装备项目。为了献礼"一带一路"倡议提出10周年，中国石油开展务实合作、促进绿色发展，带头践行全球减碳排放，着力提升共建国家发展水平和民生福祉。结合ADNOC市场需求前景和ESG理念，中油技开向客户精准推介新能源替代方案，提出"绿色钻机"概念，得到了客户的高度认同。中油技开发挥中国石油一体化优势，持续强化市场营销与技术推广，诚挚邀请客户来华考察"昆仑制造"工厂，在国际市场激烈竞争中以"真诚、专业、智慧"取胜，赢得了为客户提供产品和服务的机会。

2023年11月中旬，钻机主体设备陆续运抵阿布扎比并快速转运至沙漠腹地井位，大量西方品牌辅助设备也从生产地运至项目现场，中油技开首次在中东市场尝试并成功在作业井位完成钻机设备安装调试。2023年12月，首批2套钻机交付开钻，创造了阿布扎比陆地钻机项目从合同签约到开钻交付的最快纪录。

"绿色钻机"概念为全球生态环境治理提供了"中国方案"，将成为践行"一带一路"倡议新征程中的示范。在ADNOC Drilling发布的新闻公告中提到，新钻机中混合动力解决方案的使用将成为ADNOC Drilling低碳减排战略的重要组成部分，将为ADNOC实现2030年温室气体强度降低25%的承诺及2050年阿联酋净零排放战略计划作出积极贡献。

5）电驱自动化连续油管在侧钻技术领域应用

2024年6月16日，石化机械四机公司自主研发的SLG630电驱自动化连续油管作业机，在连续油管侧钻领域的首口侧钻水平井马5斜-1井控压钻井试验顺利完工，形成了控压钻井、超薄厚度水泥塞裸眼侧钻等连续油管侧钻领域技术新突破。

连续油管侧钻是提高油田老区采收率和勘探新油藏的重要技术手段。该技术以其小半径侧钻水平井、不压井保护产层、降低钻井液损耗、无接箍起下快等特性，简化作业流程、减小设备占地面积、降低钻井成本、缩短施工周期，尤其在复杂地质条件下，展现出卓越的安全性和适用性。

中国石化80%以上储量来自老区，为保障老区增产稳产，提速提效，中国石化集团公司开展连续油管侧钻技术实践应用，侧钻过程工艺复杂，井下异常情况多，对人员操作技能、设备控制精度等提出了更高要求。石化机械四机公司针对工程作业需要，以信息技术及绿色低碳转型为主攻方向，在连续油管高效自动化、节能环保、本质安全等方面下足功夫，推出迭代升级产品。SLG630电驱自动化连续油管作业机具有自动起下、自动钻进、应急处置等先进自动化功能。

首创连续油管自动化集成逻辑控制系统及智能低速钻磨控制单元，在自动控制基础上配置应急关断保护、自动生成井筒剖面图、自动应急处置、工况感知自动启停、溜管实时监控等功能，大幅提升国产连续油管装备的自动化程度。采用四橇结构形式，运输方便，满足陆地及海洋平台作业使用要求，最大提升力630千牛，最大注入力310千牛，最低稳定速度达到0.01米/分钟，紧盯绿色环保需求，节能降噪，配备350千瓦电动机，集成井场电网与发电机双驱动组合配置，连接方式高效便捷，全面适应油田工区绿色低碳转型发展需要。

6）首套陆地钻井用28～140兆帕防喷器系统及35兆帕控制装置联调试验

2024年6月，由宝石机械联合北京石油机械有限公司、川庆钻探工程有限公司、渤海钻探工程有限公司等多家联合研发团队研制的我国首套搭载35兆帕控制装置的陆地钻井用28～140兆帕防喷器系统在宝石机械顺利完成联调试验（图3-4）。

图3-4　28～140兆帕防喷器系统及35兆帕控制装置联调试验现场

140兆帕防喷器系统由环形防喷器、单闸板防喷器、双闸板防喷器、防喷器控制装置等组成，是井控装置的重要组成部分，主要在钻井、修井、试油等作业中控制井口压力，有效防止井喷事故发生，实现安全施工。

研制的28～140兆帕防喷器系统攻克了承压件新材料开发、高压液控元件、防喷器黑匣子等8项关键技术，并结合多目标防喷器优化设计，形成的140兆帕防喷器组与同等级产品降高减重10%～15%；整套防喷器系统最高工作压力140兆帕、最大液控压力35兆帕，具备远程遥控、应急关井、一键高压剪切等功能，大幅提升了超高压复杂井控能力，并在国内率先构建基于数字孪生平台的防喷器及控制装置多参数安全监测平台，通过对实体动作的采集、分析、模拟、预测，使操作人员更加直观、精准地进行操作，实现设备安全运行和技术升级换代。

7）国内承压能力最高的175兆帕节流压井管汇研制成功

2024年7月2日，宝石机械承担的中国石油集团公司重点科研项目产品——YG78-175特高压节流压井管汇成功下线。产品额定工作压力为175兆帕，具有独特的六通道设计结构，是国内目前承压能力最高的节流压井管汇，为万米级超深层油气资源勘探开发提供了工程利器。

节流压井管汇是用于控制溢流、井喷，实施油气井压力控制的必要设备，对压井作业安全具有重要作用。近年来，井控安全成为制约"三高"油气田勘探开发的瓶颈，节流压井管汇系统压力等级逐渐向高压、超高压、特高压方向发展。2022年12月，175兆帕特高压井口及配套装备研发项目正式立项。宝石机械从全业务链整体布局，系统性突破了175兆帕特高压节流压井管汇设计、制造的技术瓶颈。产品经过厂内检测及第三方严格测试后成功下线。该产品配套的控制系统，同时具有地面远程控制、钻台远程控制、地面遥控，以及紧急情况下手动控制等4项安全保障功能，提升了设备本质安全水平。

8）我国高端人工岛丛式井智能钻机日趋成熟

2024年7月16日，东方宏华再次与中东地区最大钻井承包商签订数套人工岛丛式井智能钻机项目合同，总金额达15亿元人民币。该项目的成功签订，彰显我国高端智能石油钻机得到全球顶尖钻井服务商的认可，也标志着中国的智能装备走向世界，并引领人工岛智能钻机未来发展方向（图3-5）。

图3-5 人工岛丛式快移智能钻机

该新型人工岛丛式快移智能钻机使用东方宏华全新的"AI 人工智能+岛式钻井技术"，采用机电融合一体化设计，搭载先进智能钻井技术、自动化管具及离线处理技术、区域管理技术、储能及能量管理技术、钻机在线监测技术等，拥有"一键联动"、多源感知、变频直驱、绿色低碳、数字化钻井和智能运维六大技术，具备装备自动化、作业流程标准化、钻井过程智能化、动力能源低碳化等全新功能。钻机采用模块化平移装置，满足人工岛多排丛式井作业要求，极大提高了作业效率，实现工作可靠、运移方便、运行经济。

9）全国产化 12000 米深智钻机成功交付

2024 年 10 月 16 日，东方电气集团所属东方宏华自主研制的全国产化 12000 米深智钻机在德阳广汉成功交付，即将在新疆地区投入应用。该钻机能够实现 12000 米及以下深度的"自动驾驶"作业，标志着我国超深层油气开发技术取得又一重大突破。

在技术创新方面，这款钻机成功攻克了万米管柱"一键联动"自动化等核心技术难题，并配备了行业顶尖的 3200HP 五缸泵，不仅具有泵健康检查功能，还能实现超高压大排量的泵送。该钻机搭载了顶尖的 UNISON 2.0 控制系统，实现了数字化的卓越钻井体验。同时，集成的先进视觉识别系统大幅提升了智能感知能力，成功将地面、台面和高空三大区域纳入自动化作业范畴，确保钻机在极端超深环境下仍能安全、稳定地实现"自动驾驶"。

该 12000 米深智钻机具有超强承载力，钩载能力高达 1000 吨，可以提升 1368 根钻柱，实现最大 13000 米深度作业。钻机所有核心部件和控制系统均由东方宏华自主研制。

10）国内首套深部岩心钻探装备通过验收

2024 年 10 月 23 日，由中地装集团与山东省地矿局联合攻关的山东省政府采购"强化地质钻探核心能力建设"项目 ZJ50DB/XD70DB 型自动化深部钻探装备，在国机集团张家口地质装备产业园顺利通过验收，将我国深部岩心钻探装备能力推进至 7000 米大口径取心的更大深度，是国内首台套满足 5000 米标准化油气、新能源钻井和 7000 米取心钻探等多领域应用的深部钻探装备（图 3-6）。

该装备围绕多领域、新工艺和新型工业化的发展需求，重点研究多领域应用、多工艺顶驱钻进、大口径管柱作业、自动化一键作业、超深孔可控落钩打捞岩心、全井场数字化控制等关键核心技术并实现突破，技术自主可控，已申报多项发明专利。

图 3-6 深部岩心钻探装备

11）国产化离线钻机投入工业应用

2024年2月19日，由中曼石油集团49队在阿克苏油田承钻的柯2-1井顺利开钻，这是中曼石油使用自主研制的ZMOR350离线钻机（图3-7）在该油田承钻的第一口井，标志着离线钻机的工业测试迈出了坚实的一步。

ZMOR350陆地离线作业钻机是中曼石油装备针对国内外市场对智能化油气田钻井装备的需求，研发制造的一款高度自动化的5000米陆地离线作业钻机。钻机采用新型管柱处理系统，实现了管柱处理的离线作业。相比传统钻机，离线钻机每个班组仅需4~5人，可减少50%~60%的人员，还可以缩短钻井准备时间，智能化设备的使用减少了大量的危险区域作业和重体力劳动，更加便捷、省时省力，大幅提升了安全性，减少了钻井准备时间，进一步提高了钻井效率，引领了智能钻采装备的升级换代。

2024年11月20日，中国石油和石油化工设备工业协会在北京组织了中曼石油装备集团有限公司"离线钻机管柱处理系统"和"智能钻具处理系统机器人关键技术研究"成果鉴定会。鉴定委员会认为，两项成果提升了我国钻机自动化技术水平，总体技术达到了国际先进水平。

图3-7　ZMOR350离线钻机

中曼石油装备"离线钻机管柱处理系统"成果具有完全自主知识产权，已累计获得国家授权专利40件，其中发明专利12件，顺利完成了新疆阿克苏油田3口井的施工作业；"智能钻具处理系统机器人关键技术研究"成果申请专利16件，其中发明专利14件、实用新型专利2件，登记软件著作权3件，成果在中曼石油钻井技术有限公司"5000米智能钻机"完成了工业性试验。

12）山地地热智能钻机成功发运

2024年12月18日，东方宏华自主研发的全套山地地热智能钻机（图3-8）离开上海港，顺利完成了国内段发运，即将开始新的钻井征程。该钻机系统采用标准化自动作业流程，在保障作业安全的同时显著提升了钻井效率，有效推动了清洁能源装备产业的全面自动化发展，让新能源产业结构升级迈向新台阶。

山地地热智能钻机具备紧凑型自升式井架与旋升式底座结构，罐体采用模块化和通用化的设计，搭配灵活的线缆管理方案，能够良好适应极限颠覆性的多井场布局，同时配备先进的平移系统，主机可多向平移和360°旋转，满足非规则丛式井作业和狭窄山地作业需求。配套自主研发的"一键联动"自动化机具系统通过单双集控、起下钻一键联动（RTS™）、离线接卸立根一键联动（OSS™）、区域管理（ZMS）等，能够有效降低建井周期和成本，实现作业流程自动化。

图3-8 自动化山地地热智能钻机

东方宏华结合多年实践经验和行业趋势，对钻机控制系统设计进行全新升级，具备更优的程序架构，设备控制能力更加显著，还开通第三方通信接口，搭配智能监测技术，操作人员可以实时监控钻井钻具参数并及时调整作业策略，让效率更有效率，让智能更加智能。

13）国产油气钻井防喷器实现系列化

防喷器是石油天然气钻修井作业中防止井喷、保障人员设备和油气资源安全、实施井控技术的重要井控装备。随着油气开采逐步向深地、深海方向发展，面对温度高、压力大、深水工况、地层结构和油气性质复杂等特点，对防喷设备性能提出了更高的要求。钻井防喷器已从传统单一时代迈入了"高精尖"的技术多元化发展时代，每一次迭代升级都促进了作业效率的提升、成本的降低和安全性的提高，我国防喷器研发、制造和应用处于国际先进水平。

华北石油荣盛机械制造有限公司（以下简称华北荣盛）自1986年成功研发第一台防喷器以来，努力攻克"卡脖子"技术，陆续开发了多种系列的钻井、修井、试油防喷器，累计达200多个规格类型，同时开发了高压防喷器组、水下防喷器组、液压锁紧防喷器、无侧门螺栓防喷器、数字化防喷器、大范围变径胶芯、超级剪切闸板、超高温胶芯等产品，可以应用于低温、高温、高含硫、气密封等不同的作业环境，满足海洋及陆地钻井、试油、井下作业、带压作业、连续油管作业等各种井控需求。其中，"高压高温无侧门螺栓闸板防喷器""大范围变径闸板""深水防喷器组及控制系统"等30多项防喷器产品技术填补国内空白，使华北荣盛成为全球产销量领先的陆地防喷器制造企业，也是中国最早研制海洋深水防喷器及控制系统的制造企业，产品技术为国内领先，并达到国际先进水平。

高压防喷器组主要应用于深层、超深层钻井作业，由于地层的复杂性和不确定性，需要防喷器具备更好的耐高压能力。华北荣盛早在2003年研制的F35-105防喷器组，结束了当时我国105兆帕高压陆地防喷器长期依赖进口的历史。截至目前105兆帕防喷器组国内外累计销售209组，累计作业超过7000口井；2010年F28-140超高压陆地防喷器组研制成功，已有11组在川渝、新疆地区应用，为"两深井"的油气开采提供了强有力的技术与装备保障（图3-9a）。2024年8月，国内首套F48-105陆地防喷器组成功应用于"深地川科1井"，标志着大通径高压力防喷器组取得重大进展（图3-9b）；同时，我国自主研发的首套F48-140大通径超高温高压防喷器组样机制造完成，标志着我国超高压防喷器再创里程碑，对于提高我国重大装备国产化率、打破深海资源勘查领域装备受制于人的被动局面具有重要意义。

a. F28-140防喷器组　　　　　　　　b. F48-105防喷器组

图3-9　防喷器组

水下防喷器组主要应用于深海钻井作业，产品及市场长期由美国的NOV、Cameron和GE（Hydril）等公司垄断。华北荣盛于2007年承担海洋防喷器领域相关国家级科研课题，依托国家科技重大专项、国家863计划、国家重点研发计划课题，开始研制水下防喷器组及控制系统，经过17年技术攻关，突破多项关键核心技术，研制出20多台水下井控关键单元设备。所研制的国内首套F48-105水下防喷器组获得2013年CIPPE展会创新金奖；2021年研制的国内首套水下应急封井装置，通过了DNV产品认证，其中水下48-105双闸板防喷器集成其中，于2021年5月在我国南海完成1448米深海试验，使我国成为全球第三个能够设计制造该装置的国家,提升了我国海洋油气装备制造水平和应急抢险救援能力;所研制的48-70水下双闸板防喷器于2023年在"南海2号平台"实现工程应用,并已顺利作业9口井,实现了国产水下防喷器主机工程应用从0到1的突破;与中海油服合作开展的F48-105深水防喷器组及控制系统国产化项目稳步推进,未来将逐步代替进口产品,有力提升我国海洋井控装备更新及配件供应能力,降低平台装备运维成本,打破依赖进口而受制于人的被动局面。

华北荣盛于2006年成功研制自动锁紧闸板功能的液压锁紧闸板防喷器,无需增加额外的控制管线,即可实现可靠的闸板自动锁紧和解锁功能,对比传统手动锁紧结构,大大提高了作业效率和操作安全性。2004年成功研制了国内首个2⅞~5英寸大范围变径闸板,目前已成功开发了50多种规格型号,压力最高140兆帕,变径范围最大3½~7⅝英寸,可密封多种规格的管柱,避免了作业期频繁地更换闸板,减小了劳动强度,提升了作业效率,降低了更换闸板时带来的风险。2021年自主研发的超级剪切闸板,具备超强剪切能力,可以剪切钻铤、钻杆接头、钻杆本体,为复杂工况下高风险探井的开采提供了终极保障;2021年闸板防喷器高温胶芯问世,填补了国内空白,其中全封、管柱闸板胶芯耐高温达205℃/105兆帕、177℃/140兆帕,剪切闸板胶芯最高耐温达177℃/140兆帕,大范围变径闸板胶芯最高耐温达149℃/105兆帕,性能水平国际先进。

14)新一代智能振动筛研制成功

为应对复杂钻井工况对固控设备的新要求,河北冠能石油机械制造有限公司创新研发了GNZS596系列智能振动筛(图3-10),成为钻井液四级分离、五级净化工艺中的核心设备。

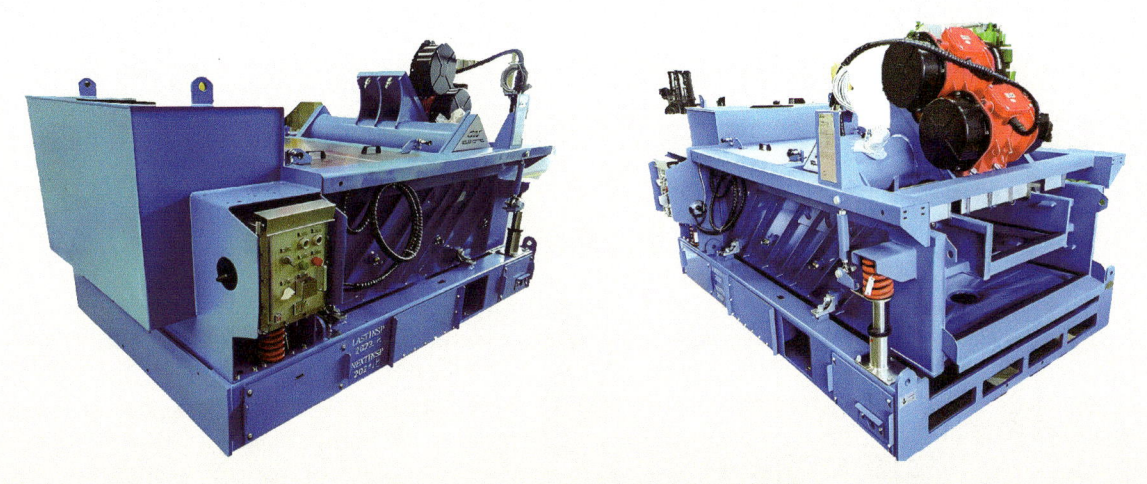

图3-10 GNZS596系列智能振动筛

作为石油钻井的"血液",钻井液在油气钻井工程中起到了至关重要的作用。一般情况下,钻井液成本占钻井总成本的7%~10%,由于钻井液失能以后造成卡钻、油气层伤害、井喷等事故,其损失尤为惨重。性能先进的钻井液固控设备可以使钻井液最大限度得到净化并适配钻井工况，大幅度降低钻井成本、提高钻井效率、保护油气层，以及保障钻井作业安全。

冠能固控基于在机械运动和自动化控制方面进行的大量理论分析、工程测试和现场测试研究，推出了GNZS596系列智能振动筛。该型振动筛具有高激振力、大振幅、高透析率、双轨迹、多层分筛选、变频控制、数字化反馈显示、远程兼本地智能控制、故障数据记录、定期维保提醒、脉冲负压等诸多优点，强化了振动筛功能、提高了作业效率，提升了设备的智能化水平，降低了操作人员工作强度，减少了钻井废弃物排放，同时有效减小了振动筛外形尺寸，可以同时满足陆地钻井工况和空间紧凑的海洋钻井工况。

经过南海东部和渤海海域海洋钻井平台测试和使用报告显示：GNZS596系列智能振动筛克服了表层钻进阶段4立方米每分钟的瞬时超大处理量工况，在目前使用的水基钻井液体系、油基钻井液体系和复合基钻井液体系中筛分效果优秀。冠能GNZS596系列智能振动筛打破了国外固控品牌高昂售价、高昂服务费用、高昂易损件耗材的技术垄断，实现了高端钻井液振动筛的国产化替代，为我国自主装备勘探开发油气资源提供有力支撑。

15）新型精细控压自动节流管汇及控制系统投入应用

2024年8月，华北荣盛研制的新型精细控压自动节流管汇及控制系统在中国石化西南工程安州1井圆满完成全过程控压服务并获得圆满成功。安州1井控压服务实际控压钻井井段为2323～4817米，设备先后进行了33次安全可靠的精细控压参与作业，全工况下控压精度维持在±0.1兆帕以内。

华北荣盛最新研制的LKX76-35A新型精细控压自动节流管汇及控制系统（图3-11），在整个控压服务过程中，通过自动节流管汇精准控压，释放地层压力，找准压力窗口，确保控压钻井井段钻进不喷不漏或微漏钻进，减少非生产时间，缩短钻井周期，提高综合效益。该系统利用控压设备及时快速调整井底压力，维持安全密封窗口，在可控的情况下释放地层能量，快速发现漏失和溢流，做到精准控制，降低井控风险。以其优异的通过性，结合控制系统快速防堵控制性能，实现了防堵过流控压，现场对精细控压管汇无任何拆解掏堵，大幅降低了人员劳动强度，节省了钻进时间，提高了钻进效率。

图3-11 新型精细控压自动节流管汇及控制系统

近年来，为积极响应国内各大油田勘探开发数字化转型、智慧化发展步伐，华北荣盛利用自身在井控装备领域的技术领先优势，相继成功研发了数字化井控系统、智能化关井系统、井控设备数据监测系统、全生命周期管理系统等新技术产品，为提升钻井作业效率和勘探开发效益贡献了力量。

此前，华北石油荣盛机械制造有限公司自主研制的国内首套48厘米、140兆帕大通径超高温高压防喷器组样机于2024年7月24日正式完工，标志着我国海洋油气装备钻井领域关键设备研发取得突破性进展，对于提高我国重大装备国产化率、打破深海资源勘查领域装备受制于人的被动局面具有重要意义。

在研制过程中，华北荣盛坚持技术创新，先后攻克20余项关键技术，并将质量管理放在首位，委托CCS严格把关产品设计、制造、测试过程，确保每台产品达到高标准、高质量，形成技术报告8项、设计方案及图纸6项、样机和试验装置5项、申报国家发明专利3项等一系列重要成果，在石油井控装备领域累计有40多项产品填补国内空白（图3-12）。

图3-12　48-140双闸板防喷器强度试验

16）CNPC-IDS旋转导向定向仪器技术获突破

2024年7月9日，中油测井自主研制的IDS智能导向系统定向仪器在渭北-X井水平段钻井作业中引导钻具高效钻进，完成"一趟钻"进尺1434米，井眼轨迹符合设计要求，突破了旋转导向高精度高可靠定向仪器这一"卡脖子"技术，在IDS智能导向系统产业化应用上迈出关键一步。

定向仪器是旋转导向作业实现井眼轨迹精准测量和控制的关键，技术壁垒高、研发难度大。中油测井坚持自主研发关键核心技术理念，设立智能导向专班，实行"平台+项目"管理模式，充分发挥仪器研发共享、基础前沿应用研究等平台的协同作用，缩短研发周期，在10个月内攻克了传感器校正、高温结构设计、质量控制等难题，研制出智能导向系统定向仪器。该仪器可通过对井下磁场、重力场进行高分辨率测量，引导井眼按预定的轨迹钻进，实现三维轨迹可控的精准导向钻井。

中油测井将进一步拓展旋转导向定向仪器在随钻测导、电缆测井轨迹检测，以及井下磁场和重力场测量等方面的应用，推进定向仪器相关技术的发展。

17）475IDSS智能导向系统现场试验成功

2024年9月13日，由长城钻探西部钻井分公司50514队施工的苏53-66-20H井顺利完钻，圆满完成了中国石油自主研发的475IDSS智能导向系统现场试验，标志着中国石油突破了旋转导向高精度、高可靠定向仪器这一关键技术，在IDS智能导向系统产业化应用上迈出关键一步。

为保障本次试验圆满成功，试验团队技术人员制定了详细的试验方案，明确了试验内容、试验程序和安全管控方案，确保试验井段、试验钻头、钻具组合、钻井液性能等技术措施达到最佳状态。

在苏53-66-20H井三开井眼造斜段钻进试验中，智能导向系统连续工作103小时，成功实现了造斜、稳斜和扭方位等功能，连续进尺335米，较常规造斜工具平均机械钻速提高15.79%，井眼轨迹与设计轨迹符合率达90%以上，实现了对钻井过程中井眼轨迹的高精度控制，有效解决了水平井造斜段的钻井提速难题。

18）"经纬"旋转地质导向钻井系统突破国外技术垄断

旋转地质导向钻井系统是油气勘探开发工程保障的核心技术，此前长期由国外提供服务。中石化经纬公司攻关团队借助"深地工程"、深层页岩气及页岩油等非常规油气的高质量勘探和效益开发的机遇与挑战，突破了静态推靠模式下高造斜率、高可靠性、精准轨迹控制、随钻探边等9项核心技术，突破高精度动态测量与井下空间姿态闭环控制等4项"卡脖子"技术，成功研制了经纬旋转地质导向钻井系统，打破国际油服垄断，国产化率94.5%，实现了全产业链自主可控。

系统耐温165℃，耐压140兆帕，最大造斜率15度/30米，整体达到国际先进水平，其中导向头工具面测量精度、方位电阻率测量精度达到国际领先水平。授权发明专利50件（涉外专利8件），登记软件著作权15项，中国石化专有技术3项，制定标准5项（行业标准2项），发表论文48篇（SCI/EI 20篇），入选国家能源局"2023年全国油气勘探开发十大标志性成果"，荣获2024年石油石化装备行业"新产品、新技术、新材料"杰出创新成果。

经纬旋转地质导向钻井系统是国内首家实现全场景应用，具备测量零长短、通信精度高、适应排量广、控制效果好、现场组装快等5大优势，与国外油服产品同台竞技，胜利页岩油工作量占比达到77%，累计应用286口井，进尺35.51万米，促进石油工程技术迈上新台阶，井眼水平位移延伸由693米（营6-更斜51井）提高到4689.62米（焦页18-S12井），向5000米水平段迈进，助力钻井队日进1千米、2千米，40口井实现"一趟钻"，打成一井双探、海上大位移等复杂结构井，单井平均缩短钻井周期8.7天，助力胜利页岩油国家级示范区建设和川渝页岩气勘探新发现，在保障国家深层油气的高质量勘探和效益开发方面发挥重要支撑作用。

19）"璇玑"旋转导向钻井与随钻测井系统在海外规模化作业

截至2024年8月，中国海油"璇玑"旋转导向钻井与随钻测井系统在伊拉克米桑油田实现累计总进尺40000米，总井下时间10000小时的新里程碑，标志着"璇玑"高端制造能力和规模化作业能力取得新突破，对全面打造自主可控、安全可靠、竞争力强的现代化高端油气装备制造产业链具有重要意义。

中国海油自主研发的"璇玑"旋转导向钻井与随钻测井技术，是我国石油钻井、测井领域一项革命性、颠覆性的技术突破，可以精准控制钻头在地下几千米深的岩层中钻进油藏，大幅提升油气资源勘探开发效率。

"璇玑"旋转导向钻井与随钻测井系统在伊拉克米桑油田作业，是中国海油"璇玑"智能化生产线输出的首批产品。通过智能生产线的工艺升级，"璇玑"系统实现了抗研磨性、造斜稳定性和井下参数监控能力的大幅提升，2年来高质量完成48口井的作业，作业成功率100%，成为首个海外规模化应用单元。

到2024年，"璇玑"系统已在全球完成1967井次作业，累计进尺近200万米，在伊拉克、印度尼西亚等"一带一路"沿线国家多次解决复杂地质定向作业难题，屡破作业纪录，受到作业者高度赞扬。

20）175℃高温MWD系统投入应用

2024年6月18日，东方宏华研制的175℃高温随钻测量系统（MWD）在四川宜宾顺利完成现场应用。该系统于6月7日入井，顺利完成了888米造斜段作业，作业期间全程零故障率、零误码率，其高操作性得到用户的大力赞赏和认可，充分展现了东方宏华高温MWD系统的四大优势指标：

（1）耐高温，高可靠。该系统定位为175℃高温MWD系统，此次作业为高温、高密度、大排量开发井，系统全程无故障，安全可靠运行200余小时，作业进尺超800米，充分展现了系统的稳定性和可靠性。

（2）低功耗，长续航。系统采用了完全自主知识产权的低功耗编解码、电路和软件管理技术，有效提升了井下仪器的续航时间，完美解决了同类产品在续航方面的常见问题。作业时长超200小时，电池用量仅为同类产品的3/4。

（3）高效解码，智能管理。在连续的复合钻进中，系统完全自动解码，实现零误码率，即使现场出现强干扰环境也能稳定跟踪，一次性完成测斜解码和校验。

（4）高度集成，操作便捷。该系统地面数据采集装置集多种功能于一体，简化了现场操作流程，提高了工作效率。友好的人机交互界面和简便的操作方式，使得即使是初次使用者也能快速掌握，获得了现场操作人员的一致好评。

东方宏华2019年开始独立研发高温MWD系统，经反复论证、充分测试，推动该系统关键技术突破和创新成果有效转化，在国内实现"技术领先""质量领先"。

21）石工卓灵38毫米MWD研制成功

2024年12月15日，中石化石油工程技术研究院在中原卫68-1C1井采用自主研制的石工卓灵SNM-Slim38随钻测量仪（MWD）顺利完钻，实钻周期21天，节约施工周期5

天，较设计周期缩短19%。该仪器在示范应用中效果显著，大幅缩短了建产周期，标志着中国石化首台套自主产权的小直径随钻测量仪器研制成功。

随钻测量仪器是钻井过程中的关键高端装备，主要用于钻井定向阶段，能够清楚地看到地下数千米钻具的轨迹信息。随着剩余油气效益开发、逐步加大老井开窗侧钻施工，随钻测量仪器在小井眼侧钻应用中存在循环压耗大、排量受限、冲蚀严重、故障率高等问题，严重制约钻井提速提效。国外小直径随钻测量仪器价格高、维保周期长，现场急需适应 ϕ120毫米井眼的随钻产品，破解高端随钻测量仪器"卡脖子"难题，摆脱国外技术垄断，实现科技自立自强。

中石化石油工程技术研究院联合中原油田分公司，综合双方在小直径随钻测量仪器和套管开窗侧钻工艺的行业龙头优势，开展小直径随钻测量仪器研发攻关，成功研制出石工卓灵SNM-Slim38成套随钻仪器，突破了随钻测量仪器小型化关键技术，显著降低了循环压耗及仪器冲蚀，将井下仪器串的外径缩小至38毫米，填补了小直径随钻测量仪器的技术空白。仪器具备井眼轨迹实时测量及井下长距离无线传输功能，耐温150℃，耐压140兆帕，井斜精度提高至±0.1度，有效解决了井眼轨迹控制质量差的难题，大幅提高了高效钻达目的产层的精准度。

该仪器在元坝2-2H井成功应用，最大井深7363米，井底最高温度140℃，小直径随钻测量仪器连续稳定工作283小时，达到了进口同类产品水平，标志着小直径随钻测量仪器在超深井小井眼钻井领域实现了国产化替代。在中原老区挖潜开发示范区、西南区块挖潜侧钻井10口井完成首轮次工程现场示范应用，累计服务进尺7652米，累计入井时长3557.5小时，单井最大连续无故障工作时间694小时，趟钻成功率达100%。

22）油气钻井钻头全系列国产化

在油气装备领域，钻头有着举足轻重的地位。石化机械江钻公司聚焦油气勘探开发主战场，深耕细作钻头领域，形成了牙轮钻头、金刚石钻头和混合钻头三类特色产品，技术整体处于国内领先、国际先进水平，并持续提升钻井提速关键工具与装备一体化解决能力，为保障国家能源安全贡献力量。

牙轮钻头是石化机械江钻公司的主要产品之一（图3-13），早在2017年，凭借在牙轮钻头领域的显著优势，石化机械江钻公司被工业和信息化部、中国工业经济联合会确定为第一批制造业单项冠军企业，已累计销售应用超过百万只牙轮钻头。其中，超高速马达系列钻头在大庆流纹岩地层进尺超85米，与进口钻头表现相当；桥塞钻头累计钻除桥塞超百万支，创造了单只钻头钻塞262支的世界纪录，成为北美页岩气钻铣桥塞作业的标准配置。在特殊井、难钻地层、超高温工况等方面占据绝对领先地位，形成包括金属密封、梯度硬质合金齿、耐超高温橡胶、耐260℃抗极压润滑脂等15项核心技术。这些技术全面适配高钻压和高转速工况，构建了全球齐全和可靠的轴承技术和密封技术，拥有先进的齿形齿材专利技术，可满足从极软到极硬的各类地层钻井需求。

图 3-13 牙轮钻头示意图

金刚石钻头是石化机械江钻公司的拳头产品之一。在胎体金刚石钻头、钢体金刚石钻头等系列的基础上，创新研制尖脊齿、双倒角等专利异形齿，集成多级破岩技术和高导向技术，推出"先锋""尖锋"两大异形齿系列产品，生产能力达到 8000 只/年。近 5 年，石化机械江钻公司的金刚石钻头累计服务川渝、新疆及海洋等重点工区 8000 余口井，并在涪陵、川南、塔里木等勘探开发重点区块创下国内各项技术指标 616 项，形成了工区国产化和标准化的作业方案。这些产品对塑性地层、夹层和硬地层具有良好的适应性，破岩效率及钻头寿命大幅提升，"一趟钻"作业能力显著增强。"先锋"系列钻头集成斧形齿、三棱齿等高性能异形齿和超深脱钴、多级切削技术，在复杂难钻地层展现出较好的适应性；"尖锋"系列钻头集成快速钻头设计理念及相关专利技术，采用自主知识产权的尖脊齿，切削过程中能量集中程度更高，提高了钻头在由软至中硬地层，尤其是塑性地层的钻进效率。

混合钻头被誉为我国油气钻井行业的"功勋产品"，在国内外已累计完成超过 9000 趟次钻井作业（图 3-14）。四大功能型"龙"系列混合钻头，可实现由软至硬地层全覆盖，适应性良好，广泛用于软硬交错地层、定向应用、黏滑问题等工况，具有定向工具面稳、造斜率高、穿夹层能力强、使用寿命长等特点，深受市场青睐。针对复杂难钻地层提速需求，石化机械江钻公司首创混合破岩理论，采用"滚动牙轮+固定刀翼"高效破岩结构，兼具金刚石钻头的强攻击性和牙轮钻头的平稳、低扭矩特性，具备长寿命和高机械

图 3-14 混合钻头示意图

钻速的卓越性能，同时攻克了防出芯防环磨等核心技术，获得国内外授权专利 33 件，为油气勘探开发提供了有力支撑。

针对页岩油气地层具有非均质性及各向异性，在钻井过程中，易发生卡钻、埋钻具等工程事故，且定向过程中钻柱托压严重，钻井轨迹控制难度大的特点，石化机械江钻公司开发了防卡金刚石钻头、超大扭矩螺杆钻具、减摩降阻配套工具、旋转导向钻井配套工具等一系列创新产品，与各示范区钻井公司共同开展 8 轮钻井提速工作，形成了针对页岩油气不同工况的标志性产品解决方案。其中，在樊页 102 井"一趟钻"进尺 504 米、机械钻速 13.09 米 / 小时，刷新胜利页岩油井二开定向段混合钻头机械钻速最优指标，并连续刷新国内页岩油气最短钻井周期纪录。

塔里木盆地油气埋藏深，面临超深、高陡、火成岩白云岩地层难钻、超高温等一系列工程难题，对钻头钻具提出了很高要求。石化机械江钻公司先后参与 190 余口 8000 米以深井钻头钻具服务，刷新各类钻井提速指标 521 项，助力顺北油气田平均钻井周期缩短 14% 以上。自主研制的 $9\frac{1}{2}$ 英寸四刀翼"游隼"KSF 快速钻进"先锋"金刚石钻头，匹配 197 毫米大扭矩等应力螺杆钻具，在塔里木热普 901H 井高效完成二开钻进，单趟进尺 5818 米、纯钻 304.5 小时、平均机械钻速 19.1 米 / 小时，刷新国内超深井单趟钻最长进尺纪录，树立了"深地工程"钻井提速典范。

23）国内首套超大尺寸尾管悬挂器现场应用

2024 年 10 月 5 日，中国石化石油工程技术研究院大陆架公司研发生产的国内首套 $\phi 473$ 毫米 $\times \phi 365$ 毫米规格超大尺寸内嵌卡瓦尾管悬挂器在河套盆地临河坳陷巴彦淖尔凹陷兴隆构造带光明构造的一口重点探井光明 2 井成功应用，刷新我国技术尾管规格最大、悬重最高、下深最深等多项工程纪录。

本次国内最大规格、新结构超大尺寸尾管悬挂器在光明 2 井三开尾管固井施工成功应用，为光明 2 井安全高效钻进提供了坚实的保障，也为 $\phi 365$ 毫米技套固井提供了一个新的解决方案，赢得了各方的一致肯定（图 3–15）。

24）无线射频循环堵漏工具试验成功

2024 年 11 月 17 日，西部钻探工程技术研究院自主研制的国内首创无线射频循环堵漏工具（RFID）在新疆油田 HW1250 井成功试验，技术服务钻进进尺 753 米，完成工具开关作业 5 次，标签识别及开关成功率均为 100%。

常规投球式随钻循环堵漏工具通过功能球组实现工具的开关作业，开关次数受限于球篮长度及动密封件、循环滑套寿命，开关次数不超过 5 次。针对端口过流面积小、复杂底部钻具组合受限，以及与其他井下工具仪器兼容性不佳、无法接入内防喷工具等问题，通过攻关无线射频循环堵漏工具电子标签井下高速稳定识别、窄环形空间电驱液压等 5 项关键核心技术，成功研制出国内首创无线射频循环堵漏工具。

图 3-15　超高温超高压射孔器示意图

无线射频循环堵漏工具利用井下无线射频识别、电驱液压实现工作状态下的自由转换，工具开关次数取决于供电系统电量、射频识别系统待机功率、控制系统井下工作效率等因素，研发过程中经室内模拟测试后不断优化控制系统，实测工具可开关次数大于 30 次。工具旁通过流面积为常规工具 5 倍以上，实现内部全通径，提升了堵漏效率、敏感地层适用性和底部钻具组合通用性，技术优势明显，满足复杂工况、复杂钻柱结构循环堵漏技术需求。

2. 作业装备

1）大通径测试工具填补国内技术空白

2024 年 9 月 4 日，中石化胜利石油工程井下作业公司首次采用大通径测试工具完成元陆 178 井首层地层测试施工，创造了国内大通径测试工具施工新纪录，标志着该公司在国内地层测试领域取得技术突破。

元陆 178 井是中国石化勘探分公司在四川盆地川北坳陷通江向斜西南掀起端部署的一口重点评价井，设计要求该井 4 段采用 114.3 毫米油管＋测试工具＋封隔器的施工工艺，压裂施工排量 9~12 立方米每分钟，实现大规模体积压裂。现有测试工具通径无法满足该井大排量体积压裂需求，且国内没有成型的测试工具可选用。

大通径意味着工具抗压能力降低，在长时间压裂施工中风险较大。经过多次研究论证，反复研究试验，不断细化工具参数，加快工具研制进度。历经为期两个多月的测试研制，优质高效完成了工具加工及性能试验，确保了新工具符合各项安全技术标准，并在甲方规定的开工日期前顺利完成工具验收。

作为首口采用大通径测试工具进行压裂联作测试施工井，该套新型测试工具于 2024 年 8 月 7 日入井，先后顺利完成替浆、封隔器坐封、压裂施工等工序，压裂最高施工泵压 100 兆帕，最高施工排量 11 立方米每分钟，满足了该井大排量压裂施工要求（图 3-16）。

2）连续油管穿光缆技术获重大突破

2024年6月17日，宝石钢管公司成功将直径8毫米的光电复合缆穿入长度7000米、直径44.45毫米的变壁厚连续管内，打破了公司的穿缆长度纪录，为国内连续管测井技术的发展应用提供了新的技术支撑。经检测，电缆通断绝缘、光波衰减等各项性能指标均满足标准要求。

图 3-16 大通径测试工具入井现场

穿光缆连续油管作为一种技术利器，在分布式光纤测试领域发挥着重要作用，可实现水平井产液剖面全覆盖实时测量。相比常规测井技术，具有实时性好、耐温耐压、准确度高、操作便捷等优点。近年来，国内深层油气资源勘探开发速度加快，对带光电复合缆连续油管测井长度的需求也日益增长。

光电复合缆由光纤、铜丝、绝缘层和两层钢丝铠装组成，构造相当复杂。其中，光纤置于不锈钢套管内。玻璃光纤质地脆，在穿入作业过程中极易损坏。而连续油管的内径小、长度长，穿缆环形空间只有约26毫米，穿入作业难度极大。

3）非金属隔热连续管成功应用

2024年8月6日，宝石管业公司自主研发的地热用非金属隔热连续管，成功应用于中深层地热能同轴换热开采作业中，下井深度达2626米，作业过程顺利，产品整体状况良好，各项性能指标均达到施工设计和作业要求。该产品的顺利应用，标志着宝石管业公司在非金属复合管技术领域实现了新的突破，也为我国地热能高效开发和利用提供了可靠的装备保障。

近年来，在"双碳"目标下，全国上下大力发展地热等新能源，对管材等装备的耐腐蚀性、高隔热性、经济性等提出了更高的要求。2023年，宝石管业成功开发出我国首盘地热用非金属隔热连续管并成功应用，产品提高单井出水口温度0.5℃，有效减少了耗电量。相比同规格金属隔热油管，非金属隔热连续管具有连续可盘卷、保温效果佳、性价比高、水摩阻低、作业效率高、施工速度快、流量高等优势。在2023年研发成果基础上，宝石管业深入研究材料选型、结构设计、工艺控制、检测评价等一系列技术难题，开发出大通径高通量地热用非金属隔热连续管新产品并成功应用。

4）超高温超高压射孔器为万米深层油气开发添新利器

2024年9月，中国石油集团测井有限公司（以下简称中油测井）发布了新一代"先锋"系列超高温超高压射孔器，最大耐温突破260℃/72小时，最高耐压突破245兆帕，最大作业深度突破12000米，能够满足目前国内外绝大多数高温高压井及超深井的施工需求。耐温耐压两项关键指标均超越国际顶尖油服公司的同类产品。

射孔是将射孔器通过多种传输方式精确对准油气井目的层位，利用射孔弹爆炸产生的高能金属射流，依次穿透套管、水泥环并进入地层，建立起油气层与井筒之间储层改造和油气产出的高效通道。油气井产量很大程度上取决于射孔质量的好坏，尤其是开发成本更高的陆上超深层、海上超深水等油气资源时，需要温压指标更高、穿孔性能更优、安全可靠的系列化成套化超高温超高压射孔器。随着我国油气勘探开发的不断深入，超深层油气勘探开发已全面跨入8000米时代，并向万米特深层进军，射孔施工面临超深、超高温、超高压等极端环境挑战。新一代"先锋"超高温超高压射孔器的发布，打破了国外技术垄断，使万米深地井射孔有了量身定制的"黑科技"（图3-17）。

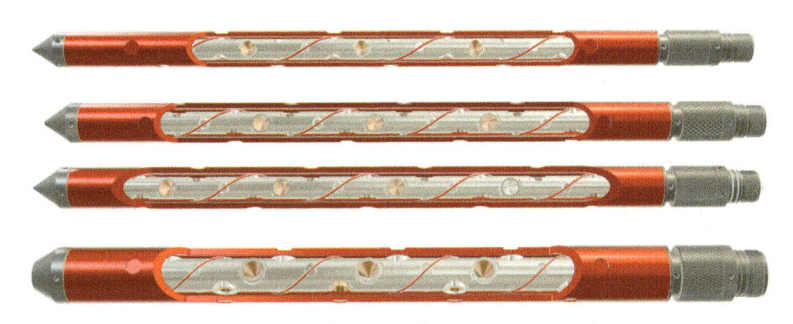

图3-17 超高温超高压射孔器示意图

中油测井"先锋"超高温超高压射孔器集成了高强度高韧性射孔枪、超高温超深穿透射孔弹、超高温起爆传爆火工系统三大部分，具有耐温耐压指标高、高温穿孔性能优、火工品安全冗余、长跨度传爆可靠等特点，射孔弹最大穿深达829毫米，最大孔径10.6毫米，分别是国家标准规定值的1.57倍和1.51倍，已通过国内唯一射孔器材检查中心权威认证及现场先导性试验，取得了阶段性突破。

为提升射孔器材耐温耐压指标，中油测井研制了添加稀土元素的高强度高韧性管材，设计了"O形全氟橡胶密封圈+高分子塑料挡圈"结构，在抵御井筒高温高压环境的同时，又兼具优良的抗酸碱能力。为改善高温穿孔性能下降问题，药型罩采用了纳米金属粉末材料特殊结构，实现了超长金属射流。为提高火工品安全冗余，中油测井对火工品采用了钝化处理，降低了炸药撞击及摩擦感度50%以上，避免了火工品在运输、装配、使用过程中可能出现误起爆情况。为确保火工品起爆传爆稳定可靠，中油测井攻关形成了多段增强起爆传爆、自动补偿隧道传爆等关键核心技术，提高了火工品间传爆性能，从而实现2000米跨度射孔段、数万发射孔弹同时可靠起爆传爆。

中油测井采用自主研制的89型210兆帕射孔器，先后完成了西南油气田LX1井射孔作业，井底施工压力突破200兆帕大关，创造国内射孔作业施工压力最高204.6兆帕纪录。再度升级的"先锋"超高温超高压射孔器，已经过多口井的现场试验及验证，成为国内深层、超深层油气开发的"新利器"。在西南油气田,创造了亚洲射孔垂深最深8880米纪录。在中国海油WZ11-2-C4H平台,实现了上千米跨度、20000余发射孔弹、超半吨炸药同时起爆。

5) 127型超深穿透射孔器再创世界纪录

2024年11月6日,大庆油田装备制造集团自主研发的127型超深穿透射孔器取得了平均穿深2895.6毫米的优异成绩,并现场通过美国石油学会(API)射孔器设计认证,成为全球首家穿深突破2800毫米的企业。

射孔弹的穿深能力直接关系到油气井的产能和开发效率。穿深深度每增加100毫米,可以提高油井产量4%。此次穿深2895.6毫米,是大庆油田装备制造集团继2018年穿深2091毫米、2023年穿深2593.6毫米后,又一次取得历史性突破,标志着中国石油聚能射孔弹穿深性能提升到了新的高度,巩固了"中国穿深"领跑地位,为优质高效服务深地、海洋及非常规油气田开发提供了新的利器。

多年来,大庆油田装备制造集团射孔器材科研人员坚持不懈地攻关和创新,凭借着精湛的技术和创新的理念,在材料选择、结构设计等方面进行了大胆突破,深入研究爆炸聚能压垮、射流演化及侵彻靶体等基础理论,开展结构调波设计、高声速药型罩配方、复合制弹工艺等关键核心技术攻关,倾力打造"极深穿透"科技创新策源地,连续三次创造世界纪录,实现了从"跟跑者"到"领跑者"的跨越。

6) 电驱自动化修井装备成功应用

2024年6月,南堡32-3238井作业现场与往日不同,井口没有一名修井工人,油管起下操作全部由自动化设备按操控指令完成。这是东方先科石油机械有限公司研制的自动化修井作业新模式的真实写照。

在传统修井模式下(图3-18),野外作业的修井工饱受风吹日晒,安全风险高、劳动强度大。步入高质量发展新时代,井下作业公司积极探索自动化修井新模式,集中人力和物力攻关"自动化修井作业研究与配套应用"项目并取得突破性进展(图3-19)。

图 3-18 改造前的传统修井机

图 3-19 改造后的自动化修井机

井下作业公司利用报废的 450 型修机进行电力驱动改造，以井场 380 伏工业电源为主动力源，整车系统采用"网电优先"控制策略，实现车载充电、边充边用，充满电后可正常起下 200 根普通加厚油管，有效解决了在断电时出现停等的难题。

采用自绷绳井架，可实现电驱作业钩载 900 千牛，满足 5500 米井深的负荷要求，作业准备中不需要打地锚安装风载绷绳，提高了修井作业效率，降低了作业成本和劳动强度，解决部分井场空间受限、井位过深无法上修等问题。对比常规柴油机动力，每年可节约燃油及维护保养成本 15 万元，不仅实现节能减排的目标，而且有效降低了经营成本。

针对常规修井设备集成度低、搬安工序多、劳动强度大的情况，井下作业公司引进了管杆传输装置、自动液压钳、一键抢喷机械手等特色自动化装备，井口作业人员由 2 人减为 1 人，省去了搬抬油管、吊卡等重体力劳动。

管杆输送装置集"排、送、测、控"功能为一体，采用电磁吸管、桁架机械手排管、滑靴随动等技术，可实现管杆在线测量，极大降低了管柱输送噪声和排管劳动强度；自动液压钳可实现精准上卸扣，对扣成功率高达 100%；此外，集成式作业平台拥有井口自动对中、高度可调、油污收集等多种功能，实现了三面上管及一体化运输。操作手通过手控或自动运行程序，引导设备模拟井口员工的操作动作，按指令完成起下油管、抽油杆的作业任务，实现井口无人化和操作自动化。

自动化修井新模式下，修井作业由传统劳动密集型向机械自动化模式升级，修井工人通过操控遥控器和显示屏，可在指尖完成管柱起下作业任务，实现"三降三提"目标，即降低劳动强度、降低安全风险、降低用工成本，提升运行效率、提升保障能力、提升清洁作业水平，为油田公司高质量发展提供更加强劲的井下力量。

7）电驱压裂应用技术达到国际先进水平

截至 2024 年 12 月，中国石油使用电驱压裂设备 128.5 万水马力，全年工作量同比增加 25.5%，创历史同期最高水平，装备国产化率达 100%，标志着中国石油电驱压裂规模和关键技术均达到国际先进水平。

电驱压裂是采用电力驱动设备的压裂作业技术。与传统柴驱压裂相比，具有低成本、绿色环保、提速提效和自主可控等优点，能够有效节约燃料、人工、维保修等成本，同时大幅提高施工效率。近年来，国内外油服公司纷纷加快发展电驱压裂，部分企业电驱机组达到总量的40%。

中国石油集团积极推进绿色低碳转型，加快发展电驱压裂技术装备（图3-20）。中油技服作为牵头单位，深入调研论证，制定规模化应用方案，通过组织技术研发制造、建立合作联盟等方式，提高电驱设备的数字化和自动化水平，电驱压裂工作量增长了近80%，创造了完成工作量、压裂时效、减碳量、用电量、国产化率、应用广度等六项纪录。同时，能耗总量控制、用能替代作用明显，2024年节约柴油量较上年提高超18%，总体减少的碳排放量相当于1年植树超600万棵。

近年来，压裂技术在非常规油气开发中的重要性日益突出。随着电驱压裂在川渝页岩气、玛湖致密油及吉木萨尔和陇东页岩油等重点非常规油气区域加速推广，电驱压裂的年工作量达到工厂化压裂总工作量的60%以上，成为破解非常规油气开发效益难题的利剑。以吉木萨尔页岩油开发为例，应用电驱压裂后，该区域压裂效率同比提升20%，助推全年累计产量突破100万吨。目前，电驱压裂技术已拓展至山西、苏里格、大庆、青海等区域，助力油田增储上产，为端牢端稳能源饭碗提供重要支撑，打造了电驱压裂作业规模化、低成本、绿色施工的"中国样本"。

图3-20 电驱压裂作业现场

8）中国首艘大型压裂船研制核心装备验收交付

2024年8月28日，石化机械四机公司为中国首艘大型压裂船研制的压裂设备正式交付。此次交付的压裂设备（图3-21）包括5000马力电驱压裂橇、130桶电驱混砂橇、电驱混配橇、高压软管滚筒、高压管汇系统，以及连续输供砂和集成控制中心等关键配套设备，总计超过100台套。最大输出水功率达25000马力（18630千瓦），泵注功率全球第一；支撑剂存储超600立方米（1260吨），支撑剂存储能力全球第二；综合性能达到国际领先水平。

多年来，海上油气压裂技术被国外垄断。作为国内压裂装备制造核心技术引领者，石化机械四机公司坚持高端化、智能化、绿色化、服务化发展方向，携手国内知名海工产品制造商、研究所、高等院校，深度调研国内外海上压裂作业现状，充分考虑与陆地压裂装备的差异性，将压裂作业系统功能和船舶功能重新分解、重组和融合，历时8个月，最终形成16种关键装置及集成式多层结构布局方案，填补我国海上油田压裂技术和工程领域的空白。

图 3-21　大型压裂船核心装备交付现场

设备研制过程中，石化机械四机公司坚持对标国外先进压裂船，采用全电动设计理念，攻关形成集成式压裂多层结构布局及双冗余备份流程，设备具备全流程自动化控制、数字化显示、智能预警及在线分析等功能，可实现"百方砂，千方液"的海上高效规模化压裂作业。针对海上作业特点和用户特定需求，石化机械四机公司编制了高标准的质量计划，设置了277项控制项点，落实驻厂监造、停留点检验及入厂验收等分级管控措施，确保全流程质量受控。压裂装备通过了HAZOP分析和SIL定级，进行了系统性安全评估，帮助企业识别潜在风险并制定改进措施，确保设备的安全可靠性满足海上作业标准。

全电驱压裂设备集成化、压裂全流程智能化、数字化，特别是下海上船，是国内海洋油气装备领域具有里程碑意义的大事，也是国内外首创，是具有示范效应和带动作用的标杆项目。

9）川渝压裂现场首次应用"燃气直驱"

2024年6月4日，川庆井下作业公司承揽的威204H96平台上，3台使用了"燃气直驱"技术的涡轮橇开足马力向地层注入动力，这是"燃气直驱"涡轮橇在川渝地区压裂作业的首次使用（图3-22）。

图 3-22　压裂作业现场

随着高质量发展不断推进，储层改造作业也向着大功率、长时间、低噪声等方向发展。为满足需要，川庆井下作业公司在储层改造作业中逐渐增加了电驱压裂橇的使用比例来替代传统的柴油压裂车。但由于电驱压裂橇会受到电网供电制约，在川渝地区的应用场景和规模都会受到一定限制。针对此情况，川庆井下作业公司结合道路复杂、埋藏深度深、井场靠近居民等因素，增加了"燃气直驱"涡轮橇作为新的驱动方式，形成"电驱+柴驱、全电驱、柴驱+电驱+燃气直驱"等多种组合作业模式，为低碳环保、提质增效探索了新路径。

本次在威204H96平台首次亮相的"燃气直驱"涡轮橇，采用CNG及管道气作为气源，将天然气升温至60～80℃，输送至涡轮压裂橇提供压裂动能。与常规电驱压裂橇相比，使用"燃气直驱"的涡轮橇除具有同样的清洁和节能属性外，还具有体积更小、单机功率更大的优势。同时，由于其首次大修时间超3万小时，在施工过程中可连续作业16小时的特性，有效提升压裂作业的可靠性和稳定性，促进电能节约。

该项目投用以来，累计页岩气施工段数1213段，电驱施工率62%。燃气直驱施工144段，燃气发电用气约20万立方米，发电54.3万千瓦·时。

10）全球首套175兆帕压裂装备投入使用

2024年1月10日，全球首套175兆帕压裂装备在中石化勘探分公司重点探井綦页深1井成功应用，顺利完成该井第一阶段前7段压裂施工。该套压裂装备具有中国石化自主知识产权，其现场成功应用，标志着中国石化超深层压裂装备迈入"世界第一方阵"，进一步助力我国超深层页岩气勘探。

压裂施工压力高、复杂缝网形成难度大等世界级难题，是制约我国超深层页岩油气增储上产的"拦路虎"，研制开发超高压压裂设备成为油气行业重大技术攻关方向。中石化勘探分公司联合中原石油工程公司、石化机械公司等单位，历时两年研制投产了全球首套

175兆帕大通径压裂管汇和175兆帕压裂井口，升级改造了全套175兆帕压裂装备，施工压力比前期装备增加25%。勘探分公司精密组织现场施工，确保装备安全高效运行。綦页深1井完成第一阶段压裂施工后，能有效形成沟通地下页岩气的立体缝网，为超深层页岩气出井修建了"高速公路"。

11）175兆帕超高温超高压采气井口装置投入使用

2024年10月20日，由江苏建湖鸿达阀门管件有限公司（以下简称鸿达公司）自主研发的175兆帕超高温超高压采气井口装置，在塔东区块庆玉2井成功投入运行。10月17日，随着庆玉2井工作人员按程序完成放喷、关井操作后，创造和见证了国内自主研制的175兆帕超高温超高压采气井口装置成功使用。

塔里木盆地是我国较大的含油气盆地和深地油气富集区。为落实国家能源可持续发展战略，国内部署越来越多的超深井。然而，这些井具有储层埋藏深、压力系数高、井口流体温度高等特点，甚至出现了地层压力超过180兆帕，地层温度超过170℃的超高压力超高温度井。

目前国内使用的采气井口设备无法满足超高温、超高压特殊井的生产安全需求。175兆帕的采气井口已超出行业标准的规定范围，迫切的市场需求背后面临的是成套设备系统性设计难、研发时间超长、研发投入极高，以及对设计制造商的超高技术要求等难题。

鸿达公司自2019年起自主研发175兆帕采气井口装置产品，通过若干次性能试验，完成系列化设计，获得多项国家发明专利，是国内较早独立开发设计制造175兆帕采气井口装置的企业。与传统采气井口装置相比，具有超高压、耐高温、高抗硫等特点，该装备打破了国外井口制造商对175兆帕采气井口装置的技术垄断，填补了国内空白。中国石油和石油化工设备工业协会对该套装备进行了鉴定，认为其总体技术性能达到国内领先水平，为我国油气资源开采又添国产利器。

12）光伏供电融合液压举升技术首次应用

2024年7月29日，新疆油田二中区11号平台的2口采油井成功转抽，标志着光伏供电融合一机双井液压抽油机举升技术在新疆油田首次成功应用。

根据二中区克下组平台采油井集中布井的优势及高效建产的要求，新疆油田先后对现有举升工艺在技术适应性、经济性、安全性、管理便利性方面进行分析，确定了光伏供电融合一机双井液压抽油机举升技术的试验方案。

一机双井液压抽油机采用"U"形平衡原理，两台主机下腔连通，上腔供油。一台主机上行时，另一台主机下行，下行重力势能通过连通的下腔液体释放给另一台主机，该类型液压抽油机具有重量轻、占地面积小、冲程冲次可无级调节等优点，大幅降低了能耗。针对新疆油田的地理环境特点，技术小组设计了液压缸防沙装置，提高抽油机运行稳定性；设计了并网不上网型光伏供电系统，节约网电用量。该技术实现了光伏供电与液压抽油机高效举升的融合应用，推进机采井低碳生产。与常规游梁式有杆泵技术相比，该技术可节能 25% 以上。

13）一站多井液压抽油机"节能省地＋智能运行"

渤海装备集团采油装备公司研制的新型一站多井液压抽油机，以高效、绿色、智能等特性受到用户欢迎。

鉴于油田排采工况特性，常规抽油机配置处于"大马拉小车"的工作状态，造成了能源浪费。有的井场由于场地、空间狭窄，安装传统的游梁式抽油机比较困难。针对这些情况，渤海装备采油装备公司研发出一站多井液压抽油机。该抽油机能够实现 1 座液压站驱动 2 台及以上抽油机平衡高效运行，与传统游梁式抽油机相比，降低采油设备运行能耗超过 30%，节约占地面积 80%，符合国家绿色低碳发展需要。

该产品还加载了可视化智能控制系统，实现了人机画面与液压抽油机动作同步，能够实时显示抽油机运行各项参数、示功图等，并具备故障诊断和报警功能，运行更加智能化。

14）智能无杆排采系统助力油气生产量效双增

渤海装备集团采油装备公司自主研发的智能化无杆柱塞排采系统在华北油田煤层气等市场实现高效运行，到 2024 年 10 月，平均检泵周期达到 500 余天，赢得了用户好评。

近年来，面对大斜度井与水平井数量激增带来的杆柱偏磨挑战，该公司组建攻关团队，针对严重偏磨井、大斜度井、水平井等，创新研发双柱塞压力驱动的智能化无杆柱塞排采系统。该系统省去了抽油机和抽油杆，有效解决了杆管偏磨、煤粉卡泵、高矿化度结垢等开采难题，开创了全新无杆排采模式。

智能无杆柱塞排采系统具有自适应调节功能，能够根据井底流压变化，自动优化运行频率和上下行时间，实现精准调控。该系统集成了先进的通信模块，支持主流通信协议，操作人员可通过控制中心远程监控，实现精细化管理和故障预警，有效提升了运维效率和安全性。与同类产品相比，该系统地面设备和井下设备的平均维保周期延长了 1~2 倍，既节约了运维成本，又保障了油气田增产上储。

15）智能液压抽油机开拓排水采气新市场

2024 年 12 月 5 日，北京石油机械有限公司（以下简称北石公司）研发的新型智能液压抽油机（图 3-23）在辽河油田宜川煤岩气项目成功安装并投入使用，标志着该产品成功开拓排水采气领域新市场。

北石公司最新研制的智能液压抽油机产品在油缸密封材料、密封结构方面实现了技术创新突破，最大程度控制了生产过程中的甲烷排放，从源头上阻止了甲烷泄漏，具有高效节能、运行稳定、维护简便等优点，同时在节能和智能化方面（支持手机操控采油）具有明显优势，可为油田绿色开采、智能开发、安全环保、节能增产提供强有力支撑。

图 3-23　智能液压抽油机应用现场

目前，智能液压抽油机产品已在长庆油田多个区块取得广泛成功应用。运行期间，该设备无需更换密封填料、皮带或进行碰泵等人工操作，显著提高了油田的有效生产时率，实现节能 30% 以上，且几乎无维修记录。该产品的大规模成功应用有望成为一种可替代传统游梁抽油机的创新科技产品。北石公司将加速推进智能液压抽油机产品系列化研发和产业化进程，不断加大市场开拓力度，积极跟踪现场应用情况，为推动油田公司绿色开采、智能化管理提供更多更好的高端化、智能化系列产品。

16) 多功能洗修井作业一体机投入应用

2024 年 7 月，东方先科石油机械有限公司研制的 XXJ350 多功能洗修井作业一体机（图 3-24）在天津市大港油田井下公司洗井修井作业现场作业。与以往不同的是，作业现场仅使用了一台作业机，就完成了油管起下、注水、冲砂、解堵等多项洗修井作业工序。

传统洗修井作业方式，需要一台修井机和一台洗井车配合才能完成相同工序的作业。设备的动力利用效率低，占用井场面积大。井场面积狭小时，修井机和洗井车交替使用场地，作业效率低。

在修井设备集成化、自动化、智能化的新时代，天津市东方先科石油机械有限公司积极探索新的修井作业模式并取得了突破性进展。自主研发的 XXJ350 多功能洗修井作业一体机，是在电动修井机基础上，加装洗井泵、洗井罐、管汇等洗井设备，它既能够完成起下管柱等提升修井作业，又能完成注水、冲砂、解堵等洗井作业。

图 3-24　多功能洗修井作业一体机

该多功能作业机动力系统采用一台 100 千瓦交流变频电机驱动绞车进行起下管柱作业，

采用底盘柴油机驱动一台400马力洗井泵进行洗井作业。既能通过电驱实现钩载600千牛的管柱提升作业，又能完成400马力的注水、冲砂、解堵等洗井作业，具有以下优势：一是行车、洗井两种工况共用底盘柴油机，动力系统利用率高；二是管柱提升采用交流变频电驱动，环保、节能、无污染，现场测量噪声低于85分贝，可实现绿色修井；三是无需再单独配备洗井车，节省洗井车司机1名、泵工2名，大大降低了作业成本。综合测算每台多功能机产生的效益，节省燃料费用、洗井车费用约44.97万元/年。该作业机还采用了无绷绳技术，作业准备中不需要打地锚安装风载绷绳，大大提高了修井作业效率，降低了作业成本和劳动强度，有效解决部分井场空间受限的问题。对比常规柴油机动力，每年可节约燃油及维护保养成本15万元，不仅实现节能减排的目标，而且有效降低了经营成本。

17）新型CO_2微气泡驱油工具投入应用

2024年10月，中石化石油工程技术研究院研发的新型CO_2微气泡CCUS（碳捕集、利用与封存）关键技术与工具，在东北某油田矿场开展试验，初步验证了新型CO_2微气泡CCUS技术的现场应用效果。该技术利用二氧化碳易溶解于水、油等液体，且气体运行较液体运行快等特性，在井下把二氧化碳变成微小气泡使之不宜聚并，建立优势驱油通道，实现对较难动用低渗透储层的动用。据了解，这是行业内唯一采用井底部署的发泡方式，技术水平国际领先。

新型CO_2微气泡CCUS是一种新型的二氧化碳驱油技术，是泡沫驱与二氧化碳驱的结合，较常规技术具有"直径小、防气窜、成本低、无污染"的特点，对剩余油的溶解携带、动用作用明显。实验室数据显示，该技术将二氧化碳气体转变为直径50微米以下的气泡，扩大了碳在地层中的波及体积，封堵了高渗透通道，在低渗透带和高渗透带均匀驱替，抑制气窜，原油采收率较水驱提高了19%~26%，适用于非均质性较强的低渗透区块。

配套研发的井下CO_2微气泡发泡工具，打破了常规技术地面发泡的模式，实现了井下发泡，气泡直径根据地层需要可控可调，效果稳定可靠，与常规驱油技术相比，无须添加化学药剂，解决了微孔堵塞问题，单井成本降低80%~90%，CO_2封存率提高了50%，满足了提高采收率、封存二氧化碳的一体化要求。

二、海洋油气工程装备

1. 油气钻采装备制造企业深度参与大洋钻探船"梦想"号研制

2024年11月17日，我国自主设计建造的首艘大洋钻探船"梦想"号（图3-25）在广州正式入列，标志着我国深海探测关键技术装备取得重大突破。中共中央总书记、国家主席、中央军委主席习近平发来贺信，表示热烈祝贺。

图 3-25 "梦想"号大洋钻探船

习近平在贺信中指出：值此"梦想"号大洋钻探船建成入列之际，向各参研参建单位和全体同志表示热烈祝贺！"梦想"号海试成功并正式入列，标志着我国在深海进入、深海探测、深海开发上迈出了重要一步，是建设海洋强国、科技强国取得的又一重大成果。你们发挥新型举国体制优势，发扬开拓创新、团结协作、攻坚克难、勇攀高峰的精神，攻克了多项世界级技术难题，充分展现了新时代中国科技人员的自信自强和使命担当。希望你们再接再厉，用好这一重大科技装置，加强海洋科技创新，拓展国际海洋合作，为推进中国式现代化、推动构建人类命运共同体作出更大贡献。

大洋钻探船"梦想"号由国家发展改革委、自然资源部申报立项，自然资源部中国地质调查局组织实施，宝鸡石油机械有限责任公司、东方电气宏华集团、上海神开石油化工装备股份有限公司、烟台泰悦流体科技有限公司等油气装备制造企业深度参与了"梦想"号大洋钻探船的研制。该船于 2020 年 5 月完成初步设计，2021 年 11 月启动建造，2024 年 10 月完成综合海试。

中国石油所属宝鸡石油机械有限责任公司作为项目参建单位之一，为"梦想"号大洋钻探船提供了 2200 马力高压五缸钻井泵、岩心输送动力猫道等关键装备。项目建造期间，宝鸡石油机械有限责任公司发挥在海洋油气钻探领域丰富的研发制造经验，与项目牵头单位紧密协作，派出十多名技术专家全程参与钻采系统方案评审、采购支持、设备监造、安装调试、文件编写等工作，以责任担当和实际行动为"梦想"号提供了可靠的技术服务保障，助力国产高端海洋油气装备应用于全球领先的大洋钻探船，为国家深海资源勘探开发和海洋强国建设贡献了应有力量。

东方电气集团所属东方宏华深度参与"梦想"号研制工作，从最初的船型功能定位、项目立项申报，到承担国家科研课题和实船建造，全力为"梦想"号护航。东方宏华将承担的工信部"水合物试采井控系统集成设计技术研究"课题相关成果应用于"梦想"号大洋钻探船的性能改进，为促进天然气水合物产业化进程和深海资源开发提供了重要装备保障。在实船建造阶段，东方宏华承担了智慧自动化钻井液、散料等处理系统研制任务，实现了"梦想"号钻井液系统全流程自动化、智能化处理，通过采用先进的自动化仪表和设备，实现了钻井液配浆、钻井液净化、散料输送储存等作业流程的高效控制和管理。东方宏华还承担了"梦想"号海洋动态井架和水下设备移运系统的研制，攻克复杂桁架节点设计技术及大型钢构精度控制技术，井架一次性吊装到位，掌握了创新型动态井架的设计建造能力。

上海神开作为深耕油气勘探领域多年的石油装备企业，为堪称"国家移动实验室"的"梦想"号提供了录井仪核心设备SK-3Q07氢焰色谱仪，以及其配套使用的SK-7H06恒量脱气器，助力我国深海油气勘探。色谱仪是气测录井的核心装备，可通过在线检测返出的钻井液中所携带的地层天然气含量，实时反映地层油气变化，为储层评价提供直观而精准的油气信息。SK-3Q07氢焰色谱仪具备15秒超高速气测分析能力，同时通过钻井液进出口差分分析，有效避免钻井液（尤其是油基钻井液）中有机物成分对油气显示的影响。SK-7H06恒量脱气器则采用软管泵连续恒量抽吸钻井液进入脱气筒搅拌脱气，钻井液处理量达每分钟12L，可配套SK-3Q07等高精度色谱仪使用，实现对地层及油气的定量解释，使探测数据更加精准。

烟台泰悦流体科技有限公司承担了"梦想"号所用高压软管的设计与制造，为"梦想"号提供了月池增压软管、节流压井软管、RamRig液压海洋钻机高压柔性钻井液软管、水泥软管等高压软管。在项目建造期间，烟台泰悦流体科技有限公司充分发挥自身在海洋工程中橡胶软管领域丰富的研发、制造经验，与项目牵头单位密切合作，科研与责任并驻一身，全程参与了软管系统设计、安装调试、文件编写等工作，为"梦想"号的设计建造保驾护航，以责任担当和实际行动为"梦想"号提供了可靠的技术服务保障。

"梦想"号大洋钻探船长179.8米、宽32.8米、排水量42600吨、续航力15000海里、自持力120天、载员180人，全球海域无限航区，可在6级海况下正常作业，16级超强台风下安全生存，满足全球主要海域桥梁通行及码头停靠条件。采用"模块化"设计理念，攻克多项世界级技术难题。其中，钻采系统国际领先，联合研制的全球首台兼具油气勘探和岩心钻取功能的液压举升钻机，具备4种钻探模式和3种取心方式，可满足大洋钻探取心和深海资源勘探等不同作业需求，最大钻深可达11000米，有望助力全球科学家实现"打穿地壳、进入地球深部"的科学梦想。将为我国深海资源勘探、关键技术装备研发，以及全球科学家开展大洋科学钻探研究提供重大平台支撑。

"梦想"号的正式入列，标志着我国在深海进入、深海探测、深海开发上迈出了重要的一步，是建设海洋强国、科技强国取得的又一重大成果，将为我国深海资源勘探、关键技术装备研发，以及全球科学家开展大洋科学钻探研究提供重大平台支撑，对加快建设海洋强国和科技强国，推动构建人类命运共同体具有重要意义。

2. 全球首套"一体式水下井口系统"海试应用成功

2024年4月16日，我国自主研发的全球首套"一体式水下井口系统"在文昌海域海试应用成功（图3-26）。该系统可以使水下钻井时的表层建井阶段提速超40%，有效解决传统水下井口系统工程难度大、作业时间长和成本高等问题，实现海上油田更加经济有效开发，对推动我国海洋石油工业高质量发展具有重要意义。

图3-26 "一体式水下井口系统"作业现场

水下井口系统是深水油气勘探开发的关键设备，由导向基板、低压井口头、高压井口头及套管挂等内部部件组成。它被安装在海底海床附近，向下与油井的油气生产管道连接，形成一个密闭的油气生产通道，向上与水下采油树、水下防喷器组等大型设备连接并支撑它们的重量，在海洋石油钻探和油气生产流程中起到承上启下的重要作用。

"一体式水下井口系统"将传统的水下井口系统和套管结构都进行了全新的结构设计，攻克了井口稳定性研究、一体式井口头结构设计、变径套管结构设计和服务工具能力升级等9项技术难题，将两种不同尺寸功能的井口头和套管分别"合二为一"。该井口系统总体质量约6吨、总长3米，适用水深500米、压力等级70兆帕，后续还可进一步升级，可满足全球大部分半潜式平台钻完井应用，极大提升海上油气田勘探开发的时效性和经济性。

"一体式水下井口系统"文昌海域进行了5项海试作业，在模拟恶劣工况下，水下井口承载力达到了设计要求，井口系统各项功能应用正常并高效完成了一口油井的钻探作业。仅单口深水油气井即可节约工期30小时以上，节约费用约300万元。

水下井口系统的生产制造以往基本由国外石油公司垄断，此次应用的"一体式水下井口系统"在同类技术上实现了"弯道超车"。

3. 我国首个深水钻井隔水管海试成功

2024年11月15日，宝鸡石油机械有限公司（以下简称宝石机械）与中海油田服务股份有限公司（以下简称中海油服）联合研制的1.25级和2.0级深水钻井隔水管在南海半潜式钻井平台首次完成实井应用海试（图3-27），并通过射线探伤等深度检验，各项深度检验结果符合设计和使用指标要求，标志着我国已具备拥有自主知识产权的深水钻井隔水管设计、加工制造能力，打破了国外长期的技术垄断，为深水钻井隔水管系统成套化研制和工程应用奠定了坚实的基础。

深水钻井隔水管在深水油气钻井作业过程中连接水下防喷器组和钻井平台，具有隔绝海水，导入钻具和套管，实现钻井液、液压油等带压流体的循环传输，以及完成深水防喷器的起下操作等功能，是深水油气勘探开发的关键核心装备。此次成功研制的深水钻井隔水管采用高承载锁块式结构，接头载荷分别达到5560千牛和8896千牛，具有效率高、载荷大、耐腐蚀、寿命长等技术优势，最大作业水深可达2400米，产品性能达到国际先进水平。

图3-27 深水钻井隔水管总成

宝石机械是国内唯一获得隔水管API Spec 16F认证证书的企业，建立了整套隔水管工程试验中心。中海油服运营着全球最大的钻井船队，具有丰富的装备运营经验。深水钻井隔水管海试成功源于双方企业多年的积累与沉淀，是双方持续深化战略合作、实现共赢发展的重要成果。

4. 我国最大补偿能力钻柱补偿系统成功应用

2024年12月，宝鸡石油机械有限公司（以下简称宝石机械）自主研制的钻柱升沉补偿装置（图3-28）完成工厂试验调试和美国ABS船级社产品认证，从海洋石油装备分公司顺利发运。这是宝石机械钻柱补偿器继海洋地质十号勘察船、南海二号半潜式平台后，再一次在海洋深水钻探领域成功应用。

图 3-28　钻柱升沉补偿器

钻柱波浪补偿技术是海洋地质勘查和海洋油气勘探开发钻探系统最重要的设备和技术之一，直接决定着海上钻井作业和地质勘查的效率和精度。由于该产品技术要求高，制造工艺复杂，尤其对安全性要求极高，长期以来被国际所垄断。

宝石机械研发的钻柱补偿器补偿能力达到270吨，最大静载荷540吨，整套设备技术含量高，制造工艺要求严格，调试集成难度大，是目前我国自主设计制造的最大补偿能力钻柱补偿系统。宝石机械在补偿器研发制造过程中，公司抽调精兵强将，成立专项项目组，集中精力先后攻克10余项技术难题，突破20余项制造瓶颈，国产化率达到100%，形成多项自有知识产权，生产周期不到国外公司的50%，为我国深海油气开发及地质勘探提供了坚实的装备保障。

作为国内唯一掌握该项技术并具备生产制造能力的企业，宝石机械自2009年起投身钻柱升沉补偿装置研究领域，先后承担了"国家'863'项目""深水钻机与钻柱自动化处理关键技术研究"，以及国家工信部"浮式钻井补偿系统研制"等多个重要项目，逐步完成天车型补偿装置、隔水管张紧装置、补偿绞车等关键设备的研制工作。2016年，宝石机械为海洋地质十号船成功研制60吨游车补偿装置，率先实现勘察船用补偿装置的工程化应用，为国内海洋勘察作业提供了可靠的装备支持。2022年，宝石机械又为中国海油NH2平台打造出补偿载荷为225吨的全气压游车钻柱补偿装置，有力推动了大吨位深海钻井平台用补偿装置的国产化进程。

5. HXJ225DB 自动化海洋修井机出厂

2024年11月6日，石化机械四机公司自主研制的HXJ225DB自动化海洋修井机（图3-29）完成包装发运奔赴渤海。HXJ225DB自动化海洋修井机集成了行业最前沿的自动化控制技术和智能化监测系统，设计上充分考虑海洋作业的极端环境，确保设备的高可靠性、高效率与长寿命。

图 3-29　自动化海洋修井机

  修井作业是油气田稳产上产的重要环节。石化机械四机公司自20世纪80年代引进美国先进修井机设计制造技术，创造出中国修井作业装备开发史上多项"第一"。随着油气开发从常规转向非常规、从浅层迈向深层、从直井到水平井，修井作业不断面临新挑战，对修井装备提出了更高的要求，大功率、自动化、清洁环保是大势所趋。

  HXJ225DB自动化海洋修井机面向海洋，石化机械四机公司依托中国石化集团公司国产化研制项目，研制了2250千牛海洋液压修井机，创新形成六大核心成果，最大提升能力2250千牛，最大旋转扭矩30千牛·米，填补了国产大负荷液压作业装备的空白。配置特色自动排管机构、游车导向装置、液压自动卡瓦等，预留自动猫道安装接口，可高效实现双鼠洞倾斜管柱自动上卸扣作业，较传统推扶式管柱自动处理方式提高效率30%。其独特的结构设计，可实现修井机丛式井70米的井口间移动，无需拆卸电缆，从管柱高效精准对接井口到高效完成修井任务，每一步都体现了科技创新的力量，满足了海洋油气田开发大小修作业需求，为国内海洋油气田低成本、高效率、规模化开发提供了装备保障。

6. 超长抗旋转海工钢丝绳打破国外垄断

  2024年6月，宝鸡石油机械有限责任公司（以下简称宝石机械）研制的超长抗旋转海工钢丝绳（图3-30）顺利下线，填补了中国石油在超长、超重多层股不旋转钢丝绳方面的空白，实现了海工起重船钢丝绳产品种类全覆盖。

此种钢丝绳直径46毫米，长3050米，质量32吨，抗拉强度达到2160兆帕，具有超高强度、耐腐蚀、高破断、抗旋转等特点，打破了国外同类产品市场垄断，成功实现了国产化替代。宝石机械研制的多层股抗旋转钢丝绳最大直径可以达到110毫米，最大质量可达100吨，技术达到了国际先进水平。

图 3-30 超长抗旋转海工钢丝绳

近年来，宝石机械凭借雄厚的技术力量、良好的管理能力，持续研制新产品、拓展新市场，不断填补我国石油领域空白。其中，在海工系泊、吊机钢丝绳研制方面，先后实现了铺管船54毫米、吊机60毫米等大型海工装备吊机起升与变幅钢丝绳的国产化，每年为国内海洋工程、船舶制造等企业配套钢丝绳数千吨。

7. 固定式井下节流阀获 DNV 认证

2024年12月11日，川庆钻探研制的"深海用105兆帕/210℃固定式井下节流阀"取得挪威船级社（DNV）认证证书，标志着该产品已满足海上安全与环境保护的严苛标准。

井下节流技术作为当前克服海上油气勘探开发超高温和高压难题、化解生产井口风险的核心关键技术，主要通过井下节流削减生产过程井口温度与压力。目前，超高温高压井下节流工具及配套工艺技术在国内仍属空白。

川庆钻探钻采院精准锚定高温高压密封和井下小尺寸高强度设计难题，通过创新多卡瓦平衡稳定机构，优化微斜面削减应力集中以提升稳定性，调配改性耐高温橡胶作为密封基材，使用"多重软硬组合"密封方案，设计倒圆角节流油嘴，辅以特殊抗冲蚀涂层，开发出"深海用105兆帕/210℃固定式井下节流阀"产品，其性能能够满足海上作业平台应用的要求。产品开发过程中，DNV 专家全程参与，就方案设计、原材料来源及品质、加工质控、产品性能等方面，与海上工况环境要求进行匹配评估，历经2年，对该产品的设计制造进行审核、检验及见证测试，最终为该产品颁发了资质认定证书，为该产品扬帆出海赢得了"通行许可"。

8. 压缩机橇助力我国首个海上膜脱碳示范工程项目建成投用

2024年12月16日，我国首个海上膜脱碳示范工程项目——中国海油深圳分公司惠州32-5平台伴生气回收脱碳及二氧化碳封存项目全面建成投用，实现伴生气高效脱碳、回收、利用，伴生二氧化碳经捕获、分离、压缩后回注海底地层永久封存。

膜脱碳是一种采用膜技术去除二氧化碳的方法，可将二氧化碳和可用燃料气进行分离，分离后燃料气用于供给发电，而二氧化碳则被捕集利用，有效减少碳排放量。

惠州32-5平台伴生气脱碳及二氧化碳封存项目中，自贡通达作为该项目的设备供应商，提供了高性能的MW-12.6/2-63.5型伴生气压缩机组和MF-4.8/1-180型二氧化碳压缩机组二氧化碳压缩机，两台压缩机在海上平台的稳定运行，为项目的成功实施提供了有力保障，助力了该示范项目的全面建成投用（图3-31）。

a. 惠州32-5平台

b. 伴生气压缩机组　　c. 二氧化碳压缩机组

图3-31　海上膜脱碳示范工程项目现场

该项目每年可回收伴生气超1800万立方米，封存二氧化碳6000吨，大大减少能源浪费和二氧化碳排放，具有显著的环保效益和经济效益，同时对于探索发展CCUS和海洋碳汇技术，打造世界一流清洁低碳综合产品和服务供应商，助力实现"双碳"目标具有重要意义。

9. 全球首座移动式注热平台投入应用

2024年11月11日，中海油能源发展股份有限公司研制的全球首座移动式注热平台"热采一号"（图3-32）从招商金陵威海船厂离港驶向渤海湾，标志着我国海上稠油热采关键技术装备取得重大突破，为规模化高效开采海上稠油资源开拓新路径，对撬动我国海洋石油百亿吨稠油资源、保障国家能源安全具有重要意义。

图3-32 "热采一号"注热平台

与常规原油"冷采"的开发模式不同，稠油通常采用"热采"模式。"热采一号"的核心能力是将高温高压的蒸汽注入油层，使稠油黏度降低，成为流动性好、易于开采的"稀油"。我国作为世界四大稠油生产国之一，拥有稠油资源量约200亿吨，其中仅在渤海海域，稠油储量就占原油总探明储量的近一半。唤醒这部分沉睡的"海底宝藏"，变规模储量为产量，成为中国海油加快油气资源供给保障中心建设、渤海油田实现油气上产4000万吨目标的重要攻关方向。

为了解决稠油热采这一世界级难题，中海油能源发展股份有限公司工程技术分公司以"海洋石油162"平台为母船，自主研发小型橇装式热采蒸汽发生器及配套装置，开展高温补偿管线技术攻关，研制高温电缆并推进井下井口连接作业，进行"热采一号"移动式注热技术及装备研发。

"热采一号"长82米、宽42米，两层甲板面积超3000平方米，有20多层楼高。其作业水深35米，作业状态下重达1万多吨，可抵御16级台风。应用了移动注热平台设计、高温高压蒸汽管线补偿等多项技术，可实现海域移动作业，穿梭于不同平台进行注热，让渤海海域共享注热服务，稠油热采规模化变为现实。在"热采一号"平台新增的二层甲板上，安装有3套大型蒸汽锅炉系统，可同时为6口油井快速注入温度超过300℃的高压蒸汽，改变了以往采油平台需要花费大量时间安装注热装备、只能对两口井实施固定注热的局面，大大提高稠油热采作业效率和"低边稠"油田开发的经济性。

10. 井口地面安全阀及二氧化碳回注井口装置投入应用

2024年11月，中国海油恩平15-1油田76口生产井全部投产，日产原油量突破7500吨，创历史新高。上海神开针对恩平15-1油田群的特殊环境和开采要求，设计研发了井口地面安全阀及其监测系统，以及二氧化碳回注井口装置，助力我国最大海上智能油田群勘探开发。

井口地面安全阀及其监测系统为油田群平稳运行提供安全保障，该系统通过高度灵敏的传感器和稳定高效的数据传输网络，实现了对关键安全参数的实时传输与监控，一旦数据出现异常波动，井口控制盘将迅速响应，立即启动应急机制，确保整个开采作业始终处于安全状态。

二氧化碳回注井口装置（图3-33）是上海神开针对恩平15-1平台上我国首个海上百万吨级二氧化碳封存示范项目而量身打造的，目前该设备已累计安全运行超过1万小时，回注二氧化碳达6000万立方米，为中国海油推动实现海上"CCS"（二氧化碳捕集与封存）向"CCUS"（二氧化碳捕集、利用与封存）的跨越发展提供了有力保障。

图3-33 二氧化碳回注井口装置应用现场

上海神开的开采设备与解决方案经过严格测试与验证，在恶劣海况和高盐高湿环境的侵蚀环境下能长时间稳定运行，确保开采作业的连续性与稳定性。

"无人值守智控井口装置"是将井口安全阀与地面安全控制系统装置（图3-34）相配合的一体化解决方案，可实现现场自动紧急切断关井、断气，并通过自动调节各级节流阀开度，确保生产安全、高效，满足出气、集气流量需求。具有井口火灾紧急关井及本地ESD关断保护功能，具有远程ESD功能、主控室DCS系统紧急关井保护（远程ESD、

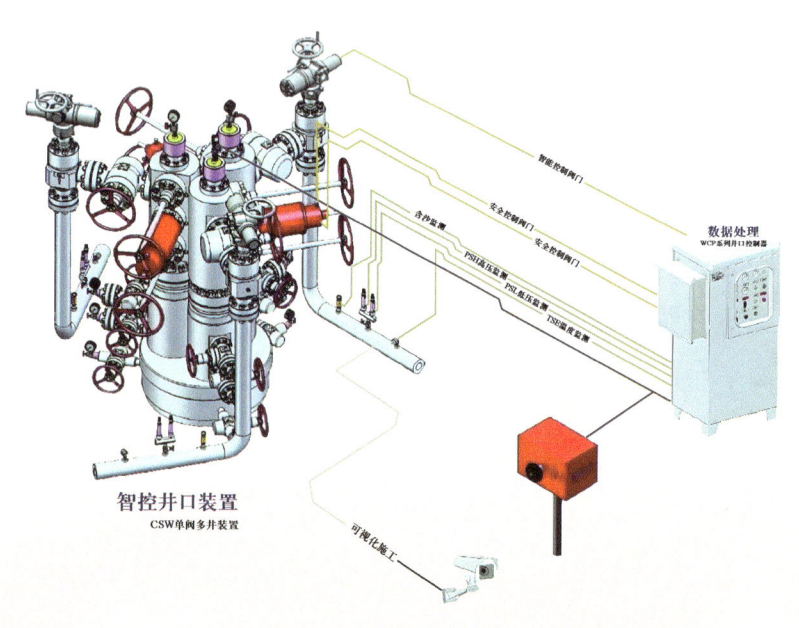

图3-34 地面安全控制系统装置

RTU 远程检测和控制功能），具有生产管线压力异常关井保护功能，现场 H$_2$S 浓度危险超标自动报警并紧急关井保护功能。

井口安全阀极高的智控阀门控制精度，可实现实时响应、远程通信及信息共享、阀门的故障诊断和报警，采用诊断功能，使控制阀使用寿命延长，运行状况能被及时监测，全数字、双向通信，实现数据交换和数据共享。

11. 我国自主研制首座大型浮式天然气液化装置建成出坞

2024 年 11 月 16 日，我国自主研发的首座大型海上浮式天然气液化装置"NGUYA FLNG"轮（图 3-35），在江苏南通成功出坞，标志着由我国自主建造的最大吨位、最大储气量的新型海上浮式天然气液化装置基本建成，我国在海洋工程装备领域取得了重大突破。

图 3-35　大型海上浮式天然气液化装置"NGUYA FLNG"轮

浮式天然气液化装置（FLNG）是开发海洋天然气资源的"利器"，能够在远离陆地的海域直接将开采出的天然气液化并储存，适用于海上大型气田的开发，具有开发周期短、投资成本低、产能利用率高、灵活性强等优势，是海洋工程装备中建造复杂、造价高昂、附加值大的产品之一。

此次出坞的"NGUYA FLNG"轮是惠生（南通）重工有限公司为意大利油气巨头 Eni 集团建造的大型浮式天然气液化装置。作为首座由我国完全自主建造的大型浮式天然气液化装置，设计巧妙、结构复杂，吨位与储气量均达到了国内新高，充分展示了我国在高端海洋装备制造领域的精湛技艺与强大实力。该船型长 350 米、型宽 60 米、型深 35 米，将部署于刚果（布）附近海域，满负荷状态下每天可从附近气田接收约 1076 万立方米天然气。目前全球仅有 5 艘浮式天然气液化装置（FLNG）投入运营，"NGUYA FLNG"轮的成功出坞，为我国在这一高端装备领域的国际竞争中增添了重要筹码。

12. 国产大功率原油发电机组/天然气发电机组研制成功

2024年6月,由中国船舶陕柴重工(以下简称中船陕柴重工)承制的中国海油锦州23-2油田开发项目2套国产7600千瓦原油发电机组(图3-36)及其附属控制盘柜,在中国海油业主方代表、船检、MAN公司监造的共同见证下,顺利完成FAT出厂试验。

图 3-36 大功率原油发电机组

中国海油锦州项目作为中船陕柴重工在"大功率平台电站"基础上为中国海油北方平台应对极寒气候条件下开发的SXD-MAN16V32/40型原油发电机组,受到用户和公司的高度重视。中船陕柴重工依托前期"恩平"项目经验,围绕机组高海况、高盐分、低气温的运行环境特点强化机组性能,通过严把设计工艺、生产计划、产品质量、执行进度等各节点关口,有效保障了机组设备顺利完成FAT试验,设备性能表现、技术参数均满足用户需求,获得各方肯定。

机组FAT试验的圆满完成是中船陕柴重工继流花11-1、文昌13-2、恩平15-1项目后与中国海油的又一次成功合作,是用户对国产海工平台原油机组性能的高度认可。

2024年12月11日,中船陕柴重工自主开发研制的国内缸径最大、单缸功率最大的SXD6L40/52G中速大功率燃气发动机通过性能鉴定,填补了国内中速大功率天然气发动机空白,标志着我国已经掌握400毫米缸径级中速内燃机的点火、高效燃烧、排放控制等关键技术,实现核心技术自主可控,也是中船陕柴重工在国产中高速大功率燃气机领域取得重大突破。

SXD6L40/52G燃气机在中速大缸径燃气发动机领域首次采用增压器废气旁通可靠性控制技术,实现宽域工况空燃比精准控制;采用主动式预燃室火花塞点火技术,实现高效稀薄燃烧;单缸功率达到605千瓦,填补了国内中速大功率天然气发动机空白。

SXD6L40/52G 发动机能够满足 Tier Ⅲ 排放要求，核心零部件的设计寿命超过 32000 小时。该项目研制过程注重产权保护和成果积累，共产生专利 39 项，其中发明专利 14 项，软件著作权 1 项。该产品主要瞄准国内外 3 兆瓦以上大功率可燃气动力市场，广泛适应 LNG、天然气、沼气等可燃气应用场景，为用户提供高可靠性的动力。

三、油气储运装备

1. 我国天然气管道关键设备及核心控制系统全面实现国产化

2024 年 12 月 2 日，我国单管输气量最大、国内首条关键设备和核心控制系统全面实现国产化的管道——中俄东线天然气管道全线贯通（图 3-37）。清洁能源自黑龙江黑河一路南下，输送至我国东部地区，最终直抵上海，为沿线经济社会高质量发展和人民美好生活注入强劲动能。

图 3-37 中俄东线管道现场

中俄东线管道北起黑龙江黑河，南至上海，途经 9 个省、自治区、直辖市，全长 5111 千米，年输气能力 380 亿立方米，是继中亚管道、中缅管道后向我国供气的第三条跨境天然气长输管道，是我国四大能源战略通道中东北通道的重要组成部分，同时也是国家管网集团深入贯彻落实习近平总书记"四个革命、一个合作"能源安全新战略和"打造平安管道、绿色管道、发展管道、友谊管道"重要指示的重大项目。

中俄东线是我国首条采用 1422 毫米超大口径、X80 高钢级、12 兆帕高压力等级、具有世界级水平的天然气管道，设计、施工和运营管理均采用多项先进技术，是我国第三代大输量天然气管道标志性工程、我国首条智能管道样板工程，是我国首条关键设备和核心控制系统全面实现国产化的管道系统。

该管道系统运用集中远程调控、集中监视、集中巡检、集中维修的一体化智能运维新模式，全线压缩机组、站场均采用远程"一键启停"技术，实现多种工况、多种模式下的自动判断和控制，并通过管道在线和离线仿真系统、压缩机组动态效率监测系统、光纤预警监测系统、阴极保护智能监控系统等多项自主研发的配套智能系统，提升管道智能化运行水平。利用防爆型轨道巡检机器人，对"咽喉"要道——长江盾构穿越隧道中三条超大口径管道进行设备巡检和数据采集，可实现21千米持续稳定地作业，满足长江盾构穿越隧道往返的巡检工作，开创了国内使用防爆型轨道巡检机器人开展管道巡检作业的先例。沿线36台大功率压缩机组全部选用国产设备，离心式压缩机、高速同步电机、变频器等关键部件国产化率达到100%。自主研发的管道核心控制系统具备每秒24万点数据更新能力，集成的调控专业应用计算延迟达毫秒级，管道"神经中枢"实现自主可控。首次应用了全自动化焊接、全自动超声波检测、全机械化防腐补口等先进技术和国产化施工设备，推动了管道装备制造能力的升级换代。

中俄东线分北段（黑龙江黑河—吉林长岭）、中段（吉林长岭—河北永清）、南段（河北永清—上海）三段建设（图3-38）。自2019年12月2日北段率先投产通气以来，输送的天然气从首年的50亿立方米逐年攀升至2024年的超300亿立方米。经过五年建设，中俄东线全线贯通，"北气南下"直抵上海，年输气能力达到380亿立方米。中俄东线与东北管网、陕京管道系统、西气东输管道系统、沿海多座液化天然气接收站和储气库等实现互联互通，形成了新的全国供气格局，使天然气供应渠道更加多元，还带动了沿线产业转型升级，为我国东部地区高质量发展注入强劲动力，惠及沿线4.5亿人口，有效增强我国东部地区天然气供应能力和应急调峰保障能力，对"十四五"期间构建我国天然气管网"四大战略通道＋五纵五横"新格局、更好保障国家能源安全和经济安全具有重要意义。到2025年，通过中俄东线进入长三角地区的天然气将进一步增加，届时输气总量约占当前国家管网集团向长三角地区输气总量的五分之一，有效提升区域天然气供应能力，为我国东部地区产业升级和人民群众生活提供能源保障。同时，中俄东线还为优化我国能源消费结构、推动发展方式绿色转变、助力实现"双碳"目标作出重要贡献。据测算，中俄东线每年向沿线地区供应的380亿立方米天然气，可减少二氧化碳排放量1.64亿吨，减少二氧化硫排放量182万吨。

图3-38 中俄东线管道作业现场

"十四五"以来，国家管网集团累计建成主干天然气管道里程超1万千米。按照规划，到2025年，横跨东西、纵贯南北、覆盖全国、联通海外的天然气"全国一张网"将更加完善，西北、东北、西南、海上四大战略通道持续完善，形成"四大战略通道+五纵五横"的干线管网格局，进一步扩大油气能源的供给量和覆盖面。

2. 我国长输管道压缩机组智能控制技术达到国际领先水平

2024年6月26日，陕京四线托克托压气站"一键启站，智能运行"项目投运满半年，各项运行参数和远程智能控制技术得到全面验证，极大促进并提升了长输管道科技创新、产业控制和安全支撑作用。这标志着中国大功率压缩机组智能控制技术已全面突破国外技术封锁，实现从追赶到领跑的跨越，达到世界领先水平，我国天然气工业再次迎来历史性重大突破（图3-39）。

图3-39 大型压缩机组作业现场

大功率压缩机组作为天然气工业领域"皇冠上的明珠"，技术门槛高、制造难度大，长期以来，国外产品在我国天然气管输行业中占据主导地位。而大功率压缩机组智能控制技术作为机组"大脑"，更是我国长期受制于人的关键技术。

面对这一挑战，北京管道公司迎难而上，积极寻求突破。在西气东输二线这一世界上最为浩大的管道工程建设中，大功率压缩机组实现国产化，国产压缩机开始在我国天然气管输行业中崭露头角，并在2016年陕京四线建设中首次得到全面工业化应用。此后，北京管道公司承担了"国产压缩机组智能控制提升研究"关键核心技术攻关，开启智能控制技术的研发之路。

北京管道公司经过前期的充分酝酿与科学论证，与沈鼓集团、大连理工大学等多家企业及高校专家学者，共同开展智能控制提升项目攻关。他们突破国外技术壁垒，在150多个关键节点上实施了自动化控制流程改造，创造性开创另一条技术路线，从根本上改变压缩机控制方式。通过对国产压缩机组控制程序代码超过90%的重构，以及对托克托作业区24套设备、2620个探测器、20个控制系统进行系统性梳理与优化，在原有设备基础上，增加了传感设备和控制器，调整了控制逻辑，并实施了分层控制策略。在压缩机机组并网建模过程中，创新性提出使用单机压力控制器、汇入/汇出压力控制器等六大控制器联动的自动加载并网方法，使得在相同工况下，托克托压缩机机组并网耗时由国际上先进设备的225分钟缩短至20分钟，仅为国际先进机组并网耗时的8%。在国家管网调控中心通过上位机下发操作命令，即可实现"一键启站，智能运行"。系统利用神经网络算法将2万多条现场数据进行修正学习，形成智能决策。过程控制系统接收国家管网集团调控中心预设压力信号，信号经过程控制系统传递给智能工控机，工控机利用神经网络模型智能分析机组性能参数，5分钟内给定在安全区域内最优机组运行建议，将运行建议反馈机组系统，系统利用站回流阀开度匹配机组裕度的压缩机组自动加载并网模型的高效并机功能，最终达到压气站"一键启站，智能运行"目标。如今，即便在500多千米外的调度人员也能在现场无人值守条件下，通过输入简单参数，实现对各作业区"一键启站，智能运行"的指令操作（图3-40）。同时，智能控制系统能够自动识别并快速处置各种异常情况，做出最优最快的正确选择。

图3-40　大型压缩机组远程控制作业现场

此项目整体国内领先，压缩机自动并机、利用神经网络算法、对出厂性能曲线进行修正、压缩机性能参数预测、转速和功率控制等方面达到了国际领先水平。在对压缩机和辅助设备自动控制技术深度优化基础上，首次将AI技术应用到压缩机控制中，使压缩机组控制更精准、更高效，运行更安全、更可靠，为未来深入开发智能化压缩机组起到了重要推动作用，提升了我国天然气工业的核心竞争力，也为我国天然气管网的智能化发展奠定了坚实基础。

3. 国内首套273毫米管径厚壁管内检测器试验成功

2024年5月22日，西南油气田公司自主研发的国内首套273毫米管径厚壁管内检测器（图3-41）成功完成牵拉试验，试验数据完整，精度达到设计指标，填补了国内在该领域的技术空白，为保障储气库高压厚壁管道本质安全奠定了基础。

273毫米管径厚壁管内检测器，主要针对壁厚为20毫米的储气库注采管道。为满足在短时间内高效率注气与采气的要求，储气库注采管多设计为管径小、管壁厚、耐高压的金属管。随着管壁的加厚，管道内径进一步缩小，对管道内检测技术提出了更高要求。而现有的通用设备由于需要在比常规管道更小的空间内布局探头、钢刷、皮碗等，存在通过性差、管道磁化强度不足、缺陷检出和量化精度较差等问题。

为有效解决生产中遇到的实际困难，公司安全环保与技术监督研究院对储气库高压厚壁管道漏磁内检测技术开展了大量研究。科研人员采用漏磁信号强度仿真和检测器通过性仿真模拟技术，构建了内检测器不同磁化强度与检测器结构的仿真模型，在不断调整优化设计方案后，完成了内检测器的定制化加工与组装，并最终通过现场牵拉试验。

图3-41　内壁检测器

4. 天然气管道黑粉捕集设备通过出厂验收

2024年7月8日，由中海油气电集团自主研发的天然气管道黑粉捕集设备（图3-42）成功通过出厂验收，其在核心分离技术设计、捕集效率等方面均为国内首创。该设备将在滨州管道顺利投运，为渤中19-6凝析气田海气全产全销保驾护航。

长期运行的天然气管道内部受气源组分中杂质的影响会发生腐蚀，现有过滤分离器无法高效分离和脱除黑粉，导致下游设备故障增多、管道输送效率降低。同时，频繁更换过滤分离器的滤芯不仅增加运营成本且存在安全隐患。因此，经济、高效脱除黑粉一直是业内亟待解决的问题。

研究团队通过测试发现，输气管道黑粉组分主要成分为铁的氧化物，提出采用磁分离原理，利用自主核心磁分离专利技

图3-42　黑粉捕集设备

术，研制了天然气管道黑粉捕集设备。该设备投运后，不仅可实现对管道运行过程中天然气气流中超出范围的黑粉颗粒较大程度脱除，且与传统天然气过滤分离设备相比，该设备具有脱除效率高、不易发生堵塞、分离元件免更换、后期维护便携、使用寿命长等技术优势。

5. 国内首台低流量高压力LNG浸没燃烧式气化器投运

2024年6月29日，由中石油工程建设公司（CPECC）西南分公司研制的国内首台低流量高压力气化器——全国产化LNG浸没燃烧式气化器在黄冈LNG储气设施项目投入运行，燃烧器燃烧充分，气化器内水温度稳定、热效率高达97%以上，烟气指标合格、设备运行情况良好，为LNG储备调峰项目建设提供了强有力支撑。经过LNG浸没燃烧式气化器换热后，生产出合格的LNG产品，有力推动了大型装备国产化。

LNG作为低碳清洁的化石能源，在全球能源革命中发挥至关重要作用，在我国能源供应中具有重要的地位。随着LNG技术装备的不断发展和LNG储备调峰项目建设，LNG气化器作为LNG调峰储备站投资较高的关键设备，75%的LNG气化器为浸没燃烧式气化器，并且一直以来被国外所垄断。进口气化器不仅工期长、购买难度大，而且价格昂贵、后期维护成本高。近年来，国内开展了一些气化器研制探索，但效果不其理想，给我国LNG储备调峰站建设和能源保供带来巨大挑战。

为突破浸没燃烧式气化器的全国产化，西南分公司依托《湖北省能源发展"十四五"规划》重点LNG储气设施项目——黄冈LNG储气设施项目，于2022年3月启动了"浸没燃烧式气化器国产化关键技术研究"，以及全国产化浸没燃烧式气化器的设计研发。攻关团队与合作单位高效协作，对浸没燃烧系统、强化换热系统、智能化控制系统及橇装集成优化等关键技术进行深入攻关，并开展了设备开发计算、图纸设计、部件采购加工组装、小试平台测试、样机工厂测试、样机现场安装与性能测试等研究，以及燃烧器点火成功率和燃烧稳定性测试等，研制出国内首台全国产化LNG浸没燃烧式气化器，于2024年6月21日点火成功。

6. 四川高含硫气田集输处理压力容器出厂交付

2024年7月15日，兰石重装承制四川盆地渡口河—七里北气田飞仙关组气藏开发产能建设项目井场、天然气净化厂塔器（图3-43）、分离器等12台设备全部交付。这是继2023年圆满完成铁山坡气田项目吸收塔、分离器、原料气聚结器等8台核心设备投用达产后，兰石重装再次制造交付的高含硫工况压力容器。

该项目含再生塔、急冷塔2台塔器，最大直径5.2米、高度32米，以及原料气重力分离器、原料气过滤分离器、原料气聚结器等10台设备。兰石重装借鉴前期铁山坡气田项目设备制造经验，科学组织、协调配合，攻克了大直径复合板筒体装配、耐腐蚀层高效堆焊等难点工序，氨渗漏、水压试验均一次合格，各项技术指标全部达标，顺利完成制造任务，高品质交付。

图 3-43 天然气净化厂塔器

渡口河—七里北气田开发建设项目是中国石油自主开采的第一个全产业链特高含硫气田，内部集输采用多井集气、气液混输工艺；净化主体装置采用"高效溶剂一次性脱硫＋三甘醇脱水＋三级常规克劳斯＋还原吸收尾气处理"主体工艺。项目建成后，将极大推动达州市天然气增储扩产，助力川渝千亿立方米天然气基地建设。

7. 国产燃驱压缩机组创运行时长新纪录

截止到 2024 年 7 月，国家管网集团西部管道有限责任公司位于西气东输二线、三线新疆哈密段烟墩作业区的 3 台国产燃驱压缩机组，总运行时长突破 10 万小时，创下 CGT25-D 型国产燃驱压缩机组运行时间最久、无故障运行时间最长的新纪录。

天然气压缩机组被誉为长输管道的"心脏"，是保障天然气管网能源大动脉安全可靠运行的核心装备。2015 年 12 月，国内首台 30 兆瓦级国产燃驱压缩机组在烟墩作业区点火测试成功。国产燃驱压缩机组的成功研制，重点突破了燃气轮机高速动力涡轮、低排放燃烧室、控制系统、机带燃料、装置集成设计等技术，解决了我国能源领域重大装备国产化的急迫需求，结束了长期以来我国在该领域依靠进口的历史。

面对国产燃驱压缩机组运行基础相对较差、无先例、零经验等问题，西部管道公司在机组投产之初组成技术攻关小组，邀请中国航天科技集团有限公司相关专家将课堂搬到压缩机厂房，透彻分析国产机组运行故障问题，如实记录处理问题全过程，形成上千页国产燃驱机组运行记录，并建立国产燃驱机组各系统故障库，总结提炼出《国产 CGT25-D 燃驱压缩机组运行规程》《国产燃气轮机大修质量验收标准手册》，不断增强国产机组运行稳定性、可靠性，逐步实现了自主开展检修和设备维护保养的能力。

经过近 9 年的摸索运行、自主运维，技术攻关小组在国产机组振动、喘振、超温等方面共攻克 93 项技术难点，开展 57 项升级优化，且积累、优化、提升经验被推广应用到发电等其他领域。

8."柔性内焊机器人"通过鉴定

2024 年 8 月 2 日，由西南管道公司牵头，联合国内 9 家知名高校、企事业单位共同推进实施的"柔性内焊机器人"通过了新产品鉴定。鉴定结论为：柔性内焊机器人总体技术达到国际先进水平。

本项目立足我国油气管网建设任务的紧迫性和智能建造的迫切需求，开展管道内外焊接机器人的构型创成、自主感知、自适应控制和野外作业可靠性设计等关键技术研究，研制出大口径油气管道柔性内焊机器人和冗余自由度外焊机器人，并在国家油气管网新建工程开展了不少于 6 万道焊口、20 万米焊缝长度以上的应用示范。其中，在 24 天的中试验证中，累计运行 78.5 小时，完成 21 道焊口测试，搜集 270 条环境数据，158 条可靠性数据，37.6 万条设备数据。

经验证，柔性内焊机器人过弯能力、爬坡能力、安全性能、焊接性能等关键指标满足使用要求。首创应用六自由度调节机构，构建行走自纠偏控制算法，实现 6D 热煨弯管通过能力，具备 30 度爬坡和坡面焊接功能，减少施工现场对焊工、移动电站、空压机等资源的依赖性，有效解决传统全自动焊机能力不足问题，提升管道施工整体工效倍数（图 3-44）。

图 3-44 柔性内焊接机器人作业现场

9. 国家高钢级大口径油气长输管道全面应用全自动焊技术

2024年10月，在川气东送二线天然气管道工程川渝鄂段项目线路一标段的全自动焊1机组焊接作业现场，3个焊接工棚的34名操作人员正形成一条工序流水线，一道直径约1.2米的环焊缝40分钟即可焊接完成。截至目前，国家管网集团建设项目管理分公司负责建设的国家重点长输管道工程全面推广连续机械化作业，实现100%全自动化焊接、100%全自动超声检测、100%全机械化防腐补口（图3-45）。

图3-45 全自动焊焊接现场

国家管网集团围绕焊接机械化、自动化的主流方向，引领行业技术前沿，推动以自动焊为代表的第三代管道建设技术在国家重点油气长输管道工程中全面应用。在中俄东线天然气管道率先为全自动焊技术发展提供实践平台。中俄东线黑河—长岭段的外径1422毫米、728千米长的管道线路，100%采用自动焊焊接工艺，为8万余条环焊缝保驾护航。在此基础上，通过优化设计标准、强化市场导向等多种形式，推动开发适用于国内外多种焊机、多种壁厚的内焊机＋双焊炬外焊机全自动焊工艺技术及世界首创的连头组合自动焊工艺技术，形成覆盖一系列复杂地段的全自动焊工艺。

10. 国产最大功率高速往复式压缩机组投入运行

2024年11月11日，在西南油气田重庆天然气储运有限公司铜锣峡储气库集注站，济柴公司自主研发的大国之重器DTY5200国产最大功率高速往复式压缩机组（图3-46），已累计平稳运行注气近2000小时，提前完成全年3亿立方米注气任务，目前仍在稳定运行。该批机组于2024年8月22日投产，是目前国产储气库在用最大功率、最高压比的高速往复式压缩机产品，为储气库有序建设运行提供了核心装备支撑，得到了用户方的高度肯定。

位于重庆市渝北区的铜锣峡储气库，是中国石油与重庆市政府合资合作项目、重庆市重点工程，是全国首座裂缝性气藏储气库，设计库容量13.8亿立方米，最大日注气量和采气量分别为630万立方米、1380万立方米，具备季节调峰、事故应急、国家能源战略储备三大功能，为川渝地区天然气季节调峰和民生保供，推动成渝双城经济圈建设提供了坚实的能源保障。

铜锣峡储气库地理位置特殊，密布的喀斯特地貌使其建设开发挑战重重。为了确保储气库"心脏"装备稳定可靠运行，济柴公司针对当地气藏特征，为机组量身打造了远程自动启停及加卸载功能，并采用联合脉动振动及扭振分析技术，以适应复杂工况运行要求；同时，机组搭载的远程监测与故障诊断系统，能够实时预判运行问题，实现预知性维护，确保长周期可靠运行。

图 3-46 大功率高速往复式压缩机组

济柴公司以"保障能源安全"为己任，在储气库压缩机领域不断发力，陆续完成苏桥储气库、相国寺储气库、雷61储气库、驴驹河储气库、温吉桑储气库等8家油田的20多座储气库投产应用压缩机产品45台，创造经济效益超50亿元，累计为国家节约储气库建设设备资金逾10亿元，以高水平的国产装备扛起了"国之担当"，为保障我国油气主业核心业务快速发展和助力民生建设贡献了力量。

11. 我国自主研制首艘新型大型LNG运输船成功交付

2024年11月25日，我国自主研制的首艘新型大型液化天然气（LNG）运输船在上海交付国外用户，这艘船采用了国际先进的新型货舱系统，填补了我国在该船型建造领域的空白，打破了此前国外船企在该型LNG船建造领域的垄断。

LNG运输船是以运输液化天然气（LNG）为主的专用船舶，是20世纪50年代后期逐渐发展起来的一种新船型。LNG船因其运输货物的特殊性：天然气在常温下是气态，为提高运输效率并降低运输成本，需要将天然气冷却至零下163℃使其转变成液态，是典型的"三高"船舶：技术含量高、建造难度高和社会经济附加值高，被誉为"造船工业皇冠上的明珠"。

这艘LNG运输船是中国船舶工业自主研制，代表了当今世界大型LNG运输船领域的最高技术水平，是中国在世界LNG船领域从跟跑到领跑的标志。该船采用了国际先进的新型货舱系统——最新的第三代薄膜式围护系统来储存液化天然气，相较于传统的货舱系统，它在技术层面有了显著的提升。特别是货舱中负责隔绝液化天然气与外界接触的绝缘层和屏蔽层，其厚度从530毫米降低到了400毫米。这一改进不仅减轻了船体重量，还使得同样大小的LNG运输船能够装载更多的货物，从而提高了运输效率和经济性。同时，该船还减少了货物在运输中的蒸发损失，具有高安全性、节能环保等特点，达到国际先进水平。

该船的设计建造实现了中国在这个领域零的突破，通过这条船的成功建造，中国在能源运输跟海洋装备领域的一些合作将更加密切。目前该型船手持订单达 8 艘，后续将逐步进行产品优化迭代提升，推出更多更高效、更有引领性的产品。随着全球清洁能源需求的不断增长，LNG 作为重要的清洁能源之一，其运输需求将持续增长。我国自主研制的 LNG 运输船将能够更好地满足市场需求，为国内外用户提供更加高效、安全、环保的运输服务。

此前，中国船舶集团在 2024 年 4 月中标卡塔尔能源公司 18 艘全球最大 27.1 万立方米超大型液化天然气（LNG）运输船项目，据估算该订单总金额超过 400 亿元，创下全球最大单笔造船订单的纪录。5 月，由中国船舶集团沪东中华造船厂自主研发设计建造的全球首艘第五代"长恒系列"17.4 万立方米大型运输船"绿能瀛"号在沪东中华长兴岛厂区命名交付。

12. 电驱水平定向钻机助力大口径长距离穿越工程

2024 年 11 月 25 日，徐工基础自主研发的 XZE8200 电驱水平定向钻机在福建塘坂引水工程琅岐支线（马尾段）管道穿越工程中大显身手，顺利完成全长 2025 米、管径 1220 毫米 ×22 毫米的管道穿越（图 3-47）。此前，该项穿越工程因设备能力等种种原因停滞长达 4 年之久。XZE8200 电驱水平定向钻机上阵后，历时 48 天即圆满完成任务，彰显了徐工装备的科技实力。

图 3-47　XZE8200 电驱水平定向钻机穿越工程现场

XZE8200 电驱水平定向钻机设备的额定推拉力可达到 800 吨，最大扭矩 180 千牛·米，具有自动化水平高、智能化程度高、控制精度高的技术特点，产品研制下线即交付，历时 2 年，3600 小时施工验证，累计穿越距离 8000 多米。本次穿越工程需穿越闽江，穿越地点位于闽江入海口马尾段，穿越口径大、距离长，地层条件复杂，淤泥与花岗岩交错，施工难度极大。穿越施工队伍凭借 XZE8200 电驱水平定向钻机的卓越性能，顺利完成钻穿和回拖作业，施工过程中起步回拖全程高效施工，赢得了客户和工程项目部的高度认可。

XZE8200电驱水平定向钻机不仅展现出了强大的施工能力，还体现了新能源装备的独特优势。该钻机采用全电驱设计和全数字化控制技术。相比传统燃油钻机高效节能，大大降低了施工成本；低噪声作业，减少了城市作业的停机时间；数字化控制技术响应快、精度高、操纵性好。

徐工基础电驱水平定向钻机，包含增程驱动的XZE800、纯电驱动的全球最大吨位XZE16000等5款设备，在产品动力、经济、功能、体验等多维度全面突破，实现了从油到电划时代的跨越，可以全方位满足油气输送等各类管道穿越的作业需求。凭借其卓越表现积累了丰富战绩，获得了行业的广泛认可，并荣获2024年度中国工程机械新能源产品创新金奖。绿色环保、节能高效，为全球非开挖机械行业的发展及管道穿越工程注入了新的活力。

13. 天然气管网SCADA系统全面实现国产化替代

国家管网集团油气调控中心独立自主开发的国产化管道控制系统PCS，提速推进天然气管网SCADA系统国产化替代工程。截至2024年12月12日，天然气管网SCADA系统国产化替代率已达85%，并将持续推进。

油气调控中心国产化替代项目组站在保障国家能源安全的战略高度，倒排工期、挂图作战。在保障安全生产的前提下，自动化与通信部周密组织，密切各相关方联系，牢牢把握每个联调窗口期抓紧作业。天然气调控部组建了PCS国产化替代调度实测工作攻坚队，共投入调度员40余人，完成超50000次以上的调度操作，配合自动化与通信部工程调试组高质量、高标准、高水平推进测试进程。

14. 国内首套大容量超低温储罐通过国际认证

2024年12月17日，由中国石油工程建设公司独立研发的国内首套120立方米大容量超低温储罐（图3-48）顺利通过法国必维国际检验集团PED认证，并已成功实现超低温介质储液，正在工程现场进行测试应用。这一成果，标志着国内零下269℃超低温介质大规模储存瓶颈得到破解，国内大容量超低温压力容器产品满足国际市场质量控制要求。

近年来，中国石油集团大力发展天然气深冷处理业务，通过轻烃回收、乙烷回收、天然气综合利用等工程，不断扩大天然气高附加值产品生产规模。为破解液氢、液氮等低温介质的储运瓶颈问题，2022年初，中国

图3-48 大容量超低温储罐

石油工程建设公司启动大容量超低温压力容器研发工作，研发对象包括固定储罐、移动罐箱两种类型，最低可储存接近绝对零度的介质。

目前，中国石油工程建设公司已申请超低温压力容器相关专利 19 项，立项相关行业标准、企业标准等 9 项，初步建立起超低温压力容器设计、制造标准体系，为促进国内天然气深冷业务高质量发展提供了有力保障。

15. LNG 储罐泄放阀和高压低温泵实现国产替代

2024 年 12 月 25 日，中船 711 所 LNG 储罐罐顶泄放阀（图 3-49a）国产化项目在中国石化龙口 LNG 接收站顺利完成调试和交付；同时，该所研制的扬程 2550 米船用高压低温泵（图 3-49b）通过中国船级社 CCS 型式认证。这一成果，标志着中船 711 所掌握了 LNG 储罐罐顶泄放阀和船用高压低温潜液泵的设计制造技术，打破了国外在该技术领域的垄断，为实现高端 LNG 船舶液货系统核心设备国产化替代打下了坚实的基础。

罐顶泄放阀是 LNG 储罐的核心安全装置，该产品长期依赖进口，运行成本高，且进口产品供货周期长，中船 711 所罐顶泄放阀有效保证 LNG 储罐压力稳定，避免储罐因超压而造成破坏。其成功交付应用，不仅有效助力中国石化龙口 LNG 接收站的投产运行，也将有力助推大型液化天然气储运技术实现全面国产化。

该型船用高压低温增压泵采用多级离心式结构，流量为 350 立方米每小时，扬程为 2550 米，采用 6600 伏电源供电。该设备主要用于大型 FLNG 船舶，是浮式 LNG 储存及再气化装置的核心低温设备，可将 FLNG 船舶液货舱内的 LNG 进行增压后输送到天然气管网，为终端客户供气。中船 711 所先后突破高压离心式低温增压泵的低温抗汽蚀技术、多级叶轮超长轴转子动平衡技术、低温密封技术和低温轴承润滑技术，完成高可靠性的样机研制，相继通过了低温性能、低温汽蚀、连续低温运转等型式试验考核。

16. 油气专用管材助力陕京管道累计输气 7000 亿立方米

截止到 2024 年 10 月 30 日，陕京管道一线累计输气量突破 7000 亿立方米，有力保障了首都北京 95% 以上和沿线各地的天

a. 罐顶泄放阀

b. 高压低温泵

图 3-49 LNG 储罐罐顶泄放阀和高压低温泵

然气供应，为京津冀、陕晋蒙高质量发展注入了"绿色动能"，在推动区域社会经济、民生保障和绿色可持续发展方面发挥了不可替代的作用。宝石管业等油气管材制造企业为陕京管道系统作出巨大贡献。

陕京管道系统由陕京一线、二线、三线、四线及永唐秦线、唐山液化天然气接收站、大唐煤制气等组成，汇聚我国四大油气能源战略通道中三大通道的资源，总里程超5500千米，年输气能力800亿立方米。宝石管业作为能源管材装备制造头部企业及国家管网优秀供应商，全面参与了陕京管道系统的管材保供任务。其中，2016年为陕京四线保供的直径1219毫米、壁厚22毫米、钢级X80螺旋埋弧焊管，是当时国内油气输送管道钢级最高、壁厚最大的螺旋钢管。在陕京四线项目保供期间，宝石管业精心筹划，多方协调，合理排产，承担保供任务的宝鸡输送管公司、辽阳钢管公司、资阳钢管公司、秦皇岛宝世顺公司、上海宝世威公司等单位多措并举，全力以赴保供应，共保供优质钢管28万吨，近500千米，占管线用管总量近45%。

宝石管业依托国际领先的技术优势和先进生产装备，先后参建了包括陕京管线在内的国内外重点管线项目200余条，产品远销50个国家和地区，在输送管方面全力打造保障能源管输安全的放心管。为了保障陕京一线等国内重大管线工程建设所需，宝石管业开发出X42—X65钢级系列管线钢管用热轧卷板，实现了我国X42—X65管线钢管国产化。宝石管业研究开发的埋弧焊接用低碳微合金钢H08C焊丝，批量化应用于陕京一线天然气管道工程项目，有力提升了国内油气焊管质量性能。

17. 自动化油气储运系列装备实现国产化替代

2024年12月，中国海防所属连云港杰瑞自动化有限公司先后推出船岸装卸、船海转运、陆上储运等系列油气储运装备，包括LNG接收站大口径卸料臂（图3-50）、国产化海上LNG船软管转输系统和低温液货计量系统（图3-51a）、LNG加注船靠球收放装置、LNG装车场站全自动化装车系统（图3-51b）等，标志着连云港杰瑞自动化油气储运装

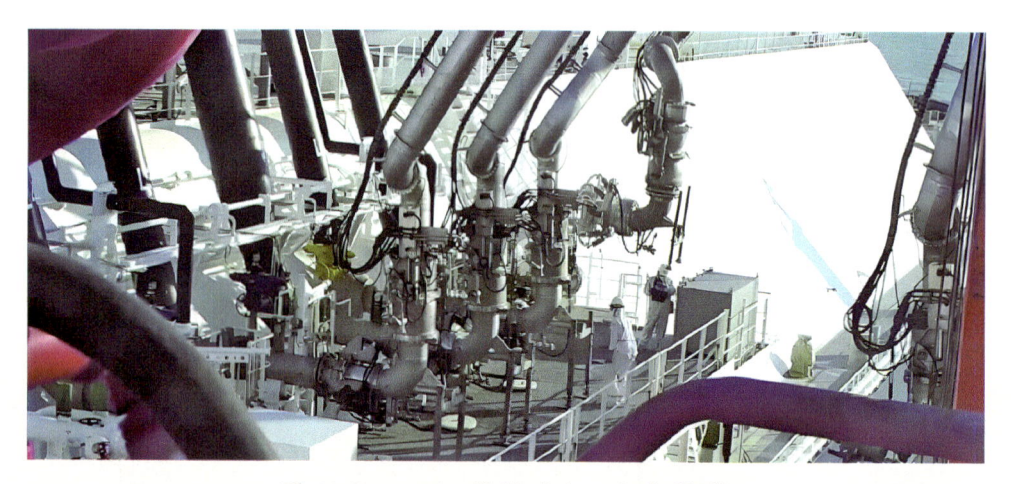

图3-50 LNG接收站大口径卸料臂

备"1+3+N"（一条主线即"国产化＋智能化"，三类产品即陆上储运、船岸装卸、船海转运，N维扩展即向氢能源、乙烯等N维流体储运产业方向拓展）产业发展布局取得新的阶段成果，为进一步实现油气储运重大装备国产化替代、前沿装备智能化升级打下了坚实基础。

a. 液化天然气（LNG）船对船加注系统　　　　b. 全自动化LNG装车橇

图 3-51　LNG 加注设备应用现场

连云港杰瑞自动化有限公司率先开展国产化LNG卸料臂项目研发，相继突破了低温旋转接头动态密封、紧急脱离、自动对接、材料深冷处理等多项核心技术，在行业内首次将数字孪生、大数据分析挖掘、空间视觉定位等自动化、智能化技术应用于LNG储运装备领域。系统突破了多项关键技术，成功打破了国外垄断，缩短海上LNG装备建造周期和制造成本，成功实现了实船应用零的突破和国产化替代。相关产品技术难度大、创新性强，总体达到国际先进水平，其中船岸自动对接、同步主动紧急脱离与自动归位技术达到国际领先水平。

杰瑞自动化油气储运装备团队瞄准潜在市场积极开拓经营，坚持内向创新驱动，加快创新步伐，着力打造出LNG船岸智能装卸系统、船对船转输系统、低温液货计量系统、全自动化装车系统等系列产品，形成了沿链＋强链＋补链的产品研发新思维。2023年，中船716所及杰瑞自动化和中海油能源采油服务分公司联合研发的国产首套液化天然气（LNG）船对船加注系统在深圳盐田港完成首船加注。作为国内首个实现实船应用的国产装备，杰瑞LNG船对船加注系统成功打破了国外技术垄断，整套系统首次实现"核心部件国产化＋核心技术自主可控"，提升了我国海上LNG产业链的国产化配套能力。2024年，由中船716所、杰瑞自动化、中国石化天然气分公司青岛LNG、中国石化工程建设有限公司联合研制的国内首台"无人介入"全自动化LNG装车橇在客户单位接收站成功完成首次装车，标志着杰瑞能源装备产业装车橇新产品研发取得又一次突破性进展。该装车橇创新槽车充装作业模式，大大简化了操作流程、提升了自动化程度，全面实现了识别、寻位、对接、紧固、验漏、置换、充装、归位等全流程的"无人介入"自动化装车，解决了传统装车橇自动化程度低、需人工介入操作、劳动强度大、作业流程易出错的痛点。

四、炼油化工装备

受"减油增化"趋势的影响，我国的炼油装置结构不断调整，国内炼油一次装置（常压蒸馏或常减压蒸馏装置）能力持续整合，落后产能及炼厂逐步淡出市场，同时也有新产能投入。2024 年，我国炼油一次能力重新回归正增长。在增化的同时保持了高质量的油品持续输出，从二次装置（通过一次加工装置获得的馏分油和渣油进一步加工成燃料、润滑油基础油或化工原料的生产装置）的变化看，产出石脑油和高品质汽柴油组分的加氢裂化、渣油加氢等装置产能保持稳定增长，催化裂化装置的产能有所提升。

2024 年，新企业的涌入，推动了整体炼油装置产能的增长，六类主要炼油装置中有五类装置产能较 2023 年同期有所增长，一类装置产能同比持平。

加氢裂化、渣油加氢装置在炼油行业炙手可热，五年复合增长率分别为 8.25% 和 5.73%。渣油加氢装置增幅最快，产能同比增长幅度达到 14.03%，加氢裂化次之，同比增长 6.46%。催化裂化装置产能增长率较为明显，相较 2020 年增长率达到 5.99%，五年复合增长率达到 1.17%，2024 年产能同比增幅达到 6.46%，较 2023 年增加了 5.85 个百分点。加氢裂化装置可以将重质油如减压蜡油等转化为轻质油和化工原料，渣油加氢装置可以加工重质油产出高附加值的化工原料及清洁燃料。与传统炼油的催化裂化装置不同，现在的催化裂化装置操作条件灵活，可在化工品或油品呈现良好盈利趋势之时适时调节温度、催化剂类型和用量等参数，从而改变产品的分布状态，选择产出多种化工原料或高质量油品。

催化重整装置在近五年保持稳定增长，2024 年产能相比 2020 年增长 34.11%，五年复合增长率为 6.05%，2024 年同比增长率 2.12%，较 2023 年减少 5 个百分点，增速放缓但仍保持正增长趋势。催化重整装置作为连接炼油和化工领域的关键装置，能够生产多种化工品，生产的芳香烃产品是下游化工产业的基础原料，同时装置对于优化炼油端产品结构也起到了重要作用。

延迟焦化装置产能步入平台期。2024 年，延迟焦化装置产能五年复合增长率达到 0.79%，连续三年保持稳定。由于具备增产化工原料的优质特性，在当前减油增化背景下，这两类装置产能的增长相对稳定。

随着我国炼油化工行业逐步迈向规模化、大型化、智能化、绿色化高质量发展阶段，更多技术创新、管理优化，以及可持续发展的观念不断涌现，促进更加高效、清洁、可持续的炼油新时代的到来。

1. 全球最大乙烯装置"三机"启动建设

2024 年 12 月 3 日，中海壳牌三期乙烯项目组（IMPT）在北京中国石化工程建设有限公司（SEI）举行了 160 万吨/年乙烯装置"四机"项目开工会，标志着这一国内在建最大乙烯装置项目正式启动。沈鼓集团在该项目中顺利中标 160 万吨 / 年乙烯装置"四机"的设计制造，标志着我国乙烯装置用压缩机制造业绩将实现从 150 万吨向 180 万吨的跨越，我国将成为世界上少数几个拥有 180 万吨乙烯压缩机设计制造业绩的国家之一。

该项目总投资额约 521 亿元，以 160 万吨 / 年乙烯裂解装置为核心，建设 18 套化工装置、公用工程及配套设施。产品线涵盖高性能茂金属聚烯烃、高端聚醚多元醇等，旨在减少对进口高性能化工产品的依赖，填补国内市场空白。项目建成投产后，中海壳牌乙烯产能将达到 380 万吨 / 年，每年可向市场提供 1100 多万吨石化产品。

此前，沈鼓集团在 2024 年 5 月与中国寰球工程有限公司签订了中沙古雷 150 万吨 / 年乙烯及下游深加工联合体项目乙烯装置"三机"合同，计划于 2026 年建成包括一套混合进料的乙烯蒸汽裂解装置，以及乙二醇、聚乙烯、聚丙烯、聚碳酸酯等一系列世界级的下游生产装置，预计乙烯年产能最高可达 180 万吨，建成之后将成为世界上最大规模的乙烯装置。中沙古雷乙烯项目位于中国七大石化基地之一的古雷石化基地，由福建省能源石化集团与沙特基础工业公司（SABIC）于 2022 年 3 月合资成立的福建中沙石化有限公司建设，项目总投资约 448 亿元人民币。

我国 2011 年建成首套年产百万吨乙烯装置"三机"以来，先后实现 120 万吨、140 万吨、150 万吨乙烯"三机"的里程碑。企业通过行而不辍的科技创新，不断突破乙烯装置用压缩机及配套设备的"天花板"，为国内大型乙烯装置安上强大的"中国芯"。

2. 乙烷制乙烯技术装备取得重大突破

传统乙烯装置以炼油装置生产的石脑油、加氢尾油、液化气等液体物料为原料在高温条件下裂解生产乙烯、丙烯等高附加值产品。乙烯装置自产的乙烷最初经常作为裂解炉的燃料，随着乙烯装置规模大型化，乙烯装置自产的循环乙烷和丙烷的量增多，逐渐将这些轻质原料设置单独的裂解炉来提高乙烯收率。

随着页岩气的大规模开发，以及塔里木油田和长庆油田等天然气产量的逐年增加，页岩气中分离出的乙烷和天然气副产的乙烷产量也随之增加，以乙烷作为原料的乙烯装置成本优势十分突出。以乙烷作为原料的乙烯装置开始大规模建设，为乙烷裂解制乙烯提供了有力的资源保证。

乙烷原料分子结构稳定、键能高，在高温裂解过程中键难以断裂，因此气体裂解炉的实际操作条件和材料选择比传统的石脑油裂解炉更为苛刻。中国寰球工程有限公司研发团队经过深入研究、分析石脑油裂解和乙烷裂解的特点，对乙烷裂解反应过程与热量耦合进行深入研究，通过强化一次反应、抑制二次反应，开发出了运行周期长、乙烯选择性好、能耗低的年产 20 万吨和 15 万吨乙烷裂解炉，并成功应用于塔里木 60 万吨 / 年乙烯装置和长庆 80 万吨 / 年乙烯装置，两套乙烯装置的原料都是从天然气中分离出来的乙烷，被列入了国家乙烷制乙烯示范工程。乙烷裂解制乙烯成套技术形成了绿色低碳发展优秀实践案例，推动了行业绿色低碳转型技术发展，列入工信部《国家工业节能技术推荐目录（2022年版）》，位居石化化工行业节能提效技术首位；入选中国企业联合会、中国企业家协会"企业绿色低碳发展优秀实践案例"；入选中国石油和化工勘察设计协会第一批"石油和化工工程绿色低碳工程设计案例、技术成果"。

该项目乙烷裂解炉具有以下优势：（1）采用强化传热的炉管，可有效改变管内表面介质的流型，提高传热效率，延长清焦周期；（2）采用高效三级裂解气急冷换热器回收余热，节能效果明显，裂解气出口温度低至175℃，使裂解气热量回收最大化，裂解炉的超高压蒸汽产汽比超过1∶4；（3）采用自主开发的裂解炉SCR脱硝技术，优化整合对流段与混合喷氨技术，大幅降低烟气氮氧化物浓度。

中国寰球工程有限公司开发的乙烷裂解炉技术装备用于建设塔里木120万吨/年乙烯装置等大型乙烯装置，有效利用石油伴生气、页岩气和煤层气分离出来的乙烷、丙烷，改变国内乙烷仅作为燃料的低值利用现状，大大提高了乙烷、丙烷的附加值，提高了生产效益，实现了油气业务链的增值。同时，降低了乙烯装置能耗和碳排放强度，对国内乙烯产业绿色低碳发展具有示范引领作用（图3-52）。

图3-52　乙烷制乙烯装置现场的新闻报道

3. 3000吨级锻焊加氢反应器创造世界纪录

2024年4月29日，中国一重集团有限公司承制的12台世界最大3000吨级浆态床锻焊加氢反应器（图3-53）在大连核电石化基地完工交付，标志着我国重型石化技术装备制造能力稳步站上"3000吨级"台阶，具备了同类装备批量化、专业化、流程化生产能力。此举创造了世界极限制造纪录。

3000吨级浆态床加氢反应器设备直径5.6米，长度70余米，单台质量达3037吨，是石油炼化行业不可替代的核心装备。特别是重型锻焊结构加氢反应器需要长期在高温、高压、临氢等恶劣条件下工作，技术含量高，开发难度大。此前，我国尚不具备自主设计制造热壁加氢反应器的能力，完全依赖进口，长期受制于人。

图 3-53　3000 吨超级浆态床锻焊加氢反应器

近年来，石油炼化行业不断朝着一体化、大型化、专业化发展，浆态床渣油加氢工艺以其高效、绿色环保、成本低的特点，正逐步成为行业发展的趋势。中国一重高质量建成了世界最大的石化重型容器生产基地，自行设计制造了世界先进的 3500 吨自顶升式数字化托辊，奠定了极限吨位安全旋转焊接的制造基础；形成了拥有自主知识产权的超重型工件主焊缝收缩应力与重力平衡技术；自主制造了深孔全自动 TIG 焊机，突破了不锈钢衬管深孔自动对接焊接难点。实现了装备质量从百吨级到 3000 吨级的迭代、装备材料从 2¼Cr-1Mo 到 2¼Cr-1Mo-¼V、3Cr-1Mo-¼V 的创新。

成功交付了齐鲁石化 1000 吨反应器、神华 2044 吨煤液化反应器和浙江石化 3000 吨级浆态床加氢反应器等各类容器及千吨级以上反应器 1400 余台，有效应对反应器超长超重超厚、内部结构特殊、焊接难度大、加工标准高等诸多难题挑战，为中国炼化行业进一步优化产业布局、提高工艺效能提供了极端装备制造的基础，也为中国石化产业的高质量发展增添了新的动能。

4. 四川盆地气田项目高含硫工况设备交付

2024 年 7 月 15 日，兰石重装承制交付四川盆地渡口河—七里北气田飞仙关组气藏开发产能建设项目井场、天然气净化厂塔器（图 3-54）、分离器等 12 台设备。这是继 2023 年圆满完成铁山坡气田项目吸收塔、分离器、原料气聚结器等 8 台核心设备投用达产后，兰石重装再次制造的高含硫工况压力容器。

该项目包括现场制造再生塔、急冷塔 2 台塔器，最大直径 5.2 米、高度 32 米，以及原料气重力分离器、原料气过滤分离器、原料气聚结器等 10 台设备。借鉴铁山坡气田项目设备制造经验，科学组织、协调配合，攻克了大直径复合板筒体装配、耐腐蚀层高效堆焊等难点工序，氦渗漏、水压试验均一次合格，各项技术指标全部达标，顺利完成制造任务，高品质交付。

图 3-54　天然气净化厂塔器吊装现场

渡口河—七里北气田开发建设项目是中国石油自主开采的第一个全产业链特高含硫气田，内部集输采用多井集气、气液混输工艺；净化主体装置采用"高效溶剂一次性脱硫＋三甘醇脱水＋三级常规克劳斯＋还原吸收尾气处理"主体工艺。项目建成后，将极大推动达州市天然气增储扩产，助力川渝千亿立方米天然气基地建设。

5. 石化行业节能降碳减排新技术成效明显

陕鼓集团焦炉煤气综合利用"净化＋双离心压缩"工艺方案实施效果显著。焦炉煤气深加工制取 LNG、甲醇、合成氨等化工产品，能够实现能源的高附加值利用，属于国家鼓励类项目，市场前景巨大。该工艺流程的高耗能装置集中在压缩工段，为响应节能降碳的发展需求，必须对高能耗的压缩工段分析优化。陕鼓集团潜心钻研，创新性提出了"净化＋双离心压缩"工艺方案，替代原"螺杆压缩＋净化＋离心压缩"，实现方案效率提高、能耗降低、占地更小、噪声更小，满足"碳达峰、碳中和"背景下客户节能降碳的需求。

"净化＋双离心压缩"工艺方案聚焦于焦炉煤气深加工中的压缩工段，以效率高、能耗低的离心压缩机替代螺杆压缩机，并解决离心压缩机结焦堵塞问题。陕鼓集团"净化＋双离心压缩"工艺方案投产，相对于传统方案，该方案节约功耗约 1800 千瓦，折合年节约用电 720 万元，具有良好的经济效益。

6. 石化装置油品检测核心设备实现国产化替代

2024 年 10 月，上海神开仪器完成的中石化齐鲁石化进口汽油辛烷值机（图 3-55a）和柴油十六烷值机（图 3-55b）国产化升级改造项目顺利交付。经一个多月的试运行，设备测试结果的重复性与再现性表现优异。11月26日，中国石化相关部门领导和专家齐聚齐鲁石化，对改造项目进行现场综合评审，通过石油化工科学研究院提供的盲样数据对比，结果符合国标要求。

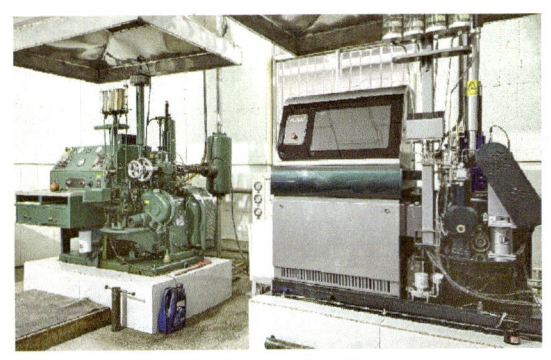

a. 改造后的辛烷值测定机　　　　b. 改造后的十六烷值测定机

图 3-55　国产化升级应用现场

由中国石化炼油事业部组织牵头，石油化工科学研究院、石化盈科信息技术有限责任公司和上海神开仪器共同协作完成的中石化齐鲁石化进口汽油辛烷值机和柴油十六烷值机的国产化升级改造项目，是中国石化积极响应国家能源安全战略，加快推进国产化替代进程的关键举措，标志着我国油品核心检测技术实现了从依赖进口到完全国产化的重大跨越，具有里程碑式意义。

辛烷值和十六烷值作为衡量汽油抗爆性和柴油着火性的重要技术指标，是油品出厂前的必检项目，此前，中国石化炼油系统内均使用进口设备进行出厂检验。由于进口设备存在备件供应不及时、售后服务价格高、周期长、设备自动化程度低等诸多弊端，国产替代势在必行。上海神开仪器作为中国首家成功研制出完全符合相关ASTM标准的辛烷值测定机和十六烷值测定机的设备生产企业，受邀赴中石化齐鲁石化进行实地考察，对项目的可行性进行深入交流和论证，最终凭借广泛的用户基础、多年的技术积累提出的专业化改造方案，获得业内专家的认可。

7. 全球最大旋转补偿器模拟试验装置研制成功

2024年10月，江苏贝特管件有限公司自主研制的全球最大口径1.6米旋转补偿器模拟试验装置，以及配套研发的行业独有的全自动气密试验机、数字化补偿器疲劳试验操作系统等调试成功。依靠这些"独门绝技"，企业生产的补偿器最大直径可达4.5米，可满足当前全球所有客户的规格要求。

江苏贝特管件有限公司是设计生产旋转补偿器、套筒补偿器、球形补偿器的专业生产商，研发系列新型耐高压一体化无泄漏旋转补偿器、双密封耐高压旋转补偿器、新型双密封耐高压精密旋转补偿器、新型直埋式免维护密封套筒补偿器，拥有多项核心技术。旋转补偿器的直径越大，制造和检测难度越高，正常生产的补偿器直径不超过1米，其中的卡点在于没有相匹配的旋转补偿器模拟试验装置。

耐高温耐高压是补偿器生产的最大技术瓶颈，传统补偿器采用保守的自然弯补偿，承受压力最高 10 兆帕、温度 450℃，无法满足高温高压工况。贝特管件科研团队迎难而上，借助智能化高端设备，创建独特的编程软件工艺，能准确控制焊接机器人的活动空间，大幅提升焊接精度。江苏贝特管件有限公司生产的新型耐高压一体化无泄漏旋转补偿器，承受压力高达 30 兆帕、最高温度 500℃，具有安全、经济、高压等优点，获得多项发明专利，填补国内多项空白。

8. 塔壁吹扫"爬壁机器人"投入应用

2024 年 12 月 23 日，广东石化 80 万吨 / 年全密度聚乙烯装置成功转产 HPR-1018HA 牌号茂金属聚乙烯。目前装置运行稳定。此次成功转产且产品质量上乘的关键在于"爬壁机器人"（图 3-56）的应用，安全高效地清理反应器扩大段的粉料，降低反应器结片和结块风险。

广东石化 80 万吨 / 年全密度聚乙烯装置引进了钛系、铬系、茂金属 3 个催化剂体系，可生产高、中、低密度的聚乙烯产品，涵盖膜料、注塑、中空、拉丝、管材等应用领域。按照排产计划，该装置转产茂金属聚乙烯产品前需要将反应器内的粉尘清除干净。反应器是全密度聚乙烯装置的重要组成部分。反应器扩大段吹扫不干净、聚乙烯粉末因冲刷不净形成片料，一旦脱落到反应器，就会引起生产波动。

图 3-56 "爬壁机器人"工作现场

反应器扩大段最大直径近 10 米，清理面积达 256.3 平方米。以往检修中需要利用长钢管连接气源胶带，一点点进行反应器壁上结片的吹扫工作，作业风险大、难度高，耗时长。

为提高检修效率和质量，广东石化以科技应用赋能装置检修，联合机器人厂家研发了首台智能"爬壁机器人"。"爬壁机器人"配有 3 个强力吹扫口，一台多角度摄像头，能直观反映反应器内粉尘堆积情况。通过底部强磁铁，"爬壁机器人"可直接吸附在器壁上，在反应器内实现自由移动，具有吹扫范围广、清洁程度高等优势。此外，"爬壁机器人"配有可垂直悬挂在反应器顶部的 2 根防坠线，能有效解决顶部粉尘吹扫不到位的问题，避免了掉落，实现了探得清、扫得净、防得住。使用爬壁机器人清理后，反应器穹顶无聚乙烯粉料残留，新生产的聚乙烯产品吹膜后晶点较开车初期显著减少；转产使用的茂金属催化剂对反应器扩大段料位控制有极高的要求，但清扫时未发现因片料脱落影响流化状态；吹扫效率提高了62%，为全密度聚乙烯装置平稳运行和茂金属催化剂产品质量稳定提供了有力保障。

9. 石化装置裂解气急冷器换热管替代进口

2024年11月26日，宝钢股份为百万吨级大型乙烯项目研制的急冷器换热管通过中国石化国产化项目专家组审查，并顺利发往用户，标志着乙烯急冷器换热管国产化工作再次取得重要进展，为今后石化行业急冷器产业链完全国产化起到引领示范作用。此次首套百万吨级乙烯装置急冷器换热管全部国产化，各项指标均达到了项目设计目标，表面质量比进口高出1~2个等级，交货期缩短了3个月，进一步提升了产业链供应链韧性和安全水平。

裂解气急冷换热器是石化行业裂解生产过程中至关重要的核心换热设备，承担着快速冷却高温裂解气的重任，服役工况非常严苛，直接影响着裂解装置的稳定性与经济性。该设备在极限条件下工作，承压大、温度高、温域宽、温降迅速，对换热管材料13CrMo4-5的材质、工艺、机械性能、表面质量等要求极为严苛。此前，该领域一直被国外公司垄断，长期依赖进口，成为制约石化行业发展的"卡脖子"难题。

为破解这一难题，宝钢股份开启了乙烯急冷器换热管的国产化攻关工作，通过持续优化材料成分设计，改进热处理工艺，成功攻克了低硬度、高温热强性、低温高韧性、耐长时高温回火劣化，以及高尺寸精度、高表面质量等一系列技术难题。2024年5月，宝钢超高品质急冷器换热管国产化研发取得突破性进展，完成多规格产品的生产任务，并顺利实现超长管的批量工业化生产。

与此同时，2024年12月24日，由寰球北京公司自主设计的首台完全国产化裂解气急冷换热器成功运抵独山子石化塔里木二期120万吨/年乙烯项目现场，打破了长期以来内换热管依赖进口的技术壁垒，在高端化工装备领域迈出了坚实的一步。寰球北京公司凭借技术实力和经验，成功掌握了该设备设计的专利技术，实现该设备内换热管的国产化，并将产品成功运用于多个乙烯项目，完成了乙烯装置静设备材料国产化的最后一块拼图。

10. 聚乙烯装置超高压反应釜实现国产化应用

乙烯被誉为"石化工业之母"，在"双碳"战略、降油增化政策背景下，国家对大幅提升乙烯当量保障水平、加快发展高端聚烯烃产品有重大需求。超高压反应釜是聚乙烯装置的核心设备，设计制造难度极大，长期依赖进口。

针对我国超高压聚乙烯装置成套装备自主化配套重大需求，合肥通用机械研究院有限公司联合二重（德阳）重型装备有限公司突破了高强高韧锻件开发、基于风险与寿命的超高压反应釜设计、高精度高光洁度表面加工、高灵敏度超声相控阵全聚焦检测等关键技术，实现聚乙烯装置超高压反应釜（图3-57）的国产化研制并投入使用，技术指标达国际先进水平，部分指标国际领先。

该项目成果打破了国外封锁，提升了我国极端压力容器设计制造水平，为保障石化产业链供应链安全提供关键支撑。

11. 中沙古雷150万吨乙烯项目丙烯塔出厂

2024年12月31日，福建中沙石化有限公司研制的福建古雷150万吨/年乙烯及下游深加工联合体项目1号丙烯塔（图3-58）从山东豪迈机械制造有限公司乳山工厂成功发货。该塔器由山东豪迈机械制造有限公司制造，产品直径为9.5米，长度102米，重达1909吨，为该公司单台设备质量之最。

图3-57 超高压反应釜

图3-58 乙烯装置塔器出厂现场

中沙古雷乙烯项目位于全国七大石化产业基地之一的福建漳州的古雷石化基地，项目总投资约448亿元人民币，由福建省能源石化集团有限责任公司与世界石化巨擘——沙特基础工业公司（SABIC）合资建设。古雷150万吨/年乙烯及下游深加工联合体项目乙烯装置共包含7台核心超限塔器，山东豪迈机械制造有限公司承接其中5台塔器的制造任务，主要用于乙烯装置的轻烃裂解，通过断链反应和脱氢反应生成小分子的乙烯和丙烯化合物。项目建设最高可达年产180万吨乙烯及下游深加工联合体装置，产品将广泛应用于电子电气、人工智能、智能手机、通信、医疗、汽车、新材料等领域，满足市场对高端石化产品日益增长的需求。

五、新能源装备

2024年，石油石化装备行业进一步落实国家碳达峰碳中和等政策，国内新能源装备取得了积极的进展，涌现了页岩油气勘探开发装备制造、海水制氢、氢气超高压压缩机、氢能"制储输加用"装备、分布式氢能电站、城镇燃气掺氢、储能、智能微电网及CCUS配套压缩机组等创新成果。特别是中国石油、中国石化和中国海油等集团公司在氢能领域的布局，为自身发展提供了新的动力。

中国石化在2024年的氢能布局中全方位推进氢能产业发展，在氢能装备制造、风光储氢合作、加氢站建设，以及电解水制氢示范项目等多个领域深入参与。2024年4月，氢能装备制造基地揭牌，标志着中国石化在氢能装备制造领域的正式布局；6月，与沙特国际电力和水务公司签署合作备忘录，开展绿色氢氨领域的务实合作；11月，中国石化携手上海电气，加强在风光储氢等领域的合作，在香港建成首座加氢站，推动氢能在交通领域的应用；12月，中原油田兆瓦级可再生电力电解水制氢示范项目平稳运行超过1万小时，累计生产氢气近350吨。此外，中国石化还投资入股徐州徐工汽车制造有限公司混改项目，推动氢能交通等领域的合作；成立了中石化氢能机械（武汉）有限公司，进一步加快氢能装备产业向市场经营实体转变，为后续潜在合资合作和资本运作搭建平台。

中国石油在2024年的氢能布局中重点发展可再生能源制氢、绿氢项目、绿色甲醇项目、水电解制氢系统，以及分布式氢能电站。2024年3月，中国石油首个规模化可再生能源制氢项目在甘肃酒泉玉门油田成功投产；7月，吐哈油田米东区点对点供电70万千瓦光伏制绿氢项目开工；9月，大庆炼化公司生物质天然气制绿色甲醇项目顺利投产，为我国产出第一滴符合国际标准的绿色甲醇并通过国际可持续发展与碳认证（ISCC），实现了碳的循环利用；10月，宝石机械开发的1200标方碱性水电解制氢系统在吐哈油田现场稳定运行超过3000小时；11月，自主研制的1.5兆瓦分布式氢能电站完成厂内试验，在长庆油田开展"氢代油"钻井先导试验。

中国海油在2024年的氢能布局上聚焦于液态氢海运和电解海水制氢技术。2024年10月，由中国海油气电集团执行的全球最远液态氢海运示范项目运输船，行驶超过一万海里，顺利抵达深圳盐田港，并以船边直提、陆上运输的方式，将该批跨洋液氢运送至中山进行终端利用测试，我国成功跨入了全球氢能长距离跨洋运输利用产业全产业链；12月，首台套兆瓦级电解海水制氢装置在示范中试基地试运行成功，标志着直接电解海水制氢技术的重要突破。

1. 兆瓦级高纯度电解海水制氢装置试运行成功

2024年12月20日，兆瓦级电解海水制氢装置（图3-59）在中海油能源发展股份有限公司兆瓦级电解海水制氢示范中试基地已实现连续稳定运行，标志着中国海油直接电解海水制氢技术取得重要突破。为应对未来海上风电大规模发展后可能产生的消纳及运输问题，该公司依托自身产业优势，联合深圳清华大学研究院共同研发制造了该兆瓦级电解海水制氢装置。

图 3-59 兆瓦级电解海水制氢装置

该项目克服了电解海水过程中杂质多、盐度高、腐蚀强等问题，成功将单机功率提升至 1 兆瓦，为海水制氢的规模化应用打下基础。该装置采用适应海上可再生能源特点及海水环境的技术打造，额定产氢量为 200 立方米每小时，可用于大规模产氢，制取氢气纯度可达 99.999%，能够满足燃料电池、电子工业等应用场景对高纯度氢气的需求。装置将电流处理、电解海水、氢气分离及纯化等核心设备全部集成到 5 个集装箱中，具有结构紧凑、方便移动、制氢纯度高等特点，符合海上生产作业平台等应用场景。该装置基于抗波动柔性控制技术与启停机工艺，建立了符合海上可再生能源特点的耦合模型，能够适应海上风力发电和光伏发电间歇性强、波动性大的特性。它可利用海上可再生能源所产生的电力来电解海水，能够持续稳定高效地制备高纯度氢气产品，经中国可再生能源学会组织专家鉴定，该装置整体技术达到国际领先水平。

与此同时，中石化（大连）石油化工研究院有限公司自主研发的 10 立方米每小时海水直接电解制氢中试装置于 2024 年 12 月 18 日，在青岛炼化一次开车成功，标志海水直接电解制氢技术产业化进程提速。

项目采用海水直接制氢与绿电制绿氢结合的模式，利用青岛炼化水上光伏电站生产的部分绿电，通过电解槽将海水分解为氢气和氧气，实现海水直接电解生产绿氢，所产氢气并入青岛炼化管网系统，用于掺入炼化生产过程或氢能车辆加注。项目攻克耐氯电极技术、高性能极板设计，以及海水循环系统等关键技术难题，打通了从催化剂、电极到关键部件设计直至系统集成全流程，突破了从实验室小试到工业中试规模的技术瓶颈，产品氢气中氧含量小于 2 微升/升，低于 GB/T 37244—2018《质子交换膜燃料电池汽车用燃料 氢气》规定的燃料电池车用氢气中氧气含量小于 5 微升/升要求，可直接并入炼厂氢管网利用。项目每小时可以生产 20 立方米绿氢，是我国首次氢气产品回收利用的百千瓦级的工厂化海水制氢项目。

海水直接电解制氢技术是一种发展前景广阔且成本相对较低的制氢技术，该技术可直接利用沿海地区丰富的海水资源和风电资源，无需海水淡化过程，大幅降低制氢物耗，在沿海地区具有较强的竞争力。工厂化是指项目与生产的紧密结合。相较于传统的电解水制氢技术，其高度依赖稀缺的清洁淡水资源，对氢能产业的规模化发展构成了限制。而海水制氢则面临更为复杂的挑战：海水中约3%的盐含量及杂质中的氯离子会对电解设备电极造成腐蚀，阳离子的沉积则可能堵塞设备孔道，降低电解效率乃至损坏设备，这些都对设备设计与技术工艺提出了更高要求。

相比于传统的淡水制氢，海水制氢具有资源丰富的突出优势。海水成分复杂，直接电解易产生催化电极寿命短、电解副反应激烈等问题。该装置通过技术攻关，大幅降低了对原料水质的要求，让海水无须经过淡化处理即可进入电解系统，实现了电解海水制氢的低成本化和稳定长期运行，为我国海上可再生能源利用提供了新路径。直接电解海水制氢技术将与海上风电等可再生能源发电技术相结合，实现深远海可再生电力的就地消纳，大幅降低电力传输和制氢成本，形成以绿氢为核心的海上可再生能源综合利用新模式。

2. 国内最大一体橇装式1.5兆瓦分布式氢能电站投入运行

2024年11月6日，中国石油宝鸡石油机械有限责任公司（以下简称宝石机械）自主研制的国内最大一体橇装式氢燃料热、电、水三联供装置——首套1.5兆瓦分布式氢能电站，完成了各项严苛的厂内试验，启程前往长庆油田开展"氢代油"钻井先导试验。

作为氢能产业链中用氢环节的重要装备，分布式氢能电站是一种利用氢气作为能源，通过氢燃料电池技术将氢能转化为电能的发电系统。在特定场景下，氢能发电站比天然气发电、燃煤发电更具竞争力。因为它的燃料是氢气，所以它不仅发电很干净，而且发电效率还远远高于传统的燃油或者燃气的发电机组。除了提供电力之外，氢能电站还可以供热和水，一举三得，实现能源的高效综合利用。

橇装式的氢能电站，采用的是模块式设计，发电设备、电气设备和散热设备都高度集成，内部基础发电单元模块化装载，能够有效利用舱内空间，只有约一个集装箱大小，在重卡上就能运走。它的应用场景有了更多的想象空间，可以给不同规模的用电需求提供电源，不仅补齐了制、输、储、用氢能产业链中用能侧短板，也是未来氢能产业应用端的重要装备，为氢能电站全面市场化开拓打好了基础。该氢能电站在我国最大油气田长庆油田替代传统的燃油燃气发电机组，开启中国石油首个"氢代油"先导试验。

1.5兆瓦分布式氢能电站的成功研制，是补齐氢能产业用能侧短板的重要装备，在推进钻井、压裂生产清洁替代、绿色转型的道路上迈出了重要而坚实的一步。该电站最大净输出功率超过1500千瓦，是宝石机械子公司宝石电气设备有限责任公司（简称宝石电气）与重塑能源合作开发的国内首套最大的一体橇装式氢燃料热—电—水三联供装置，具有能量转换效率高、功率响应速度快、零碳无污染、安全高效等显著优势，各项技术指标均达到国内先进水平，可以替代传统的燃油燃气发电机组，为油气勘探开发、城市应急抢险、野外路桥工程、重大文体活动、油气炼化产业等现场提供电源，也可为工厂、社区提供热电联供服务，是制、输、储、用氢能产业链中用氢环节的重要装备，将进行首个"氢代油"先导试验，为我国实现碳达峰、碳中和目标贡献更多的力量。

3. 氢能"制储输加用"技术装备成功应用

近年来，兰州兰石集团有限公司（以下简称兰石）紧跟国家"双碳"目标，锚定"全国重要新能源及新能源装备制造基地"建设目标，大力进军战略性新兴产业领域，全力打造面向全社会开放的制储用氢能产业中试试验示范基地。

在制氢环节，成功研制出涵盖国内主流规格的1000立方米每小时碱性电解水制氢系统、100立方米每小时PEM电解水制氢系统，以及温和氨分解制氢橇装等前沿制氢装置（图3-60a），以低成本、分布式、高纯度连续制氢的显著优势，抢占行业制高点。

a. 新型碱性电解槽

b. 双压液驱氢气压缩机

c. 高效大排量清漆压缩机

图3-60 氢能"制储输加用"技术装备

在储氢领域，自主研发的98兆帕高压储氢系列容器（图3-60c）达到国际一流水平，全方位具备高、中、低压各类储氢容器的研发与制造硬实力，为氢能的安全、高效存储提供坚实保障。

在加注氢技术上，兰石先后自主推出45兆帕、90兆帕离子液氢气压缩机（图3-60b）和加氢用微通道换热器（PCHE），技术指标领先同行，为加氢站的稳定运行筑牢根基。自主研发的20千瓦稀土系固态合金储氢及燃料电池系统初露锋芒，已具备兆瓦级系统研发制造潜力，并深度参与全球首套千吨级绿氢合成绿色甲醇示范装置建设，展现一定的技术整合能力（图3-61）。

a. 加氢作业　　　　　　　　　　　　b. 高压储氢容器

图3-61　加注氢作业现场和高压储氢容器

4. 氢能装备制造基地揭牌

中国石化氢能装备制造基地于2024年4月12日正式揭牌（图3-62）。目前，中石化石油机械股份有限公司已建成了4400平方米的氢能装备生产与试验车间（一期）。具备氢能装备制造、系统集成和质量保证能力，拥有4个生产装配与测试单元，具备年产25套（100台）生产能力和最高测试压力达到105兆帕的高压气体装备综合测试中心。项目二期将重点打造氢气压缩机装配厂、PEM电解槽装配厂、综合集成装配厂和制氢装备试验检测线、压缩机试验检测线、承压密封试验检测线，加快建成自主可控、具有竞争力的氢能装备制造基地，助力我国氢能装备高质量发展。

图3-62　氢能装备制造基地

中国石化着力打造中国第一氢能公司，正逐步构建起一个全面的氢能产业体系。截至2024年，中国石化已建成氢燃料电池供氢中心11个、加氢站128座，基本覆盖了"3+2"氢燃料电池示范城市群，成为全球运营加氢站最多的企业。对于未来，中国石化更是雄心勃勃，计划在"十四五"期间建成油氢合建站、加氢站1000座。

该制造基地着力建设氢能装备创新研发、制造集成、检验检测、数智服务等四个中心，形成核心技术攻关、关键装备制造、一体化解决方案等三大优势。系列装备覆盖制氢、加氢、储氢、输氢市场。自主研制的新型碱性电解槽最大产氢量可达2000立方米每小时，工作压力1.8兆帕，具有标准化可拓展、液压伺服压紧力补偿、易安装维护等技术特点，可针对不同制氢量需求进行现场扩容。国内排量最大充装加注双压液驱式氢气压缩机，创新设计了22兆帕和38兆帕两种输出压力，既可满足长管拖车充装，也可满足燃料电池汽车加注的增压需求，可广泛应用于供氢中心及加氢站建设。研制了45兆帕氢气压缩机、90兆帕氢气压缩机，并为燕山石化二期万方级氢气提纯设施项目设计制造了3台33兆帕高效大排量氢气隔膜压缩机，保障了京津冀地区高纯氢气供应需求。研制了万立方米级往复式氢气压缩机，可满足大排量管道输氢工程的需求，持续丰富完善产品型谱。

5. 全国首座城镇燃气掺氢综合实验平台在深圳投用

2024年1月，全国首座城镇燃气掺氢综合实验平台（图3-63）在深圳投用，实现掺氢燃气的宽压力、长周期、规模化应用，标志着"氢进万家"进入全新发展阶段。

图3-63 燃气掺氢综合实验平台

项目由深圳市燃气集团股份有限公司（以下简称深圳燃气）建设，该项目平台主要包括掺混模块、减压调压模块、管材相容性评价模块、燃气器具测试模块，以及终端利用模块，天然气与氢气通过掺混模块，能够得到掺氢体积比为5%～20%、掺氢精度达到1%的掺氢燃气。掺氢燃气经减压调压模块后，进入管材相容性评价模块进行长周期试验测试，然后进入燃气器具测试模块进行验证。测试完成后，掺氢燃气进入深圳市龙华区求雨岭生活区。目前，该实验平台已成功为求雨岭生活区安全供气近200天，构建了国内首座可推广、可复制的城镇燃气氢气"掺—输—用"一体化平台，平台集成测试、验证、生产功能，掺氢比最高达到20%，压力范围覆盖城镇燃气全部压力运行范围。

天然气掺氢进万家，安全性是重点考虑的问题。本项目针对掺氢天然气的泄漏扩散等事故特征演化规律进行了系统分析，建立了相应的失效数据库，以及风险评价方法、缺陷评价方法、剩余寿命分析方法和应急抢险技术。此外，还在天然气管道完整性管理技术的基础上，初步建立了掺氢天然气的管道完整性管理技术，对掺氢天然气管道进行全生命周期的安全管控；在平台各关键节点均设置了氢气报警器，采用氢气泄漏探测器，每两小时进行一次巡查巡检。同时，基于BIM建模技术，建立了平台的数字化三维模型，并接入远程监控系统和现场视频数据，对平台数据进行实时监控。

该平台作为国内首座城镇燃气掺氢综合实验平台，集测试、验证、生产等功能为一体，较为系统地验证了天然气掺氢"掺—输—用"链条的关键技术，为天然气掺氢技术的推广提供了理论及技术支撑，对未来氢气在城镇燃气领域大规模利用具有示范作用。

6. 压缩空气储能核心压缩机技术突破

2024年4月9日，世界首台（套）300兆瓦级压气储能电站示范工程在湖北应城一次并网成功，创造了单机功率、储能规模、转换效率3项世界纪录，以及6个行业示范。

湖北应城300兆瓦压缩空气储能项目的顺利投产验证了大容量、高效率、超长时"压气储能系统解决方案"的可靠性、创新性和可推广性，为大规模新型储能技术商业化应用提供了示范，标志着我国大功率压气储能技术达到世界领先水平。

陕鼓集团为湖北应城300兆瓦压缩空气储能项目提供双列全套共8台压缩机组，采用创新研发的"轴流+离心，多缸串联"压缩空气储能方案，助力实现压气储能领域规模世界领先、单机功率世界领先、转换效率世界领先，对于推动我国新型能源体系建设具有重要的示范意义。陕鼓集团压缩机组及解决方案成功入选国家第三批能源领域首台（套）重大技术装备名单。

7. 250兆帕及320兆帕超高压压缩机填补国内空白

丰电金凯威（苏州）压缩机有限公司对250兆帕超高压压缩机的研制于2021年开始立项。针对超高压膜头组件疲劳、气—固—液多相协同的压缩过程热力学特性、超高压溢流阀流动过程特性等分析，完成了功能样机设计、制造，以及氮气氢气工况测试，最高压力不小于250兆帕，该功能样机通过了合肥通用机电产品检测院有限公司检测和中国通用机械协会的鉴定，后续进行氢气测试，并对250兆帕压缩机零部件临氢材料在超高压氢气下的氢脆特性等方面进行分析和改进，改进后压缩机通过了300小时的氢气实流实验，最终形成250兆帕氢气隔膜压缩机产品。

在250兆帕功能样机的设计经验上，进行320兆帕氮气压缩机的设计研发工作，并在超高压流体压缩过程及流动换热特性，以及超高压膜头零件改进及液压油可压缩性等方面进一步分析和改进，最终形成了320兆帕氮气压缩机产品。并在2024年9月通过鉴定。

250兆帕及320兆帕超高压压缩机的研制成功，有益于深化研究超高压条件下动、静密封问题、关键零部件使用寿命等情况，以及进一步揭示高压状态下压缩机的工作机理，完善超高压条件下压缩机设计研发相关理论。250兆帕及320兆帕超高压压缩机的研制成功，填补了国内在超高压隔膜压缩机领域的空白。

8. 锌溴液流电池储能系统和全钒液流电池先后投入应用

2024年6月29日，由中国石油集团济柴动力有限公司生产制造的中国石油首个锌溴液流电池储能系统（图3-64）在新疆油田玛湖078井场完成带载生产调试，标志着储能系统实现了离网型边远井采油场景应用，为推进实现"零碳排"迈出了坚实一步。该储能系统中选用的"锌溴液流电池"，其核心是水基溴化锌电解液，作为一种可重复使用的天然阻燃剂，能够有效降低运行成本，推动油气采掘高效生产。

图3-64　锌溴液流电池储能系统现场应用

玛湖078井地处准噶尔盆地西北部，电网架设投资及依靠传统柴油发电开展生产的成本较高。在与新疆油田合作探寻清洁绿色生产的过程中，济柴动力有限公司结合实际，采用了"光伏+储能"供电与抽油机井生产用电相融合的解决方案。

通过充分对比市面上各类型储能电池产品的特性，结合新疆油田零碳/近零碳井场先导试验工程的工况特殊性，最终选择了锌溴液流电池方案，以满足离网型边远井场4～24小时储能时长及冬季零下25℃低温放电的实际需求；结合锌溴液流电池装机规模，创造性地将系统光储比由"恒定值"优化为"随开井时长而变化"的动态值，有效降低了电池容量，实现了智能化采油和高效量产，为边远井提产提效探索出了一条低成本绿色低碳技术路径。

此外，2024年11月20日，中国石油工程材料研究院自主研制的全钒液流电池及设计的光储一体化集成方案在青海油田顺利运行（图3-65），这是全钒液流电池在极端环境和严苛条件下边远井场"光—储—抽"离网项目的成功应用。

图 3-65 全钒液流电池及光储一体化集成方案现场应用

经过 3 年基础研究，中国石油工程材料研究院储能团队开发出高活性石墨毡电极和宽温高稳定性钒电解液，设计的柔性中间层显著降低电极界面阻抗，自主设计集成出不同功率全钒液流电堆样机。此次针对青海油田高海拔、高寒、纯离网、信号弱、极端天气和 24 小时不间断供电等极端工况，技术团队进一步巩固电堆密封稳定性、电池储电高效性和离网光储融合可靠性等多项技术难点，为青海油田采油一厂跃北 1 井配套光储多能互补系统，设计的柔性直流母线微电网拓扑架构确保光储系统的实时高效调度，通过发电侧与充电侧电压的均衡调试，提高系统白天光伏优先供电和夜间储能互补供电的可靠性，为离网系统提供稳定的电力保障。

青海油田跃北 1 井光储一体化电站通过 EMS 能量管理系统的互联互动实现无人值守和远程监控，整体运行稳定可靠。边远井场配套光储抽一体化微网电站经济效益显著，可节约传统电网建设成本超过 30 万元，预计每年节约电费 7.7 万元，节约柴油发电机耗油成本 14.6 万元，年减少碳排放量约 70 吨。

全钒液流电池关键核心技术的持续攻关，将推进更大功率电堆及系统的自主集成开发，为实现大规模清洁电力替代提供关键技术和装备支撑。

9. 智能微电网系统在青海油田投入运行

2024 年 10 月 25 日，济柴动力有限公司 1 兆瓦/1 兆瓦·时智能组串式储能系统（图 3-66）及智能微电网系统在青海油田牛东区块光伏示范区投入运行，运行效果良好、性能满足需求，以"光伏+储能+燃气"发电新模式，助力油田绿色转型再上新台阶。

青海油田位于柴达木盆地，地理环境较为恶劣、电网架设距离远、工程造价成本高，采气作业主要依靠天然气发电机组自备电站供电运行。为了

图 3-66 智能组串式储能及微电网控制系统

满足油田清洁替代发展需求，推动能源高效利用，济柴动力有限公司结合项目实际，利用"光伏＋储能"技术打造了"源荷储发"一体化智能微电网，将数字信息技术与光伏、储能、燃气发电技术"跨界融合"，依托磷酸铁锂电池储能装置，平滑供电系统切换时产生的能源波动，光照充足时，系统优先利用光伏发电，并将富余电量储存起来，在光照不足时或用电高峰期释放储存电量并启动燃气发电机组，实现了供能系统的优化配置和智能调度，保障24小时不间断供电，助推油田零碳生产生活。

10. CCUS项目配套压缩机组投入运行

国家能源集团泰州电厂50万吨/年碳捕集封存项目成功运行，该项目采用乙醇胺化学吸收法实现CO_2捕集，装置规模50万吨/年，是目前国内规模最大的燃煤电厂烟气CO_2捕集项目示范工程，陕鼓集团提供CO_2压缩机组，装置已连续运行超过8000小时。项目入选国家能源局"2023年度能源行业十大科技创新成果"，为亚洲第一。

相关数据显示，2025—2060年，国内碳减排量需求量最大的是燃煤电厂，其次为气电、钢铁、水泥、石化和化工等行业。随着国家和市场碳减排需求的日益增长，CCUS技术的大型化、产业化发展，开发性能高、稳定可靠的碳捕捉装置CO_2压缩机组技术方案，对推进我国早日实现碳达峰碳中和战略目标具有重要的里程碑意义。

第四篇
数字化、智能化、绿色化

我国石油石化技术装备历经20世纪80年代初期的大规模引进消化吸收、仿制改进提升，到自主创新研制、整体步入国际先进行列的蜕变，实现了从初期的机械化到自动化、信息化，以及目前部分数字化与智能化的跨越。特别是近几年，7000米"一键式"自动化钻机、12000米特深井自动化钻机、智能钻井系统、5G加持的压裂机组、电驱自动化连续管作业装备、连续管作业智能支持中心、智能导向钻井控制系统、15000米自动化顶驱、智能钻杆等一批油气工程装备利器相继问世，有力支撑了万米特深层油气资源勘探开发等重大工程技术项目的实施。同时，数字化和智能化成为石油石化装备加速迭代升级、持续打造国之重器的重要途径和手段。

2024年，我国石油石化装备企业加速推进数字化转型和智能化发展。智能钻完井技术与装备研究中心和数智研究院有限公司成立运行；海洋油气完井工具"智慧工厂"、海洋油气装备"智能工厂"、石油机械数智化生产线、潜油电泵智能生产线、数字孪生智能乙烯工厂等建成投产；压裂远程智能决策支持平台、智能化全电动压裂系统、录井大数据智能解释系统、"金睛"电子安全监督系统、沙漠快移混合动力钻机、"氢代油"绿色钻井示范工程、数据驱动远程数控打井、数字化连续管装备自动巡航模式、炼化装置泵群智能巡检机器人等成功应用。展示了我国石油石化技术装备数字化、智能化、绿色化的实力和水平。

面对原油和天然气对外依存度长时间居高不下、油气勘探开发要求更加严苛及挑战日益严峻的多重压力，石油石化装备行业肩负着直面油气勘探开发严峻挑战、为保障国家能源安全提供装备支撑的时代重任。石油石化技术装备的数字化、智能化和绿色化将成为产品和技术加速迭代升级的重要抓手，加速推进其数字化、智能化和绿色化已成为行业共识。

一、智能钻完井技术与装备研究中心成立

2024年10月，中国石油大学（北京）成立智能钻完井技术与装备研究中心（以下简称研究中心）。该中心依托油气资源与工程全国重点实验室，汇聚石油工程学院、人工智能学院、机械与储运工程学院、碳中和示范性能源学院和非常规油气科学技术研究院等优势科研力量，旨在推动钻完井技术与装备智能化科研攻关、人才培养和成果转化，打造我国智能钻完井领域教育、科技、人才一体化发展的战略高地。

研究中心由李根生院士担任中心顾问，成立管理委员会和专家委员会，布局智能钻井、智能完井、智能压裂、智能装备及井下工具等4个重点方向。研究中心科研实力雄厚，为我国塔里木油田、新疆油田、长庆油田、中海油研究总院等研发了20余套个性化软件模块，现场测试应用200余井次，打造形成了钻井智能决策系统、钻井智能导向系统、智能

压裂优化设计与实时决策一体化系统、旋转导向智能测试系统、智能钻井提速工具、压裂智能滑套等软硬件结合的代表性成果体系。

研究中心面向我国油气行业数字化转型和智能化升级的战略需求，探索油气人工智能产、学、研、用融通的发展模式，集中优势力量攻关智能钻完井技术与装备领域的个性和共性难题，推动智能化技术的成果转化和应用落地，为我国智能钻完井技术与装备领域的科技进步和人才培养提供支撑。

二、数智研究院有限公司注册成立

2024年1月18日，中石油（北京）数智研究院有限公司注册成立，注册资本高达5亿元，业务范围广泛，包括工业互联网数据服务、云计算装备技术服务、智能机器人研发，以及人工智能公共数据平台等，在中国石油建设"数智中国石油"进程中具有里程碑意义。

作为中国石油的全资子公司，这家新成立的公司无疑将引领能源行业的数字化转型。在新一轮科技革命推动下，人类正在加速迈向数字社会，数字化转型成为各行各业的新趋势。数字化转型不仅能提高生产效率，降低运营成本，同时还能推动可持续发展。要抢抓发展机遇，积极主动作为，加快建设一流数智研究院。要把准目标定位，打造数智技术应用创新高地。以支撑引领"数智中国石油"建设为使命，以"一流数智研究院"为目标，聚焦新一代信息技术方向，加快形成一批创新成果，全力打造支撑当前产业转型升级、引领发展战略性新兴产业和未来产业需要的数智技术与能源化工行业融合创新高地。要进一步深化"两化"融合的规律性认识，加快数智技术研发成果转化应用，充分利用数字技术推动管理变革，形成新质生产力。

三、"海弘"高端完井工具"智慧工厂"建成投产

2024年6月20日，我国自主建设的海洋油气高端完井工具"智慧工厂"在天津投产，这是我国油气行业首个完井工具制造的智能化、柔性化整装基地，投产后将用于"海弘"完井工具的智能化生产（图4-1）。标志着我国高端海洋完井工具制造产业全面走向智能化，对提高复杂构造油气田生产效率、缩短油气田建设时间、延长油气田开采寿命具有重要意义。

完井是油气钻井作业的最后环节，是确保油气顺利流出地下岩层、输送至地面采集的关键工程技术。完井工具能够根据油气层地质特性，在井底建立油气层与油气井井口之间的连通渠道，实现油气田安全、高效生产。中国海油自主研发的"海弘"高端完井系统攻克了特种橡胶材料、高压气密结构、极端环境工具可靠性等一批关键核心技术，形成的

新制造、新产品、新服务，可覆盖海上油气田全部完井技术需求，已在国内海陆油气层，以及东南亚、中东、北美、中亚等海外区域实现规模应用，产品技术指标达到国际先进水平。

图 4-1 "智慧工厂"生产线现场

在渤海稠油开采过程中，"海弘"完井工具在 350℃、21 兆帕的高温高压环境下，经受了 8 个轮次冷热交变的考验，产品性能可靠、应用效果优良。"海弘"完井工具智慧工厂的投产，能够大幅提升高端完井工具自主化生产能力，为深水深层、高温高压等复杂油气藏的高效开发提供保障。

完井工具具有井下长期工作可靠性要求高、应用场景多样化、定制化需求多等特点，给高端完井工具的产业化发展带来了挑战。中国海油通过多年制造工艺技术积累，自主设计建造了多种生产专用设备，开发了数百种上千道自动化运行程序，打造了完井工具智慧工厂，集成了重载高精定位、多维传感融合、视觉识别自动捕捉等多项关键技术，能够满足多种完井工具的自动化、定制化生产。

四、录井大数据智能解释系统成功开发

2024 年 6 月 20 日，西部钻探地质研究院历经 2 年攻关研发、半年测试优化，成功开发国内首套录井大数据智能解释系统。完成了 6 口井的随钻解释应用，单井解释时间缩短 60%，大幅提高了录井的油气解释效率。

录井大数据智能解释系统涵盖数据治理、智能算法、AI 模型管理、常规图版管理、随钻录井解释、智能搜索等六大功能模块，具有一键式解释模型构建、迭代优化与调用、快速生成随钻录井智能解释报告等优点，便于数据的挖掘、提取及规律总结，实现录井油气解释标准化、自动化、智能化，且具备区域普适性。

目前，该系统已上传新疆油田 3000 余口井的数据，汇聚气测、岩屑、钻井液性能、钻井工程等 18 项单项录井技术采集数据及派生的 600 余项参数，形成录井数据子湖，集成 2 套自研录井油气智能解释模型，完成近 5000 层油气智能解释，构建常规录井解释图版 37

个。技术人员利用该系统对2023年新疆油田已试油井进行智能解释准确率测试，准确率较传统解释提高11%。

五、"氢代油"绿色钻井示范工程启动运行

2024年12月16日，由长庆油田联合宝鸡石油机械有限责任公司、川庆钻探工程有限公司开展的国内首个"氢代油"绿色钻井示范工程在长庆油田第一采气厂开工。这标志着中国石油氢能业务链在用氢技术领域实现新的突破，对实现油气田全过程降碳目标、开拓用氢场景具有重要意义。

示范工程采用一套1.5兆瓦氢能电站，进行三口井全过程"氢代油"钻井作业，预计减少柴油用量192吨，碳减排量达543吨。将氢气高效转化为电能的同时，氢能热电联供装置配置了尾排回收系统，发电过程中产生的余热和水，可以为现场作业人员供热和提供生活用水，实现能源的高效综合利用。同时，该装置采用模块化设计，内部燃料电池基础发电单元、电气设备和散热设备实现了高度集成，体积相当于一个集装箱大小，可灵活搬运。此外，该装置构建了离网式电站混合动力系统构型，可实现与网电、传统燃油燃气发电机组同步并网和功率最优分配。试验期间，长庆油田联合宝石电气设备有限责任公司开展响应功率、瞬时功率等系列测试研究工作，系统分析氢能电站的稳定性、适用性、安全性、经济性及运维管理模式，积累氢能电站供能大型作业的实践经验，为油气田绿色产能建设提供新的解决方案。

该氢能热电联供装置是国内首套1.5兆瓦一体化橇装式氢能热—电—水三联供装置（图4-2），由中国石油宝石机械与重塑能源合作开发。产品最大净输出功率超过1500千瓦，工作环境温度可达-30~50℃，基础发电单元设计寿命超过40000小时，支持2000米高海拔工况运行，具有能量转换效率高、功率响应速度快、零碳无污染、安全高效等显著优势，各项技术指标均达到国内先进水平。

图4-2 一体化橇装式氢能热—电—水三联供装置作业现场

六、数据驱动实现远程数控打井

2024年3月，中原油田组织技术专家在河南濮阳本部远程控制千里之外的普光气田钻井作业，首次实现钻、测、录、定及压裂业务的数据实时传输、线上综合研究和远程协同指挥。

中原油田充分发挥数据驱动作用，按照"数据＋平台＋应用"的新模式，将以前的小、众、散软件整合集成，统一入口，建设数据资源中心和覆盖生产运行、科研协同、经营管理、综合管理四位一体的数据平台，数字化水平快速跃升。

中原油田围绕提升信息化水平开展数据治理，以"源头唯一、数出一处"为原则，加快油田数据中心建设，支撑相关业务系统的稳定运行。治理数据的目的在于深挖数据价值。信息化改造后，全油田3000多口抽油机井的示功图每半小时即可采集一次，由此产生了海量数据，为构建大模型提供了数据样本支撑。中原油田组织科研人员开展研究，寻找规律、发现规律，建立抽油机故障特征库，形成抽油机工况智能诊断技术，实现6类故障的预报警，及时将问题解决在萌芽阶段，为提高生产时率和设备安全管理提供了技术支持。科研人员通过分析大量的历史数据，开发注采指标智能分析软件，实现智能化配产配注，为油藏精细管理提供支撑。

为提高网络安全管理水平和信息技术防护能力、保障信息化基础设施和信息系统安全可靠运行，中原油田加强安全机制与应用系统建设的融合，将安全内植于开发和运营过程中，提升应用系统内生安全能力。针对生产单位办公和生产混网传输等网络安全管理问题，提出"生产数据不混网，工控数据严出厂"的网络安全防护原则，建立立体生产专网架构，形成纵深防御体系，生产网络安全防护能力明显增强。

七、页岩油气勘探开发装备制造中试基地揭牌

2024年4月14日，中石化页岩油气勘探开发装备制造中试基地揭牌仪式在中石化石油机械股份有限公司举行。该基地以"页岩油气富集机理与高效开发全国重点实验室"为基石，助力国家大规模页岩油气开发装备高端化、智能化、绿色化。

中国石化在页岩油气基础理论和关键技术领域，取得了令人瞩目的成就。在国家科技部和国资委的精心指导下，该实验室于2023年成功通过了国家科技部的重组评估，正式更名为"页岩油气富集机理与高效开发全国重点实验室"。经石油勘探开发研究院的精心策划，深入调研和周密部署，将建设四川海相页岩气、四川陆相页岩油气、苏北页岩油等四大勘探开发实验示范基地，以及一个页岩油气勘探开发装备制造中试基地。

该中试基地建设，将建成大功率电动压裂泵试验中心、超硬材料实验室、压缩机综合性能模拟试验平台等机构，使基地具备较为完整的设计计算、仿真分析、试验验证等功能。

八、深水地震勘探采集水下机器人投入应用

2024年11月，由中国石油东方物探公司海洋物探分公司2275队承担的西非几内亚湾某区块四维深水水下机器人（ROV OBN）地震勘探采集项目顺利收官（图4-3）。

该项目是东方物探涉足深水 ROV OBN 国际勘探市场以来高效完成的第三个项目，工区最大水深超过1500米，通过操控 ROV OBN 实现无须下水就能探测海底的技术手段，实现了东方物探在海洋勘探方面从过渡带到浅水再到深水的全覆盖，彰显了东方物探在深水勘探领域的综合实力。

图4-3 深水地震勘探采集作业现场

九、油气勘探智能节点采集系统国际领先

2024年7月18日，中国石化石油物探技术研究院主导完成的成果通过鉴定。经鉴定委员会认定，该成果有效解决了当前地震全节点采集生产中的实时数据传输难题，填补了油气勘探野外施工无控盲采的技术空白，推动了新一代无线通信技术在地震采集行业中的发展，整体技术达到国际领先水平。

该成果针对现阶段全节点采集实时数据传输和质控手段的难题，依托国家重大专项、中国石化集团公司重点科技项目，开展智能节点采集装备、地震信号实时传输与同步等关键技术的协同攻关与实践，研制了全球首款基于5G的智能节点仪，研发了基于5G通信的地震采集施工软件、面向野外采集的5G组网技术，通过18个工区的野外生产试验与应用，提出了高效实时回传数据的增量式品质定量分析技术、智能节点采集系统对有缆监测线的全面替代技术。

该项成果在南方山地、东部平原、东北极寒地区等20多个三维采集项目的全面应用，实现了当前地震全节点采集生产中的"即见即所得"，填补了油气勘探领域野外施工无控盲采的技术空白，推动了新一代无线通信技术在地震采集行业中的应用。

地震数据采集是地震勘探业务流程不可或缺的基础环节，节点地震仪实现了对地球震动信号的分布式、高精度、数字化感知与记录存储，而5G智能节点地震仪更进一步实现了地震信号观测的实时远程感知、监控与数据传输。

Smart Point 5G智能节点地震仪目前已迭代到2.0版，质量较第一代减轻了1/4，仅为1.2千克，体积也缩小了一半，大幅提高了便携性和易布设性，能进一步减少人员和车辆投入，提高物探采集施工效率（图4-4）。第二代节点仪由两块板卡减少到1块、主板布线从3层增加到6层，同时保留了5G现场实时数据回传、巡检、参数配置、远程唤醒等原有的全部功能，集成化程度更高、可靠性更强，进一步提高了可靠性和环境适应能力。第二代节点仪在数据传输效率不降低的情况下，在线功耗降低了25毫瓦，而且通过重新制定电源管理策略，整体功耗也实现了大幅下降，仅用8节18650型号的锂电池就能达到25天的分时续航时间，提高了在复杂野外环境的连续施工能力。第一代节点仪使用"BDS+GPS+QZSS"天线，第二代节点仪则使用了面积更大、干扰更小的定制化多频段天线，有效提高了天线增益强度、天线空间信号强度分布和辐射模式均匀性、天线与传输线的阻抗匹配程度，并扩大了天线有效工作频率范围。更优的天线参数，更有利于提高5G传输的稳定性和复杂施工环境的适应能力（图4-5）。

图4-4　Smart Point 5G智能节点采集系统应用现场

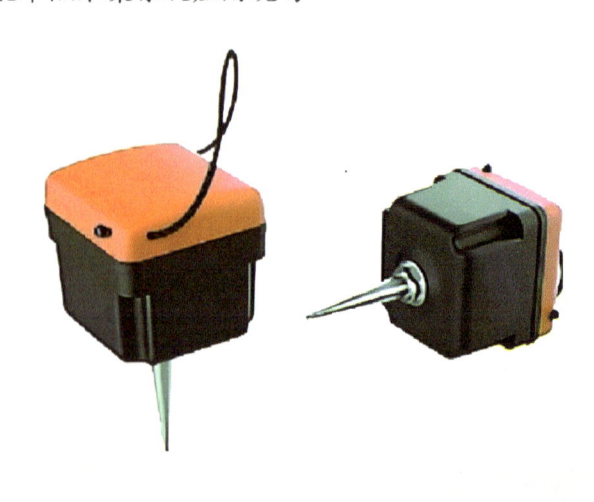

a. Smart Point智能节点地震仪（第一代）　　　b. Smart Point智能节点地震仪（第二代）

图4-5　Smart Point 5G智能节点采集系统

截至 2024 年 5 月，第二代 5G 节点仪已完成了 1.5 万道生产，7 个月内在野外完成了 6 个以上项目的实时质控试验，与之前的采集流程相比，在特定探区获得完整数据所需的质控时间缩短了 3~4 周。

地震勘探仪器经过了从光点地震仪、模拟地震仪到数字地震仪的发展历程，而数字地震仪则从有线地震仪、无线遥测地震仪发展到节点地震仪。节点地震仪的发展将地震勘探数据采集从有线时代带入无线时代，显著提高了地震勘探对山地、城镇等复杂地表条件与人居环境的适应性和灵活性，满足了油气地震勘探向大规模、高密度、宽方位（全方位）、高精度、高效率、低成本、绿色化发展的技术要求，降低了野外作业的劳动强度和用工量，提升了地震勘探生产效率和野外作业的 HSE 水平，是地震勘探技术的一次重大变革，已经在能源与矿产资源勘探、工程勘察、防灾减灾、重大工程安全监测、城市地下空间探测、地球科学研究等领域得到了广泛应用。

节点地震勘探技术发展不仅仅是地震勘探仪器的变革，同时也伴随着地震数据采集模式、数据处理模式和数据应用模式的变革。节点地震仪的应用使得地震勘探数据采集模式实现了从集中式向分布式转变，将促进地震勘探野外作业流程和施工管理模式的优化与变革。节点分布式地震数据采集模式正向着长时间连续观测、主动源与被动源融合采集、密集采集与稀疏采集共存、实时监控与实时回传、节点布设与回收自动化辅助等方向发展。节点地震数据处理模式将向着自动化处理流程和智能化分析等方向发展，需要有相应的主动源与被动源地震数据处理、非规则观测系统地震数据处理功能的支持。增量式数据处理功能和处理流程的创新将建立全新的增量式地震数据处理模式，在某些应用场景下这种增量式地震数据处理可以按实时和自动化流程模式开展。节点地震数据应用模式将向着应用领域与应用场景多样化、地震数据采集处理解释软硬件系统一体化、被动源环境噪声信息深度应用、主动源与被动源信号融合应用等方向发展。

十、石油工程井场数据智汇盒（ICDB）通过鉴定

2024 年 2 月 28 日，胜利石油工程公司自主研制的石油工程井场数据智汇盒（ICDB）通过产品鉴定。与会专家组成员一致认为：该产品实现了石油工程现场各业务数据的统一采集、汇聚及应用，市场推广前景广阔，整体技术性能达到国内领先水平。

石油工程井场数据智汇盒（ICDB）是一套集数据采集、汇聚、存储、传输及现场应用为一体的数智化产品，实现钻井工程、钻井液、气测、定向、固井、压裂、试油气、带压下油管等八大类 212 项石油工程业务智能管控（IPPE）所需数据的全面采集汇聚，集成装备 MRO（维护、维修、运行）、智能坐岗、钻井液性能在线监测等 7 个现场应用系统，覆盖 1139 项工程数据，实现了钻完井及井下作业全链条现场数据的汇聚应用，攻关突

破了数据高频低延迟多路分发、数据定制化续传、高稳定性数据微处理、井场多协议类型通信及扩展等技术，可同时支撑 IPPE 及石油工程应用需求，开创了上游数据统采共享新模式。

十一、国产化光纤数据采集系统完成海上首次应用

2024 年 10 月 6 日，中油测井天津分公司 C2280 作业队使用中油测井自主研发的光纤数据采集系统，在渤海南部海域成功完成水平井注入剖面光纤测井，实现了自研光纤采集系统在海上的首次应用。

本次使用的光纤数据采集系统由中油测井自主研发，包含高精度分布式光纤温度监测系统（hiDTS）、分布式光纤声波监测系统（hiDAS）等重要组成部分，适用于产出注入剖面、储气库找漏、CCUS 监测、压裂监测、地震剖面等油气及新能源建设监控领域。其中，hiDTS 采用模块化设计，具有高速微弱信号处理技术优势，可实现 0.5 米采样分辨率，具有双端校正功能；hiDAS 主要测量全井筒各频段的振动信息，具有探测精度高、稳定性强等特征，技术指标达到国内领先水平。

该井生产层水平段跨度较大，井斜超过 90 度，注水温度高、注入量大、井下管柱结构复杂，光纤测试系统高效完成地面系统调试、光纤参数调整、实时数据分析、注入制度切换节点控制等关键工作，历时 3 天录取了井下温度和声波的动态数据，为后续开采方案的调整提供了依据，也为该型系统的应用推广积累了经验。

十二、石油机械数智化生产线上线运行

2024 年 4 月 25 日，中国石化机械四机赛瓦公司（以下简称四机赛瓦公司）举行数智化生产线上线仪式，建设两年多的数智化生产线正式投入使用（图 4-6）。

图 4-6 数智化生产线开工现场

该公司数智化生产线凭借智能制造、数字制造、柔性制造的生产技术和手段，以 MS（CAPP/MES 工艺制造一体化）系统为控制平台，包括泵类产品 FMS 柔性生产线、易损件自动化生产线、焊接自动生产线、智能立体仓储、智能物流 AGV 等。生产效率相比传统生产线，产品合格率提升至 99% 以上，企业生产成本节约 15% 以上，生产效率提升 30%，现场作业人员整体同比减少 15%，实现从"制造"向"智造"的快速转型。

四机赛瓦公司从成立之初的 1~2 台机床，发展到 5 条数智化生产线正式启动，充分发挥合资平台优势，在产品研发、经营创效、精益管理等方面都取得了不俗业绩，数智化生产线的应用成效在市场响应、生产提速、产品提质、经营提效等诸多环节逐步显现，对提升整体生产制造能力、加快形成新质生产力、实现自身高质量发展提供了有力支撑，并将在"锚定一流目标，实施两大战略，建设三型企业，向超百亿奋斗"的长期发展思路指引下，以打造"智慧工厂"为目标，实现 SDMS、CAPP、FMS 线、立库、AGV 小车等生产系统数据的共享、互联互通，以"智能制造"提升"质量效益"，发展超高精制造技术，带动生产效率和产品质量全面提升。

十三、海洋油气装备"智能工厂"全面投产

2024 年 10 月 30 日，随着渤中 19-6 气田二期开发项目导管架钢桩点火动工，中国海洋石油集团海油工程天津智能制造基地制管作业线全面投产。

海油工程天津智能制造基地重点发展海洋油气平台、液化天然气模块等高端油气装备，致力于打造集海洋工程智能制造、油气田运维智慧保障及海工技术创新研发平台等于一体的综合性基地。基地占地面积约 57.5 万平方米，核心设施包括四个智能生产车间、八个生产辅助中心、十六个总装工位、设计年产能 8.8 万吨，拥有最大可停靠 30 万吨级船舶、浮体的优质码头资源。

传统海洋油气装备制造具有产品类型多、制造工序长、定制化比例大、标准化程度低等特点，各生产环节数据碎片化现象严重，实现智能化难度大，成为制约行业质量效率提升的一大瓶颈。基地研发了国内首个海洋油气装备一体化智能制造管理平台，投入先进智能生产设备 600 余台套，实现从生产管控、车间制造到厂区管理的全流程智能化。应用海绵工厂水循环、光伏发电、智能废气治理等十多项绿色低碳先进技术，为推动制造业智能化、绿色化发展提供了可复制、可推广的模式。

大型海洋结构卷管焊接是世界级难题，对制造稳定性提出很高要求。基地新建成我国首条海洋平台钢结构管全流程自动化生产线，实现上料、切割、卷制、组对、打磨和焊接等车间预制流程的智能化。通过使用数字化管理系统和智能化设备，加工精度可以控制在 2 毫米以内，人员投入较以往减少约 20%，一次焊接合格率达到 99.9%。

此前，基地一期工程于2022年6月投入运营，攻克了10项"行业首次"技术，通过信息化数字管理系统的应用及智能化生产装备提升，打破传统海洋油气装备制造业的数据孤岛。一期工程投用以来，海油工程天津智能制造基地已完成35座海洋平台建造，累计出货超过8.7万吨，生产线整体工效提升近20%，总装场地效率提升30%以上，有力推动我国海洋装备制造从传统"人力"模式向现代化"智能工厂"跨越；基地二期工程于2023年7月启动，经过15个月建设，新增制管作业车间、总装场地出运通道及码头等关键设施。基地全面投产后，补全了我国海洋油气装备智能制造的产业链条，生产能力可实现翻番。

2024年12月17日，中国海油首个油套管智能工厂在天津竣工，产能可达到6万吨/年，创新设计研制的螺纹智能清洁、修磨工艺制程，可同步处理螺纹端部、根部、黑皮螺纹等修磨难点并进行吹扫清洗，全部作业过程无需人工介入，能满足各类特殊螺纹油套管产品的高质量制造要求。

该生产线应用油套管数字化信创化云边融合智能制造运营管理平台、特殊螺纹自适应智能检测装备、螺纹智能清洁修磨装备等，装备了国内首台套覆盖全尺寸规格的套管原料和成品协同管理智能立库、国内首台套管端螺纹智能修磨机、国内首台套高效横移辅机和柔性桁架机械手的地空协同钢管搬运装置等，推进了数字化、智能化制造技术在油套管制造业的集成应用，特别是针对自主可控装备及工业软件，进行了多模式的集成创新应用（图4-7）。

图4-7 油套管智能工厂生产线

十四、压裂远程决策支持平台推广应用

压裂施工作业具有风险高、难度大、成本高的特点。为了确保压裂施工的安全和效果，通常由技术人员经过现场勘察，结合专家个人经验，做出动态调整方案。中国石油集团的

"数字赋能助力压裂提速提效"行动，实现了采用压裂远程智能决策平台及智慧压裂等数字化智能化手段，解决现场技术人员不足、效率低等问题。

在长庆油田，压裂远程决策平台作为规模应用的智能压裂平台基于专家团队的集体智慧，"量身定制"个性化"身体健康管理"方案，将压裂技术人员"一人一车一井"的服务模式，创新发展为"远程监控、智能决策、协同办公"的技术支撑新模式，大幅提高了工作效率和解决问题的准确性。平台通过四大场景、11个模块，密切关注油井的"身体状况"，实时、精确对其"把脉问诊"，提出优化方案，正确率可达92%以上。针对油井可能存在的坐封效果不佳、井底脱砂等各类"病情"，可实现远程在线实时发现并予以解决，为加大压裂工程技术支撑力度、提高支撑时效、及时优化压裂方案提供了有力保障。该平台自2019年开始应用至今，已推广应用超万口井，累计产油量提高10%，在节约人力物力的同时，助力压裂效益提升（图4-8）。

图4-8 压裂远程实时监测系统作业现场

在新疆油田，远程技术研究团队利用数字技术、研究成果和专家经验，历时两年，高效建成了压裂远程实时监测系统，实现了所有正压裂井施工曲线、施工数据、现场视频的实时传输和回放，建立了砂堵、桥塞失效、暂堵失效、压窜邻井、压遇天然裂缝、超限压共六种复杂工况风险的实时报警功能。2024年，压裂远程监测系统已累计监测水平井压裂311口5988级，施工复杂预警762次，报警准确率达80%以上，有效保障了水平井压裂作业施工质量，压裂效率提高5%以上。

2024年4月15日，新疆油田RDC一体化平台实现压裂现场视频远程传输，通过视频监控实时查看压裂现场输砂装置砂斗、装砂区、混砂车干添区、高压区等6个关键区域、关键设备、关键入井材料的运行情况，及时提出预警和参数优化建议，对施工符合率、压力、质量等进行综合评价，有效实现压中监管、压后分析。系统可满足管理人员、科研人员、生产人员业务需求，实现了科研跟踪、生产管理与现场施工有效协同，通过"施工数据+现场视频"进行全过程跟踪监测，1名技术人员可同时监测5口井，较现场跟踪模式工作效率提升5倍以上，有效提高了压裂施工质量，减少了施工复杂风险，降低了压裂作业成本和人力资源，实现了压裂现场"施工数据+现场视频"远程监测闭环管理，丰富完善了压裂远程监测技术，实现了对现场施工质量和安全管控的有效支撑，标志着新疆油田压裂远程监测技术向数字化转型、智能化发展迈出了关键一步。

2024年7月30日，由西部钻探实施的首例远程压裂施工作业在新疆智慧油田955393井获得成功。试验井共计压裂两层，总液量达746.8立方米，全程应用远程压裂施工作业技术。在近5个小时的施工作业中，西部钻探井下作业公司（储层改造研究中心）压裂六队累计加砂90.29立方米、泵入液量723立方米，经测试各项参数均达到设计指标。西部钻探井下作业公司（储层改造研究中心）EISC远程支持中心距离井场43千米，7月30日13时56分，EISC远程支持中心顺利接收控制权。施工指挥、设计人员、泵控操作手、混砂操作手、仪表操作手在EISC远程支持中心实施远程控制，整个施工作业的各个岗位密切配合，加砂、泵液无差别地抵达目标油层，测试应答良好，压裂液泵入位置精准，泵入顺利。

在海外压裂作业现场，由杰瑞装备与中石油西部钻探井下作业公司联合开发的雪豹"一键"压裂控制系统成功实现了"施工数据+现场视频"的远程传送和国内监测闭环管理，实现了与现场中控室实时数据交互。通过远程控制，现场监护，远程压裂施工。雪豹"一键"压裂控制系统以工业DCS控制技术为基础，AI智能技术为核心，将现场各类设备在空间上横向关联，在工艺上纵向串联，加速工厂化压裂向无人化、智能化、可视化方向发展。该套系统在双井平台成功应用，单井操作手由之前的8人降至3人，操作人员与高压区彻底隔离，安全性大大提升。中控室可精准控制现场所有设备，仪表岗实现了泵注、仪表、管汇操控三合一；操作岗实现了混砂、输砂、混配、液罐操控四合一，实施远程一键自检、一键供液、一键启停，压裂整体效率提升18%。

十五、智能化全电动压裂成熟运行

2024年6月，在涪陵页岩气田焦页5扩平台的控制室"智慧大脑"压裂主控平台上，主压区、混砂区、液罐区等区域12台5000型电动压裂橇、8个变频房通过各种高、低压管线相连，进行"静音模式"的电驱压裂施工，标志着国内页岩气电驱压裂正式步入"一键联动"智能时代。

在国家能源战略的指引下，江汉石油工程井下测试公司（以下简称井下测试公司）2020年引进中国石化第一代单机双泵5500型电驱压裂橇，并在涪陵工区开展全电驱平台压裂试验并获得成功，拉开了从柴驱到电驱压裂的时代大幕。该系统由江汉油田、江汉石油工程和石化机械四机公司共同攻关、自主研制，是石化油服成立十周年页岩气高效压裂技术之一，在涪陵页岩气绿色高效开发中发挥了关键作用，引领了国内工厂化压裂技术发展。

随着技术装备的升级，井下测试公司组织专班技术人员，先后攻克了变频房升温快、输砂装置不稳定、远控阀门响应慢等多项技术瓶颈，推敲数十种方案、改进30多种措施、编程数万行代码和无数次功能测试，联合攻关完成了国内首套、具有自主知识产权的"智能化全电驱压裂系统"，电驱压裂在江汉井下测试压裂现场进入成熟化运行。

该系统在焦页11东平台应用，相比传统压裂，电驱压裂平均6.2段/天（单日最多压裂9段），能源消耗降低29%，现场人员减少40%，噪声降低40%，占地面积减少23%，整体运行效率提高148%，全面实现零碳排放、低噪声。

随着页岩气的大规模开发，井下测试公司先后开展自动输砂装置、远程泄压装置、低压自动供液系统等电驱压裂装备成熟配套应用，实现了24小时连续压裂施工，施工效率实现质的飞跃，创单机组单日最高压裂9段施工纪录，实现24台电驱压裂橇同时施工的盛况，形成了中国石化系统内最大规模的电驱压裂装备集群化管理。电驱压裂使用以来，井下测试公司累计减少碳排放近2万吨。

井下测试公司着力推动技术工艺和软件系统领跑，探索构建了新型"人机互动+精准定位+智能协同"运行管理模式，实现了井场高压电监测与预警、压裂流程监测、压裂参数控制模块、数据采集及传输和视频监控等五大功能的应用，在国内率先形成页岩气全电动压裂提速提效"V3.0技术"，实现从低压供液到高压泵注"一键联动"全自动化压裂，智能化达到国内领先（图4-9）。

图4-9 电驱压裂操作平台

十六、潜油电泵智能生产线建成投产

渤海石油装备集团建设投产具备国内先进水平的潜油电泵智能生产线（图4-10）。该生产线采用多套智能化设备，实现了潜油电泵生产制造关键工序的自动化、智能化，提升了潜油电泵产品的研发设计、生产制造、检测试验、远程服务等诸多环节的效率和水平，提高生产自动化程度达50%，提高产品装配精度达35%，实现了从传统"制造"向高端"智造"的升级转型。

潜油电泵通过井下潜油电机带动离心泵高速旋转，将原油从油井底部举升到地面，是一种用于石油开采的重要人工举升设备，也是各大油田实现高产稳产的主要手段之一。此前，国内电泵的生产制造大多以人工操作为主，生产效率低、制造精度差、产品质量控制难度大。

图 4-10 潜油电泵智能生产线

智能生产线的建设，进行了潜油电泵关键制造工序的升级，实现了潜油电泵生产制造工艺流程的再造，大幅提升了生产效率。其中电泵配件实现了自动化清洗烘干，为国内同行业首次规模化应用；叶导轮止推垫实现机器人全自动安装，生产效率提升30%以上；行业内首次实现细长轴类智能化校直，研发的专利技术，全面实现了校直工序的自动化、智能化，系统能够通过智能自学习模型自主稳定校直精度并逐步提升效率，整体校直精度提升20%以上。自动化设备的应用，提高了生产线的自动化水平，提升了产品质量稳定性，创造了良好的经济效益。全面升级的电泵试验系统是目前国内最先进的潜油电泵试验系统。可实现潜油电泵、潜油螺杆泵的出厂和型式试验，试验与检测能力提升50%；具备永磁电机试验、350℃以上高温井况模拟、井斜模拟等试验检测能力。

建设了中国石油潜油电泵远程智能支持服务中心（图4-11），引入大数据、云计算和人工智能技术，能够实现油田现场电泵运行状态的实时监测、基于大数据的实时智能诊断分析，将生产信息与现场应用信息无缝衔接，为用户提供更智能的一体化服务；所有运行数据上传至中国石油数据中心统一进行管理和防护，确保了数据安全，实现了服务支持智能化。

渤海石油装备集团以潜油电泵智能生产线建设为切入点，把握制造业与服务业"两业融合"、工业化与信息化"两化融合"的大趋势，瞄准数字制造、智能制造、高端制造总目标，积极打造"国内领先、国际一流"的，以绿色、低碳、环保为核心的产销服综合性装备企业，潜油电泵产品已成为具备国际较强竞争力的利器，远销国内外油田。

图 4-11 潜油电泵远程智能支持服务中心

十七、数字化连续管装备自动巡航模式成功应用

2024年10月,由中国石油工程技术研究院江汉机械研究所自主研发的数字化连续管装备自动巡航模式在川庆钻探井下作业公司成功应用(图4-12),累计起下管首次超过10万米,标志着国内连续管装备在数字化建设方面取得突破性进展。

随着页岩气勘探开发不断向更深地层推进,深井及超深井数量显著增加,作业周期大幅延长。长周期的作业加剧了作业人员的劳动强度,进一步加大了安全风险。江汉机械研究所经多方调研论证,自主研制了新一代LG680/60-7000车装自动化连续管作业机,创新自动巡航模式,构建了基于多变量闭环运算的注入头自动调速系统,可实现井身结构自适应一键巡航、负载反馈闭环自适应控制,有效解决了现有连续管装备在山地丘陵地区运输难、下入能力不足、自动化程度低、作业风险高等问题。该项技术目前已达到国内先进水平。

图4-12 数字化连续管装备作业现场

十八、油气管道智能化站场加快建设

2024年,西部管道公司(以下简称公司)的油气管道智能化站场建设加快推进,其智能化水平快速提升,站场功能日益完善。

一是"超级大脑"变革运维管理(图4-13)。站场控制系统是站场的大脑,通过预先编制的控制程序实现现场设备的远程控制及运行状态实时监测。随着对控制程序的不断升级,站场自动控制水平持续提升,"一键启停""自动分输""自动切换"等目标控制功能得到广泛应用。调度人员的远程操作工作量和现场人员的就地操作确认工作量均大幅缩减,误操作风险得到有效管控,推动了运维管理模式变革。

图4-13 智能化站场操作平台

随着"超级大脑"功能的不断完善，自动联锁逻辑能够保障油气管道运行稳定、可靠，公司所辖管道已全面实现远程集中调控和集中统一监视，作业区（站场）负责日常巡检、故障处理和维护检修工作，助推公司初步形成"集中调控、智能监视、专业巡检、预防维修、无人操作、有人应急"的"运检维一体化"高效运维体系。

二是"电子触角"优化巡检方式。未来站场，既要有"超级大脑"，也要有完善的"电子触角"，对油气管道站场阀室进行全面感知。激光云台可燃气体探测器的使用，可以连续扫描检测现场有无可燃气体泄漏，代替以前员工带着手持式检测器一天多次去现场巡检的方式，有效减轻站场人工巡检工作量。西部管道公司积极探索、广泛调研，采用先试点、后推广的方式，选择压缩机厂房增补激光对射式可燃气体探测器、管沟增补红外点式可燃气体探测器、露天区域增加激光云台式可燃气体探测器的技术路线，分批分年推进，已完成公司所辖全部 58 座天然气站场可燃气体泄漏监测设备安装调试并投入运行，实现了天然气站场可燃气体泄漏监测的全覆盖和不间断。助推公司将 73 座站场"1+3"巡检优化为"1+1"或"1+2"模式，作业区巡检工时平均减少了约 67.5 小时/月。相比传统的人工巡检，明显降低了站场人员巡检工作强度，提升了天然气站场安全预警能力，有力推动了巡检制度的变革。

三是远程诊断助力预防维修（图 4-14）。公司充分利用管道自建光缆资源，补充租赁公网电路，开辟了独立于工控网络的生产运维支撑专网，独立于生产控制网和办公网建设，为集中监视及各类诊断系统建设提供业务传输的支持和保障。在集中监视系统建成运行的

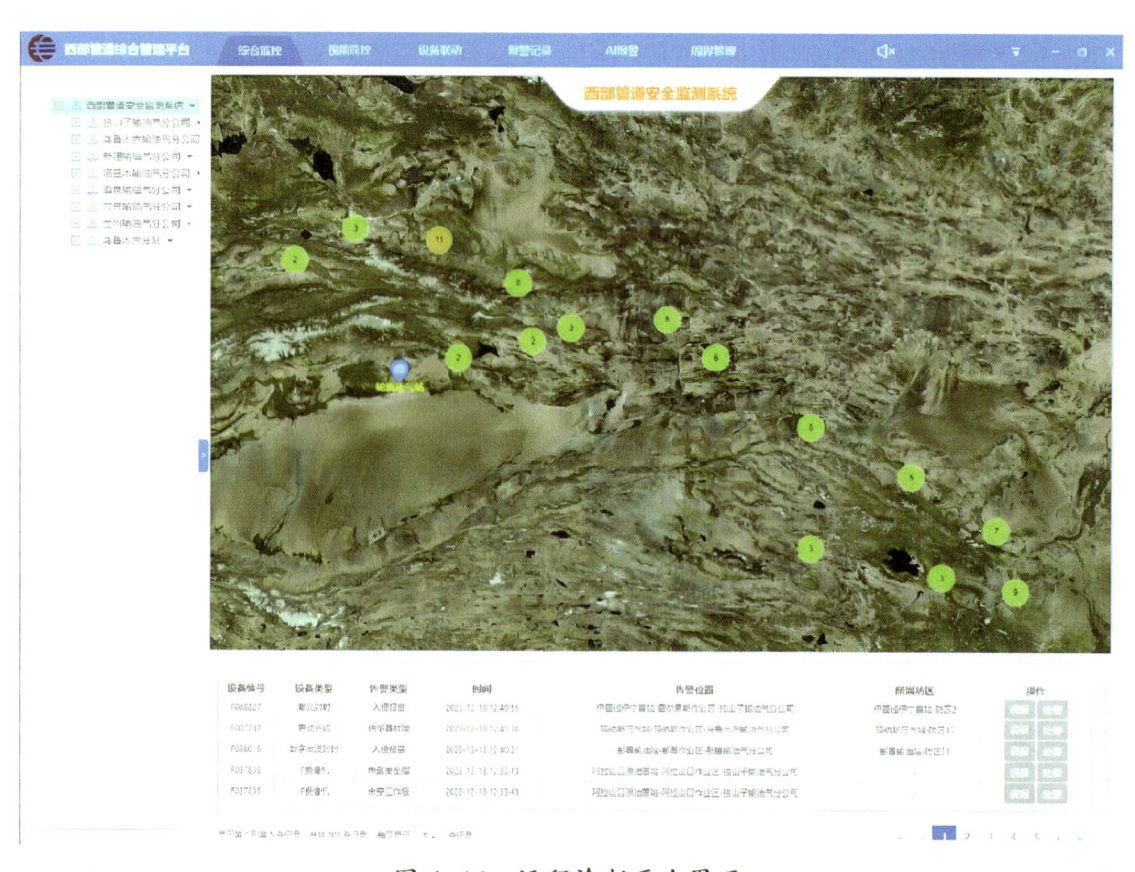

图 4-14 远程诊断平台界面

基础上，陆续承载了压缩机、变频电机、流量计、电气远程监视、视频综合安防、工控网络安全等业务传输，为公司本部对所辖站场关键设备远程诊断信息的集中监视和分析提供网络基础，促进关键设备专业化运维水平及预知预测预警能力提升。

四是电气远程监视平台（图4-15）。在全面监视、配备综保系统的10千伏及以上变电所设备的基础上，进一步拓展增加了综合智能告警功能、故障智能研判功能、故障视频联动功能及外电线路可视化展示等，预留了在线监测、故障录波、辅助信息监测等功能，为智能变电站建设预留扩展接口。

图4-15 图像监控分析平台界面

五是计量远程诊断平台实现了对计量设施集中监视、报警预警和远程运维。振动在线监测诊断平台实现了公司154台离心压缩机组的振动数据监测，可在线开展振动趋势、图谱等远程诊断；大功率变频器远程监视与维护诊断平台实现了45台电驱压缩机组和10台输油泵机组大功率变频器运行参数监测，可开展在线数据分析、故障诊断和远程技术支持；燃机预测诊断与健康管理平台以霍尔果斯首站（8台GE机组）和轮南首站（4台RR机组，1台GE机组）为试点，开发了燃机气路性能分析及机组故障诊断、振动监测及故障诊断、寿命管理系统等模块，为后期开展燃驱压缩机组故障预测、视情维修和健康管理提供数据支撑。

六是智能分析让视频监控提质。公司从业务管理需求出发，引进智能分析提升安全防范，逐步完成了工业电视系统"调控中心—作业区—站场"三级构架搭建、工业电视系统与周界安防系统整合、视频监控系统升级改造，建成了公司综合安防平台，满足地方公安与安监部门及公司调度监控中心对输油气站场的高清监控需求，具备了智能化算法应用的硬件基础。公司开展基于工业视频系统的站场油气泄漏检测技术研究，部署AI智能可视镜像分析服务器，提取站场高清摄像机图像分析，进行泄漏监测行为识别，在安防综合平台整合并呈现告警信息，成功实现了对站场油气泄漏的远程监测及自动报警功能，结合现场安全管理需求，进一步拓展了AI分析算法部署，增加人员佩戴安全帽、劳保着装，以及人员倒地监测等场景识别算法，并实时推送至综合安防平台进行报警。目前已初步完成8个作业区的AI智能分析服务器部署试点，实现所辖13座油气站场的视频智能监测功能。

十九、中东井场数字化改造EPC项目正式授标

2024年11月5日，山东烟台杰瑞集团全资子公司杰瑞石油天然气工程有限公司获得阿布扎比国家石油公司陆上公司（ADNOC ONSHORE，简称"ADNOC"）关于井场数字化

改造 EPC 项目的正式授标，项目金额达 9.2 亿美元，约合人民币 65.55 亿元。该项目为杰瑞集团自 1999 年成立以来单笔项目金额的最高纪录，标志着杰瑞集团在油气行业数字化和智能化转型升级浪潮中处于领先地位，也是中国与阿联酋建交 40 周年之际，两国持续深化合作、携手实现高质量发展的里程碑事件。

ADNOC 是阿拉伯联合酋长国最大的石油公司，拥有已探明石油储量 1379 亿桶，位列全球第四。作为中东石油巨头，本次授标的 ADNOC 井场数字化改造项目将在其陆上 Bab、Bu Hasa，以及 South East 油田进行全面的数字化升级，杰瑞油气工程集团将在这些油田部署先进的远程感知和操作设备，通过远程监控系统、5G 通信技术和 AI 支持，提升油田管理效率和安全性。

本项目涉及 2000 余个油气生产井口设施及 40 余种不同类型的井场，整体改造预计将于 2027 年完成，是 ADNOC 迄今为止规模最大的一次油气井数字化升级改造项目。改造后，将彻底解决传统管理模式下高昂的维护和人力成本问题，打造成为中东地区智慧油田的标杆项目，加速井场数字化和运营自动化的发展，助力 ADNOC 成为世界上最具数智化能力的能源公司。

在能源转型的浪潮之中，传统油服企业纷纷强化其"能源科技"属性，油气行业数字化转型和智能化发展的大趋势已然明晰。作为国内民营油服企业，杰瑞油气工程集团通过数字化转型实现了提质降本增效，在全方位部署数字化道路上保持其市场领先地位。在全球首创智能输砂设备、世界首创双混合超大功率固井车、连续油管创亚洲最深下深纪录等技术成果的基础上，不断推动技术创新，满足产业智能化、无人化的行业需求。推出的世界首创的电驱智能连续管设备，在驱动方式、智能控制和人机交互方面做了跨越式创新，让号称"万能作业机"的连续油管设备迈入了新时代；推出的数字化集控指挥中心，是整个数字化压裂井场的决策和控制枢纽；指挥中心配备一键压裂系统，可实现混砂、混配、供液、供砂四大系统一键启动、协同作业，压裂整体效率可提升 18%；通过远程监控系统和 5G 通信技术，能够实现油气井场生产数据的实时传输、监控与深入分析，促进生产调度的优化，实现井场设备的精确控制。与西部钻探井下联合开发的雪豹"一键"压裂控制系统以工业 DCS 控制技术为基础，AI 智能技术为核心，将现场各类设备在空间上横向关联，在工艺上纵向串联，加速了工厂化压裂向无人化、智能化、可视化方向发展，改变了压裂行业的"指挥"模式，引领了行业的高质量发展。

二十、数字孪生智能乙烯工厂建成运行

2024 年 12 月 3 日，中国石化集团在中科炼化组织召开智能乙烯装置关键技术研发及工业应用验收会，与会专家组一致同意通过验收，标志着中国石化建成石化领域全球首个

数字孪生智能乙烯工厂，为乙烯装置智能化关键技术研发及工业应用树立了标杆，推动了石化产业智能化生态建设。

2021年8月，中国石化集团启动数字孪生智能乙烯工厂建设课题，选定中科炼化为组长单位，石化盈科、工程建设公司、安工院、北化院、中国中化天华院等为参与单位，共同承担课题攻关任务。先后突破了数字孪生智能乙烯工厂建设关键核心技术，攻克了核心工业软件国产化难题，研制了分析仪器仪表、在线监测电仪系统和巡检机器人等3类9种一体化智能设备，推动资源高效利用、生产控制优化、设备运行可靠。2024年4月，该项目在中科炼化全面上线运行，全面提升了乙烯装置智能化和安全环保水平，实现了乙烯生产安全提质增效。

二十一、"金睛"电子安全监督系统成功应用

2024年6月5日，中海油服钻井事业部自主研发的电子安全监督系统——"金睛"（图4-16，以下简称"金睛"）在海洋石油942平台首次成功应用，标志着我国海洋石油产业安全管理正式迈入数字化、智能化新时代。这一创新举措提升了作业安全管理水平，为行业的可持续发展奠定了坚实基础。

图4-16 "金睛"系统平台界面

"金睛"系统是一项集成了视频智能分析、人员定位等多项先进技术的钻井平台安全管理解决方案，能够实时捕捉作业现场的安全动态，通过智能算法对不安全行为进行精准识别，对潜在风险发出安全预警。该系统的启用，明显减少了对不安全行为和不安全状态的

人为干预力度，提高了工作效率，为安全生产提供了更加全面、及时、有效的保障。

"金睛"系统研发过程中，通过建立平台数字坐标系，定位精度达到0.1米，实现了数字化永久、临时（动态、静态）红区的全方位管理。这一技术的成功运用，使得安全管理更加精细化、精准化。同时，结合定位芯片内置加速度和位姿传感器，系统能够精准识别人员跌倒、高空坠落和落水等紧急状况，并立即发出报警，减少人员意外伤害的发生。电子安全监督系统构建了多场景不安全行为图谱数据库，通过深度学习和智能识别技术，能够准确识别PPE穿戴不规范、火灾、跑冒滴漏等9类场景下的26项安全隐患。这一创新不仅提高了安全管理的全面性和针对性，还使得安全隐患无处遁形，为安全生产筑起了一道坚固的防线。

"金睛"系统基于人工智能、视频AI识别和大数据统计等前沿技术，对平台上的不安全行为进行了全面定义和逻辑判定。通过平台端和陆地端的数据交互，将识别到的违章详情传输至陆地管理系统，并接入"智慧油服运营管理系统"，使得安全管理人员能够及时了解现场动态，做出有效应对，从而有效实现了安全管理人员"减负"，也为安全生产提供了更加有力的技术支持。此外，电子安全监督系统的应用，不仅提升了海上钻井平台的安全监管能力，而且有效提高了现场作业人员的安全意识和主动意识。

二十二、炼化装置泵群智能巡检机器人通过鉴定

2024年12月，中国石化集团组织专家对自主研发的炼化装置泵群智能巡检机器人（图4-17）进行科技成果鉴定。专家认为，湖南石化自主开发、行业首创的炼化装置泵群智能巡检机器人集导航、定位、避障功能于一体，具备自主智能移动巡检功能；通过多传感融合，机械臂智能点检作业，可全方位获取炼化装置机泵状态信息；集数据平台监控与状态诊断于一体，能实时排查故障，发出状态预警，有效代替人工巡检，提高巡检效率及生产安全管理水平，适用于各炼化装置泵群的巡检，将为石化行业带来较好的经济和社会效益，建议推广应用。该项成果将助力石化装置巡检的数字化转型和智能化升级，达到国内领先水平。

图4-17 智能巡检机器人工作现场

巡检机器人身高120厘米，体重175千克。机械臂上，数据采集仪、各类传感器、温度振动检测仪、防爆热成像摄像机、防爆无线充电模组等一应俱全。行走依靠四轮八驱、视觉辅助定位移动。依托这些高科技传感器，巡检机器人拥有"听、摸、查、看、嗅、比"多感官检测能力，可以对运行机泵和生产装置"望、闻、问、切"，同时对机泵运行的声音、振动、温度等多个运行指标实时"诊断"分析，确保机泵健康运行，机械臂对轴承箱测振测温，红外摄像监测设备对异常高温或泄漏着火实时监测报警，高保真拾音器检测机泵噪声，判断是否运行异常，实时监测有毒有害、易燃易爆气体泄漏。一轮巡检结束，自动回到全封闭防爆柜内无线充电。与此同时，它的大数据"心脏"与各个工作平台互联互通，将巡检得到的情况及运行轨迹，输送至智能巡检机器人控制室。各类报警信息与现场监测的关键数据在后台汇集，进行智能算法数据比对，分析设备运行状态。

石油化工属于高危行业，装置易燃易爆。其中，泵区机泵相当于炼化装置的"心脏"，负责将各种流体介质输送到不同单元，给全系统源源不断提供动力。巡回检查是石化企业安全运行的关键保障，机泵出现异常或故障，将直接影响全厂生产的连续性和稳定性，甚至发生安全事故。机器人巡检能减轻巡查工暴露在高危环境下的风险，避免人工巡检的失误，减少安全事故，保障装置平稳运行。对于监测到的每一个细微数据异常，都自动推送至技术人员；技术人员检查确认，为炼化装置安全生产上好"双保险"。后台算法精确识别泄漏点，一旦泄漏，身处巡查现场的"安安"顿时警铃大作，启动声光报警。工作人员迅速到位，处理泄漏，成功把事故扼杀在萌芽状态。依托智能化手段，可以逐步减少人工巡查，向少人化、无人化，构建全方位智能化工厂的终极目标进军。

以前，3号催化装置泵区需365天24小时不间断人工巡查，除了2名2班倒的巡查工，还需机械、电气、仪表等专业8名维保人员按时巡查。巡检机器人的加入，巡检效率提高30%，信息流转率提高200%，将每小时1次的人工巡查频次降低为6小时1次，1年可节约各类维保、修理等生产费用约200万元。2023年底，巡检机器人通过中国石化集团专家联合"考试"，获得岗位巡检技术资质，正式成为湖南石化新"员工"（工号3645001）。

在湖南石化，生产过程优化、安全风险预警、设备预防性维修与在线监控、能耗指标控制、产品精准调和等方面，各种类型的智能机器人大展身手，炼化企业作业依靠人工的局面正在转变。"飞檐走壁"的爬壁除锈机器人，利用超高压水的打击力，快速剥离冲刷储罐内壁杂质与防腐涂层锈迹，作业现场无火花、无粉尘污染，不损伤储罐钢板，高效环保，1个月即可完成油品罐区1台1万立方米储罐内壁的除锈、刷漆作业，比人工除锈效率高30%以上；加氢班工作人员佩戴的智能头盔，可将执行监护作业的实时声音画面传达到中控室、外操室，同步保存现场监控画面到云端，班长可通过系统下达指令，双方实时交流沟通，提高作业效率；常减压装置加热炉，采用先进的自动优化控制系统，动态优选最佳路线和最优参数组合，实现加热炉连续稳定高效运行，还大大降低人工操作强度。湖南石化将加速推进5G

智慧工地、炼化装置泵群智能巡检机器人、长岭Ⅱ站无人值守机器人等技术的研发及应用，提高生产效率，降低运行成本，赋能企业持续快速高质量发展，为石化产业注入强大智能。

二十三、油气钢管制造获碳足迹认证

2024年6月17日，中国石化机械钢管分公司通过ISO 14067：2018《温室气体 产品碳足迹 量化要求和指南》及PAS 2050：2011《商品和服务的生命周期温室气体排放评价规范》的认证，首次获得碳足迹认证证书。这一认证不仅是对企业低碳生产实践的认可，也为推动绿色低碳发展树立了新的标杆。

产品碳足迹认证是评价产品全生命周期内碳排放情况的重要手段。它涵盖了从原材料采购、生产制造、运输、使用到废弃处理的全过程，旨在帮助企业全面评估并降低产品碳足迹，为消费者提供更加环保的消费选择。2024年4月，中国石化机械钢管分公司向北京东方纵横认证中心有限公司（EACC）提交了认证申请，覆盖范围包括企业许可范围内的所有产品。经过严格的现场审核和资料查验，审核组对该公司各个生产环节的能源消耗、物料使用等相关数据进行了深入了解和收集。最终成功通过认证审核，获得了涵盖直缝埋弧焊管、螺旋埋弧焊管、直缝高频焊管、热煨弯管等产品的碳足迹认证证书。

中国石化机械钢管分公司坚定服从国家绿色低碳发展战略，全力推进降碳、减污、提效等工作。通过引进新技术、智能化设备，加强原材料选用、生产、销售、使用、回收、处理等各个环节的管理，力求在产品全生命周期中最大限度降低资源能源消耗和碳排放，提高了生产效率，降低了生产成本，为企业绿色低碳发展奠定了坚实基础。

第五篇
标准与质量

技术标准对工业经济发展意义重大，主要体现在促进产业升级、激励技术创新、提升产品质量、规范市场行为、加强国际合作、增强市场竞争力等方面，对推动行业高质量发展及社会可持续发展等方面都起到重要作用。石油石化装备行业是高度国际化的行业，既有"走出去、请进来"的工程服务和技术合作，也有进、出口贸易的经济合作，在当今全球经济一体化和科技创新不断加速的背景下，标准化建设的意义和作用更加凸显。

2024年以来，石油石化装备行业的标准化建设取得了丰硕的成果。一是行业和企业参与国际标准制修订活动进一步增多，反映了本行业国际话语权的日益增强；二是中石协及行业、企业在国家倡导下高度重视CPI团体标准制定和实施，完善团体标准体系，提高团体标准水平，为行业高质量发展提供有力支撑。本篇提供了行业内部分企业积极参与ISO国际标准制修订的情况，以及中石协CPI团体标准有关资料，反映了石油石化装备行业标准化建设的基本情况。

本篇提供了行业内检测与认证认可的有关情况，包括国家认定检测机构的情况对于提升产品质量、促进产业升级、增强市场竞争力等方面具有重要作用。

一、国际标准

国际标准化组织（ISO）是世界三大标准体系之一，是非政府、非营利性的国际标准组织。ISO成立于1947年，由171个国家参与组成，是全球最大最权威的国际标准化组织，负责当今世界上包括军工、石油、船舶等行业在内绝大部分领域的标准化活动。其宗旨是：在全世界促进标准化及其有关活动的发展，扩大在知识、科学、技术和经济领域中的合作，便于国际交流和服务。其主要任务是：制定、发布和推广国际标准；协调世界范围内的标准化工作；组织各成员国和技术委员会进行信息交流；与其他国际组织共同研究有关标准化问题。

中国是ISO的正式成员。在ISO立项及编制、发布国际标准，代表该细分领域技术与装备达到了国际先进甚至领先水平。

1.《潜油直线电机》国际标准发布

2024年6月17日，大庆油田主导制定的国际标准ISO 6398-1《包括低碳能源在内的石油和天然气工业 人工举升用潜油直线电机系统 第1部分：潜油直线电机》正式发布，填补了我国采油设备领域发布国际标准的空白，实现了大庆油田国际标准"零"的突破，进一步提升了我国在国际石油工业的影响力和话语权。

2018年，大庆油田牵头组建涵盖国内外采油设备领域专家20余人的工作组，由采油工艺研究院负责具体的标准起草工作。6年来，工作组在立项、起草、征询意见、审查、正式发布等重要环节，克服国内外潜油直线电机在应用环境、设计标准、功能评估等方面的差异，实施基础研究、专人管理、国内合作和国际交流四大策略，积极与国外专家沟通交流，逐步获得国际标准化组织（ISO）成员国专家支持与认可。该标准是我国首次成功在采油设备领域发布的国际标准，对提升潜油直线电机产品质量、推动大庆油田无杆举升技术创新发展和拓展海外市场等具有积极的促进作用。

大庆油田自 2017 年开展国际标准化工作以来，先后有 6 项国际标准项目在 ISO 正式立项，成功申建成立提高采收率分委会（ISO TC67/SC10），承担秘书处、主席和委员会经理工作，实现了我国石油勘探开发领域国际标准化工作的历史性突破。

2.《感应加热弯管》国际标准发布

2024 年 7 月初，由中石油工程材料研究院主导修订的 ISO 15590-1：2024（ISO/TC67/SC2、SAC/TC 355/SC9）《油气工业及低碳能源 管道输送系统用工厂弯管、管件和法兰 第 1 部分：感应加热弯管》国际标准正式发布。这一重要成果表明，我国在管道输送系统领域的技术实力已稳居国际前列。

作为国际标准化组织油气工业及低碳能源技术委员会管道输送系统分技术委员会（ISO/TC67/SC2）管道输送系统领域核心产品标准之一，《感应加热弯管》国际标准规定了碳钢或低合金钢弯管的设计、制造、检验和试验等技术要求。2021 年，经 ISO/TC67/SC2 投票表决，这一国际标准修订项目成功立项。

3 年来，管道输送系统分技术委员会弯管、管件和法兰工作组（SC2/WG10）积极组织中国、德国、法国、意大利等 7 个项目成员国的技术专家，围绕弯管热加工工艺、焊缝取样位置、过渡区试验、拉伸检验方法、复检和无损检测等关键技术内容，进行充分讨论，先后完成了 150 多条技术意见的协商和处理，进一步提升了标准的质量水平和适用性，为推动全球重大油气管道工程建设、维护管道安全稳定运行提供了技术支撑。

3.《油气田设备材料绿色制造和低碳排放指南》国际标准发布

2024 年 10 月 22 日，由工程材料研究院主导制定的 ISO/TS 20790：2024（ISO/TC67、SAC/TC 355/SC9）《油气田设备材料绿色制造和低碳排放指南》正式发布，这是中国石油在油气行业提出并牵头制定的首个绿色低碳国际标准，对促进全球能源低碳转型和高质量发展具有重要意义。

油气田设备材料是油气工业及低碳能源发展的基石，其绿色制造面临着制造水平评价工具和标准体系不完善，产品设计、制造、运维数据孤岛较多等深层次问题。为助力油气全产业链降碳减排，2019 年，在中国石油科技管理部等部门的大力支持下，工程材料研究院依托我国在绿色制造和再制造领域取得的丰硕科研及标准创新成果，向国际标准化组织（ISO）提交了《油气田设备材料绿色制造和低碳排放指南》标准提案。该提案于 2023 年 5

月获得立项批准。随后，经过中国、加拿大、俄罗斯、美国、法国等10余个国家专家学者的通力合作，这项国际标准的研制工作顺利完成。

《油气田设备材料绿色制造和低碳排放指南》首次规范了绿色制造和低碳排放的定义及内涵，为业界统一了语言框架。同时，明确了油气田设备材料的绿色低碳属性，以及设计、制造、再制造、评价、管理等方面的内容和要求，提供了油气行业绿色低碳转型的指导性建议和典型示例，搭建了油气田设备和材料绿色低碳发展的标准化体系框架，为后续相关标准化工作的开展和国际标准的制定提供了方向指引和参考。

《油气田设备材料绿色制造和低碳排放指南》国际标准提案，得到了中国石油科技管理部等相关部门的大力支持，从酝酿、培育到正式立项，历时5年。其间，项目团队承担中国石油天然气集团公司"石油装备绿色制造国际标准化前期研究""'双碳'背景下集团公司标准国际化发展策略研究"等多个标准化科研项目，推动TC67明确了今后绿色制造和低碳排放的重点工作方向，发布ISO/TC67《油气田设备材料绿色制造和低碳排放立场报告》，并组建了"绿色制造特别工作组"，为本项目提案的顺利推进奠定了坚实基础。2023年5月，工程材料研究院牵头向ISO/TC67（国际标准化组织石油天然气工业及低碳能源技术委员会）提交的《油气田设备材料绿色制造和低碳排放指南》国际标准提案，经投票表决，正式获批立项。标准将围绕绿色制造和低碳排放的定义及内涵，统一概念认识，明确石油行业实施绿色制造（包括再制造）和低碳排放的具体内容和方法，为石油工业可持续高质量发展提供标准支撑。

4.《石油天然气工业 钻采设备 钻井泵》国际标准项目成功立项

宝石机械承担的ISO/PWI 24826国际标准《石油天然气工业 钻采设备 钻井泵》在IOGP成功立项。2024年6月25日，全国石油钻采设备和工具标准化技术委员会在四川广汉召开ISO/PWI 24826《石油天然气工业 钻采设备 钻井泵》国际标准工作组草案研讨会。来自全国石油钻采标委会、中国石油工程材料研究院、石油工业标准化研究所、大庆油田、长庆油田、中海油研究总院有限责任公司、中国石油技术开发公司、北京石油机械有限公司等单位及宝石机械国际标准化相关人员出席会议。

ISO/TC67/SC4/WG1支持团队代表和宝石机械专家分别作了题为《ISO国际标准化政策与WG1工作简介》《钻井泵国际标准立项背景及下步工作计划》及《钻井泵国际标准技术工作汇报》的专题汇报，对ISO相关政策及WG1主要工作、ISO/PWI 24826国际标准项目与技术情况、当前项目运行面临的问题等进行了详细介绍。与会专家从ISO及IOGP标准制定程序解读、国际工作组专家团队组建、标准草案内容优化完善、发挥工作组召集人优势、合理运用国际标准化规则、提升英文版标准语言准确性、科学分步规划标准制定工作等方面进行了研讨。

5.《管道缺陷修复用 B 型套筒》国际标准立项修订

2024 年 7 月，由工程材料研究院申报的 ISO/TS 25170《管道缺陷修复用 B 型套筒》国际标准制定提案，经国际标准化组织油气工业及低碳能源技术委员会管道输送系统分技术委员会（ISO/TC67/SC2）投票表决，成功立项并正式启动研制工作。这是中国石油在管道完整性领域牵头制定的第一个产品类国际标准，标志着我国高钢级油气输送管道修复技术及产品开发已迈入国际先进行列。

作为全球含缺陷油气管道修复补强的主要手段，B 型套筒修复技术是利用两个由钢板（或短节）制成的半圆柱外壳，覆盖在油气管道缺陷处并焊接在一起的永久性修复方式。该技术不仅能恢复管壁缺陷处的承压强度，而且具有投资少、安全性高、密封性好等优点。油气输送管道在服役过程中，不可避免地会出现损伤。为防止管道缺陷引发重大问题甚至灾难性后果，工程材料研究院加大科技创新和成果转化力度，历经 7 年理论与试验研究，攻克了管道环焊缝断裂评估、角焊缝缺陷等关键核心技术，开发的 X65/X70 高钢级薄壁 B 型套筒性能优异，比传统低钢级产品壁厚减薄 19%～30%，填补了国内空白。

为推动《管道缺陷修复用 B 型套筒》国际标准立项，工程材料研究院对国内外相关技术进行充分调研，在中国石油天然气集团公司国际标准培育项目的支持下，以 17 票赞成、7 个成员国专家参与获得通过。该标准的研制对保障管网安全、高效、平稳运行具有重要意义。

6.《顶部驱动钻井系统》国际标准立项编制

2024 年 2 月，由北京石油机械有限公司牵头向 ISO/TC67/SC4（国际标准化组织石油天然气工业及低碳能源技术委员会钻井与采油设备分技术委员会）的《石油天然气工业包括低碳能源 钻井和采油设备 顶部驱动钻井系统》（ISO/AWI 18991）国际标准提案经投票表决和最终确认，正式立项。这是我国在大型石油钻采装备国际标准领域取得的突破，进一步提升了中国石油装备的国际话语权，为中国石油装备实现从跟跑、并跑向领跑的重大突破迈出了关键性的一步。

目前，全球顶驱制造商在生产、销售、服务方面还没有统一标准，用户面对不同制造商提供的顶驱时，无法实现统一规范操作，相关配套设备与控制系统均无法实现互换。此次立项的国际标准将围绕顶驱的设计、制造、维护等方面，规范产品基本要求，为石油钻井装备高质量发展提供标准支撑。该国际标准提案从酝酿、培育到正式立项，得到了中国石油科技管理部、石油工业标准化研究所、宝石机械、中国工程院、长城钻探等相关单位的大力支持，历时近十年。

该标准将主要包括顶部驱动钻井系统的术语和定义、健康、安全和环境要求、产品分类及产品规格、功能要求、技术要求、制造要求、试验要求、检验规则、安装与拆卸要求、调试要求、维护保养要求、文件，以及标志、包装、运输、贮存等内容。

二、CPI 团体标准

CPI 是中国石油和石油化工设备工业协会（以下简称中石协）发起建立的石油石化设备团体标准体系。自 2019 年起，中石协逐步建立健全了团体标准化组织机构，重要使命之一就是对标 API、ASME 等国外先进标准，发挥团体标准先进性、引领性作用，解决标准有效供给严重不足等问题，逐步克服石油石化设备行业对 API 等标准过度依赖和受其制约问题。

全国钻采设备与工具标准化技术委员会（以下简称全国钻标委）与中石协标准化管理委员会高度融合，主任委员交叉任职。2024 年底，中石协主动申报并经国家市场监督总局评价认可，成为少数首批获得二星级评价的团体标准之一。

CPI 团体标准坚持以用户需求为导向，立足解决行业痛点、难点问题。联合中国石油、中国石化、中国海油和国家管网集团等行业链长企业、助力石油石化行业标准化工作，化解企标之间的矛盾与冲突；服务于加快推进装备国产化等原则，组织制修订标准，已发布的标准能够快速得到认可，在行业中应用，产生了良好的经济和社会效益。通过 CPI 团体标准的先进性、引领性，更好保障国家能源和石化原材料安全，促进行业高质量发展。

到 2024 年底，中石协标准化管理委员会（SMC）先后设立 6 个技术委员会（TC）、7 个分技术委员会（SC）和 5 个专项工作组（PWG），详情如图 5-1 和表 5-1 所示。

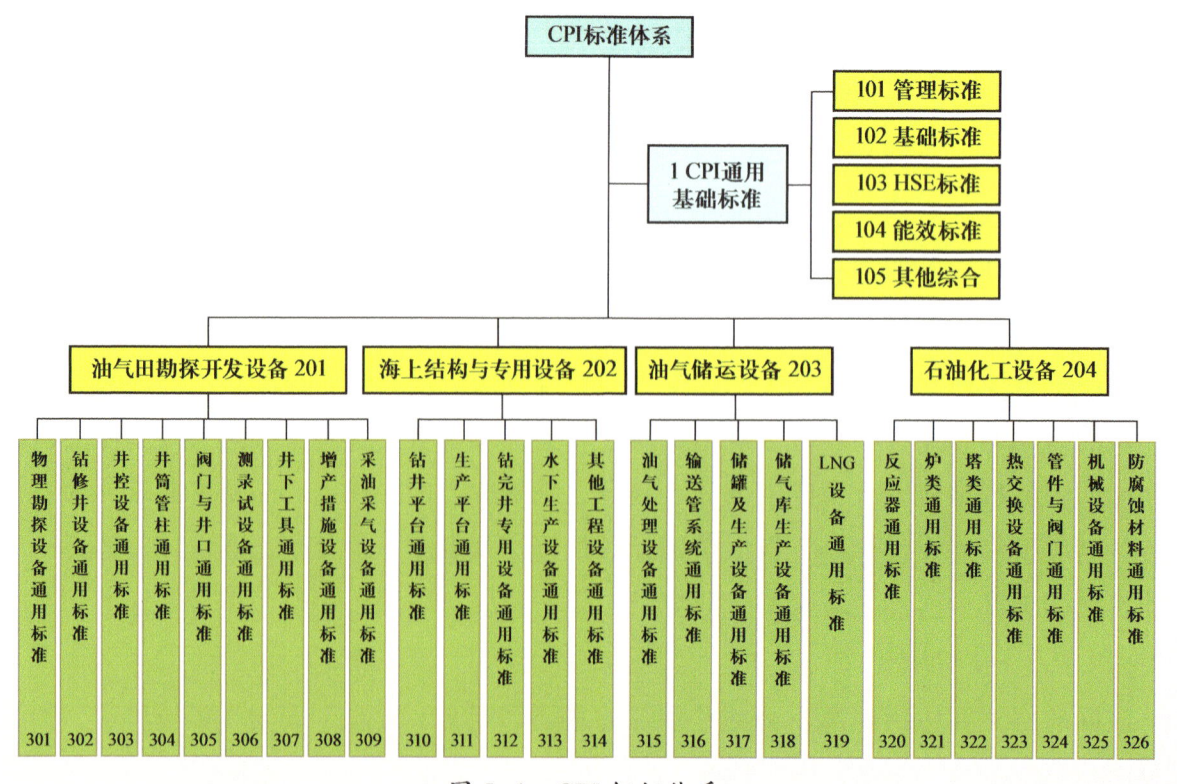

图 5-1 CPI 组织体系

第五篇　标准与质量

表 5-1　CPI 组织机构

序号	基础综合	专业	专业代号	门类	门类号	标准名称	标准编号	专业范围
层级	1	2		3			4	
1	管理标准101							标管委制定的各项管理制度、程序等
2	基础标准102							专业门类及个性标准所依据的通用技术基础标准，如国家螺纹标准
3	HSE 标准103							与国家、行业相关的 HSE 标准，以及本协会制定的通用 HSE 标准。对个性标准（设备本身）的 HSE 要求（包含设备的制造、储运、使用操作等），应在个性标准中体现
4	能效标准104							与国家、行业相关的能效标准，以及本协会制定的通用能效标准。对个性标准（设备本身）的要求（包含设备的制造、储运、使用操作等），应在个性标准中体现
5	其他综合105							其他新专业领域且无对应专业，由标管委直接管理的标准
6		油气田勘探开发设备201	01	物理勘探设备	01			可控震源、检波器、地震仪、地震钻机及相关仪器仪表
7				钻修井设备	02			钻井机及配套动力系统、传动系统、钻井液处理系统、提升设备、顶部驱动、电控系统、自动化系统等
8				井控设备	03			地面、水下和井下井控设备与工具，如防喷器系统、防喷器控制系统、不压井作业设备等
9				井筒管柱	04			钻杆、钻链、套管、油管（包含连续管）
10				阀门与井口	05			井口装置、采气（采气）树，以及配套阀门
11				测录试设备	06			测井、录井与试井设备和工具，以及配套的仪器仪表
12				井下工具	07			钻井、固井、完井、修井、压裂、酸化、射孔等井下作业用井下工具
13				增产措施设备	08			储层改造、射孔、人工举升、注水、蒸汽驱、三次采油等提高采收率和增产措施所使用的设备
14				采油采气设备	09			采油（采气）人工举升设备，包含常规抽油系统、螺杆泵抽油系统、气举系统、液压抽油系统等人工举升设备，以及配套设备和工具
15		海上结构与专用设备202	02	钻井平台	01			坐底式、自升式、钻井船、半潜式、张力腿式、牵索塔等移动式钻井平台，以及导管架式、混凝土重力式、深水顺应塔式等固定式钻井平台
16				生产平台	02			用于海上油气采集、分离及初步处理等的浮式和固定式海上采油平台

· 153 ·

续表

序号	基础综合	专业	专业代号	门类	门类号	标准名称	标准编号	专业范围
17		海上结构与专用设备 202	02	钻完井专用设备	03			模块钻机、深沉补偿等有别于陆上钻井装备的专用钻完井设备
18				水下生产系统	04			井口及采油树系统、管汇系统及连接系统、水下控制及脐带缆系统
19				其他专用工程设备	05			平台起重机、动力定位系统等辅助工程设备
20		油气储运设备 203	03	油气处理设备	01			油气（水）分离器、加热锅炉等
21				输送管系统	02			输送管、泵送设备、大口径阀门、压缩机等，以及管道安全系统
22				储罐及生产设备	03			原油、天然气、成品油储罐，以及配套安全设备和操作设备
23				LNG设备	04			LNG生产、储存、运输、销售等所用设备与控制系统
24		石油化工 204	04	反应器	01			聚合反应器、加氢反应器、裂化反应器、重整反应器、歧化反应器、异构化反应器等
25				炉类	02			加热炉（包括箱式、管式、圆筒式）、发生炉、煤气（油）干馏炉、裂解炉、脱氢炉、转化炉、制氢炉等
26				塔类	03			筛板塔、浮阀塔、泡罩塔、填料塔、焦炭塔、冷却塔、合成塔等
27				热交换设备	04			固定管板式换热器、浮头式换热器、板式换热器、"U"形管式换热器、套管式换热器、空冷器、废热锅炉等
28				管件与阀门	05			炼油、化工装置用各种管件和阀门
29				机械类设备	06			离心机、真空过滤机、叶片过滤机、振动机、成型机、混炼机、挤压机、搅拌机等化工机械设备；抽纱丝机、拉伸机、水洗机、柔软处理机、烘干机、卷曲机、卷绕折叠机、切断机等化学纤维机械设备；泵、压缩机、鼓风机等通用机械类设备、动力设备和仪器仪表
30				防腐蚀材料	07			炼油、化工设备、管道等防腐用材料

标准化管理委员会（SMC）：

（1）油气田设备标准化技术委员会（TC1）：

① 采油采气装备与工具标准化分技术委员会（TC1/SC1）；

② 非常规油气工程装备标准化分技术委员会（TC1/SC2）。

（2）海洋油气工程装备标准化技术委员会（TC2）。

（3）石油管及油气装备材料标准化技术委员会（TC3）。

（4）油气储运设备标准化技术委员会（TC4）。

（5）石油化工设备标准化技术委员会（TC5）：

① 设备标准化分技术委员会（TC5/SC1）；

② 机械标准化分技术委员会（TC5/SC2）；

③ 仪表标准化分技术委员会（TC5/SC3）；

④ 电气标准化分技术委员会（TC5/SC4）；

⑤ 管道和材料标准化分技术委员会（TC5/SC5）。

（6）炼油与化工设备管理标准化技术委员会（TC6）。

（7）钻机配套标准化专项工作组（PWG1）。

（8）压裂装备配套标准化专项工作组（PWG2）。

（9）修井机标准化专项工作组（PWG3）。

（10）油套管丝扣标准化专项工作组（PWG4）。

（11）专用电机标准化专项工作组（PWG5）。

到2024年底，CPI先后发布了74项团体标准（表5-2）。

表 5-2　CPI 团体标准清单

序号	标准名称	标准代号	牵头单位
1	石油天然气钻采设备 全电动压裂成套装备制造与配套技术规范	T/CPI 11001—2021	中石化四机石油机械有限公司
2	石油天然气钻采设备 修井作业自动化装备技术规范	T/CPI 11002—2021	中石化四机石油机械有限公司
3	石油天然气钻采设备 自动混浆固井装备技术规范	T/CPI 11003—2021	中石化四机石油机械有限公司
4	石油钻修井机远程监测系统技术规范	T/CPI 11004—2021	宝鸡石油机械有限责任公司
5	一体化司钻终端	T/CPI 11005—2021	宝鸡石油机械有限责任公司
6	石油天然气钻井和修井用吊环	T/CPI 11006—2021	中国石油集团工程材料研究院有限公司
7	顶部驱动钻井系统	T/CPI 11007—2021	北京石油机械有限公司
8	石油天然气钻采设备 全电动压裂成套装备应用技术规范	T/CPI 11008—2021	四川宏华电气有限责任公司
9	石油天然气用混合钻头	T/CPI 11009—2021	中石化江钻石油机械有限公司
10	标准化组织机构与程序	T/CPI 00001—2021	中石协

续表

序号	标准名称	标准代号	牵头单位
11	抽油机永磁低速拖动装置	T/CPI 11010-2022	大庆市华禹石油机械制造有限公司
12	石油天然气钻采设备 电动混砂设备	T/CPI 11011-2022	中石化四机石油机械有限公司
13	石油天然气钻采设备 电动压裂泵送设备	T/CPI 11012-2022	中石化四机石油机械有限公司
14	连续油管作业通用井下工具	T/CPI 11013-2022	四机赛瓦石油钻采设备有限公司
15	石油天然气钻采设备 螺杆钻具技术与应用规范	T/CPI 11014-2022	中石化江钻石油机械有限公司
16	录井钢丝	T/CPI 11015-2022	咸阳宝石钢管钢绳有限公司
17	远程控制固井水泥头	T/CPI 12001-2022	宝鸡石油机械有限责任公司
18	水下油气设备外压试验方法	T/CPI 13001-2022	中油国家油气钻井装备工程技术研究中心有限公司
19	渤海海域固定平台挡风墙设计推荐做法	T/CPI 24001-2022	中海油研究总院有限责任公司
20	石油天然气钻采设备 电动修井机	T/CPI 11016-2023	山东高原石油装备有限公司
21	无绷绳修井机	T/CPI 11017-2023	通化石油化工机械制造有限责任公司
22	石油天然气钻采设备 自动化连续管作业机	T/CPI 11018-2023	中石化四机石油机械有限公司
23	石油天然气钻采设备 可溶桥塞 性能指标和检测规范	T/CPI 13002-2023	北京石油机械有限公司
24	石油天然气钻采设备 全金属单螺杆抽油泵	T/CPI 11019-2023	北京石油机械有限公司
25	特种合金防腐抽油杆	T/CPI 11020-2023	山东高原石油装备有限公司
26	插拔式井口快速连接装置	T/CPI 11021-2023	宝鸡石油机械有限责任公司
27	石油天然气用水下井口装置	T/CPI 11022-2023	中石化江钻石油机械有限公司
28	石油天然气钻采设备 高压管汇 使用、维护与检验	T/CPI 13003-2023	荆州市世纪派创石油机械检测有限公司
29	石油钻机和修井机 定期检验推荐做法	T/CPI 13004-2023	四川科特检测技术有限公司
30	钻柱转换接头	T/CPI 11023-2023	江苏曙光石油钻采设备有限公司
31	连续油管全尺寸疲劳试验方法	T/CPI 13005-2023	宝鸡石油钢管有限责任公司
32	动力卡瓦	T/CPI 11024-2023	江苏如通石油机械股份有限公司
33	石油天然气工业 钻机检修流程规范	T/CPI 14001-2023	宝鸡石油机械有限责任公司
34	海上动态压井钻井液密度调节装置	T/CPI 21001-2023	中海油研究总院有限责任公司
35	海上平台潜油电泵地面控制系统配置指南	T/CPI 24002-2023	中海油研究总院有限责任公司
36	海上油气田开发项目节能设计指南	T/CPI 22001-2023	中海油研究总院有限责任公司
37	喷熔型铝多孔表面高通量换热管	T/CPI 51001-2023	大庆石油化工机械厂有限公司
38	油气集输用钛及钛合金弯管与管件	T/CPI 31001-2023	河南新开源石化管道有限公司
39	油气集输用钛及钛合金无缝管	T/CPI 31002-2023	河南新开源石化管道有限公司
40	石油化工设备以可靠性为中心的维修（RCM）应用指南	T/CPI 64001-2023	中国特种设备检测研究院
41	石化装置法兰密封结构安装与维修技术规范	T/CPI 64002-2023	中国特种设备检测研究院

续表

序号	标准名称	标准代号	牵头单位
42	炼油与化工装置烟气轮机运行管理规范	T/CPI 64003—2023	中国石油集团渤海石油装备制造有限公司 兰州石油化工装备分公司
43	炼油与化工装置设备润滑管理技术规范	T/CPI 64004—2023	中海石油化学股份有限公司
44	炼油与化工装置离心式压缩机组在线监测系统技术规范	T/CPI 64005—2023	中国石油天然气股份有限公司
45	炼油与化工装置机泵在线监测系统技术规范	T/CPI 64006—2023	中国石油天然气股份有限公司
46	加氢装置高压空冷系统运行及管理技术规范	T/CPI 64007—2023	中石化安全工程研究院有限公司
47	超低负荷生产条件下炼油装置防腐蚀导则	T/CPI 64008—2023	中石化安全工程研究院有限公司
48	175MPa 采气井口装置性能试验方法	T/CPI 13006—2023	中石油江汉机械研究所有限公司
49	175MPa 电动油嘴性能试验方法	T/CPI 13007—2023	中石油江汉机械研究所有限公司
50	175MPa 法兰性能试验方法	T/CPI 13008—2023	中石油江汉机械研究所有限公司
51	175MPa 节流和压井管汇性能试验方法	T/CPI 13009—2023	中石油江汉机械研究所有限公司
52	175MPa 套管头性能试验方法	T/CPI 13010—2023	中石油江汉机械研究所有限公司
53	炼化企业离心压缩机干气密封技术规范	T/CPI 61001—2024	中国石油化工股份有限公司
54	炼化企业高危泵机械密封技术规范	T/CPI 61002—2024	中国石油化工股份有限公司
55	炼油与化工企业设备完整性管理体系要求	T/CPI 68001—2024	中国特种设备检测研究院
56	炼化企业安全仪表系统安全完整性等级（SIL）评估技术规范	T/CPI 65001—2024	中海油安全技术服务有限公司
57	石化装置检维修人员培训与考核大纲	T/CPI 69001—2024	中国特种设备检测研究院
58	ZJ70/4500DB 钻机配套技术规范	T/CPI 11025—2024	钻机配套标准化专项工作组
59	全电动压裂装备配套及应用技术规范	T/CPI 11026—2024	压裂配套标准化专项工作组
60	连续管作业机 注入头	T/CPI 11027—2024	中石油江汉机械研究所有限公司
61	石油天然气钻采设备 压裂高压管汇	T/CPI 11028—2024	中石化四机石油机械有限公司
62	核桃壳滤料	T/CPI 11029—2024	中石油江汉机械研究所有限公司
63	防喷器吊装移动装置	T/CPI 11030—2024	江苏诚创智能装备有限公司
64	石油天然气钻采设备 小修作业自动化系统	T/CPI 11031—2024	鼎实智能装备（青岛）有限公司
65	组合冲砂修井机	T/CPI 11032—2024	通化石油化工机械制造有限责任公司
66	钢板制超大口径对焊管件	T/CPI 11033—2024	中石油华东设计院有限公司
67	石油天然气钻采设备 电动压裂泵送设备用主驱动异步电动机	T/CPI 11034—2024	中车永济电机有限公司
68	金刚石钻头	T/CPI 11035—2024	中石化江钻石油机械有限公司
69	扭力冲击器	T/CPI 11036—2024	中石化江钻石油机械有限公司
70	石油天然气钻采设备 水力振荡器技术与应用规范	T/CPI 11037—2024	中石化江钻石油机械有限公司
71	液动射流冲击器	T/CPI 11038—2024	中石化石油工程技术研究院有限公司

续表

序号	标准名称	标准代号	牵头单位
72	电驱压裂装备招标需求编制指南	T/CPI 19001-2024	中国石油天然气集团有限公司
73	电驱压裂装备评标办法编制指南	T/CPI 19002-2024	中国石油天然气集团有限公司
74	电驱压裂装备采购招标文件编制指南	T/CPI 19003-2024	中国石油天然气集团有限公司

三、检测与认证认可

1. 基本情况

石油石化行业的快速发展带动了石油石化设备制造行业进步，推动了石油石化设备检验检测服务市场的发展，石油石化设备制造业的发展与检验检测服务市场相互促进。目前我国与发达国家在该领域存在差距，随着产品标准、安全生产体系的完善，以及企业品牌意识的增强，市场需求将进一步扩大，未来发展态势良好。在石油石化设备领域，认证认可机构扮演着重要的角色。它们通过对设备、材料、技术等进行认证和认可，确保石油石化设备的质量和安全性能符合国家和行业标准。这些认证认可机构不仅提升了石油石化设备行业的整体质量水平，还促进了国际贸易和技术合作。

近年来，国家质检总局等部门发布了一系列政策文件，如《特种设备安全发展战略纲要》等，明确提出要扶持和建设一批具有专业特色、国内领先的重点检验检测机构和具有世界先进水平的检验检测机构。这些政策的出台为石油石化设备检验检测服务市场提供了有利的政策环境，推动了行业的快速发展。

国有检测机构向非政府检测机构放开市场是重要发展趋势。近年来，政府强制性认证产品市场逐渐向非政府检测机构放开，为非政府检测机构提供了更多的发展机会。国有检测机构主要从事政府指定的强制性认证产品检测，而民营检测机构则更加专注于某一领域的技术检测服务。这种竞争格局的形成，有助于推动检验检测服务市场的多样化和专业化发展。

这些质检机构坚持立足地方钻采设备产业优势，持续推进油气钻采设备认证检测和开发测试服务，建立健全生产制造中的性能测试、在役使用中的失效分析和设备运行中的安全评估能力，推进检测能力及基础设施建设，着力打造油气钻采设备产业支撑的平台、行业服务的平台、政府监管的平台，为保证油气钻采设备行业高质量可持续发展作出贡献。

2. 检测机构情况

1）国家石油钻采炼化设备质量监督检验中心（上海科创）

国家石油钻采炼化设备质量监督检验中心的前身为兰州石油机械研究所石油钻采炼化

设备实验室。

1987年"钻采设备试验室"被原机械工业部授权为"机械工业部石油钻采设备质量监督检测中心","炼化设备试验室"被原机械工业部授权为"机械工业部换热器产品质量监督检测中心"。1989年原国家技术监督局授权由"机械工业部石油钻采设备质量监督检测中心"和"机械工业部换热器产品质量监督检测中心"组成第三方质量监督检验机构——"国家石油钻采炼化设备质量监督检验中心"。1999年机构通过了中国实验室国家认可委员会（CNAL）认可。2021年8月，经认监委批准，将国家石油钻采炼化设备质量检验检测中心法人单位变更为上海蓝海科创检测有限公司，"国家石油钻采炼化设备质量监督检验中心"全部业务和资质合并进入上海蓝海科创检测有限公司，上海市特种设备监督检验技术研究院和甘肃蓝科石化高新装备股份有限公司共同出资，于2015年5月21日在上海市金山区注册成立。

国家石油钻采炼化设备质量监督检验中心主要业务范围覆盖石油钻采设备、炼油化工设备、真空绝热容器、特种设备（压力容器、压力管道），以及无损检测等五大专业领域的检验检测工作。

石油钻采设备检验检测试验平台，包括石油钻采设备动载试验平台、气密封水封试验平台和钻机模型试验平台，拥有国内外先进的测试仪器设备。石油钻采设备动载试验平台最大能传递500000牛·米的扭矩，额定试验压力为105兆帕。气密封水封试验平台最高额定压力250兆帕，试验全过程实现自动化控制和可视化监控，测试精度达到国内先进水平。实验室可以进行往复泵、工业离心泵、液力变矩器、石油钻机转盘、减速器、抽油机、抽油杆、抽油泵、电磁涡流刹车、石油钻机绞车、石油钻机传动滚子链、离合器等实验室性能检测工作，三抽设备（抽油机、抽油杆、抽油泵）国家监督抽查、钻修井设备安全评定及井口装置和采油树、节流压井管汇、井口装置和采油树用阀门特种设备的型式试验工作。

炼油化工设备检验检测方面，有7个测试平台和流体可视化分析（PIV）实验室。拥有国内外先进测试仪器设备，换热器试验单元加热蒸汽量为10吨/小时，最大试验热负荷5兆瓦，最大介质循环量为300立方米每小时。能够进行水—水、油—水、汽—液冷凝、汽—液蒸发、气—水、气—气等不同测试工况的传热与流阻性能测试。试验台全部配置国内一流的测试及自控调节系统，测试数据和测试结果全部由工控机实时进行采集与处理，并自主开发了具有国内先进水平的换热器及传热元件性能测试数据处理软件，综合技术能力居全国领先水平。能够进行各种型式换热器及传热元件、空冷器及传热元件的传热与流阻性能测试与实验研究和换热设备质量检验等工作。

承压设备强度试验配置有210兆帕耐压爆破试验系统和直径8米的地下爆破坑、105兆帕气密封试验系统、200兆帕内压疲劳试验系统、500千牛材料疲劳试验机等先进测试仪器设备，测试数据实现计算机采集与处理。测试全过程实现自动化控制和可视化监控，综合技术能力居全国领先水平。能够进行承压设备水压爆破试验、气密封试验、耐压试验、内压疲劳试验、金属材料疲劳试验、承载设备应力测试等检验检测，以及蓄能器、长管拖车大容器无缝气瓶、无缝钢管等特种设备的型式试验。

真空绝热深冷设备检验检测配置有便携式和台式氦质谱检漏仪、分子泵真空机组、便携式真空机组、全量程真空规管与真空计、多功能数据采集仪、气体质量流量计等具有国际先进水平的仪器设备，能够对固定式真空绝热深冷压力容器、冷冻液化气体汽车罐车、冷冻液化气体罐式集装箱、冷冻液化气体铁路罐车、焊接绝热气瓶、真空绝热低温管及管件的真空性能和绝热性能进行型式试验与检验检测。自主研发了导热系数测试装置、氧相容性测试装置，可进行膨胀珍珠岩性能测试、高真空多层绝热材料氧相容性测试，并承担采用应变强化技术制造的真空绝热深冷压力容器内容器的工艺验证性试验及焊接绝热气瓶设计文件鉴定。

金属材料理化检验检测配置有力学性能实验室、化学分析实验室、腐蚀实验室、金相分析实验室。配备了国内外目前在金属材料检验检测领域先进的检测仪器设备，可进行金属材料化学成分、力学性能、金相分析、腐蚀研究，其中湿硫化氢应力腐蚀研究居全国领先水平，为失效分析前期的检验检测工作提供有力的支持。

2）国家油气钻采设备质量检验检测中心（世纪派创）

国家油气钻采设备质量检验检测中心依托中国石化机械世纪派创石油机械检测有限公司运行，拥有国家计量认证（CMA）、国家实验室认可（CNAS）、特种设备无损检测机构、API Q2等资质证书，中心主营业务涵盖石油及天然气钻采设备质量检测、检测评估、质量监造及鉴定试验，材料及产品理化分析、无损检测等，为国内油气钻采设备检验检测领域项目最全的检验检测机构。

现有计量、理化、无损检测等各类专业技术人员180人，持有无损检测人员资格证书160余张。拥有固压设备实验室、高压管汇实验室、无损检测室、计量理化实验室、钻修井机整机性能实验室、柱塞泵总成实验室、产品实验室等。拥有移动检测服务车（橇）、手持式蓝色激光3D扫描仪、激光跟踪仪、摆锤式冲击试验机、WYC智能精控压力检测装置等各类固定及移动式检测设备。通过CMA认可的产品及参数检测，为石油钻采设备及工具提供质量检验检测服务。产品类别涵盖钻修井设备、采油采气设备、固井工具、固压设备、井控装备、井下工具、钻机修井机总体等。

氢能装备研发制造的迅速进步，对装备性能的检验检测能力提出了更高要求。中国石化机械世纪派创公司在现有国家油气钻采设备质量检验检测中心（湖北）、湖北省石油钻采设备产品质量检验中心、国家实验室认可（CNAS）、国家计量认证（CMA）、API Q2资质认证、特种设备无损检测B级机构、特种设备综合检验机构资质认证等资质的基础上，开展了氢用压缩机、加氢装置等产品检验检测工作，建立了完善的质量管理体系，形成了规范的产品标准。2024年12月4日，世纪派创公司筹建的湖北省制氢及加氢装备质量检验检测中心，通过专家组现场论证，成为国内油气领域首家氢能装备的检验检测机构，将开展加氢站设备技术规范、加氢站用液驱加氢机试验规范等产品标准的起草工作，制定相应产品的检验检测要求，向国家级制氢及加氢装备质量检验检测中心迈进。

3）国家油气田井口设备质量检验检测中心（江汉所）

国家油气田井口设备质量检验检测中心创建于1981年，隶属于中石油江汉机械研究所有限公司，拥有国家级检验检测资质认定机构（CMA）、中国合格评定国家认可委员会（CNAS）认可实验室和检验机构、国家特种设备检验检测（型式试验）核准机构、工信部工业（石油井口作业设备和工具）产品质量控制和技术评价实验室等国家行业资质，为石油钻采设备行业提供产品及材料质量检验检测和质量评价技术服务，业务范围包括实验室检测、现场检测、产品质量评价、制造能力评估等。

中心实验室拥有各类检测设备380台（套），其中PR2井口装备设计确认试验系统、相控阵检测系统、水压试验系统、气压试验系统、光谱仪等关键设备的技术性能达到国际先进水平。提供CMA及CNAS授权石油钻采装备行业42类产品质量检验业务。包括：井口井控设备、节流压井管汇和阀门、采油设备、钻修设备及工具、金属材料及制品等。

国家压力管道元件制造行政许可包括：压力管道元件型式试验：井口装置和采油树、节流压井管汇、井口装置和采油树用阀门。

4）国家石油机械产品质量检验检测中心（江苏）

国家石油机械产品质量检验检测中心（以下简称中心）是依托于建湖县产品质量监督检验所为建设主体的综合性国家实验室，于2012年经原国家质检总局批准筹建，2015年2月建成，2016年7月获CNAS证书，2017年5月获CMA、CAL证书，2018年1月获批正式对外运营。

中心拥有各类检验检测设备120多台（套），检测设备齐全，拥有井口井控产品试验装置、阀门压力/燃烧/低温试验装置、扫描电镜、声发射检测仪、应力应变仪、三坐标测量仪等国际和国内一流水平的专业检测设备120多台（套）。其中防喷器操作性能试验装置、防喷器设计温度试验装置、阀门PR2级性能试验装置等达到国际国内一流水平。中心能够开展金属材料机械性能、物理性能、化学分析、无损探伤等四大类基础项目和85%以上的石油机械产品性能检测。能够开展机械性能、物理性能、化学分析、无损探伤等四大类基础项目、46个产品，共计160个参数的检测。

5）国家石油管材质量检验检测中心（工程材料院）

国家石油管材质量检验检测中心（以下简称中心）依托中国石油集团工程材料研究院

有限公司运行，是国家级检验检测资质认定机构（CMA）、国家市场监管重点实验室（石油管及装备质量安全）、国家特种设备检验检测（型式试验）核准机构、工信部工业（石油石化工业管材）产品质量控制和技术评价实验室、中国合格评定国家认可委员会（CNAS）认可实验室等国家行业资质机构的主体，为石油管及装备行业提供产品及材料质量检验检测和质量评价技术服务，业务范围包括实验室检测、现场检测、产品质量评价、检验检测技术培训及咨询等。

中心实验室面积2万余平方米，拥有检测设备580台（套），其中大能量摆锤冲击试验机、复合加载试验系统、水压爆破试验系统、激光共聚焦显微系统、光谱仪、五轴坐标测量系统等关键设备的技术性能达到国际先进水平。

提供石油管及装备行业59大类产品的质量检验业务，CMA及CNAS授权检测标准647项。包括：油气输送管及管件、油井管及管柱构件、非金属管及复合管、石油行业及工业通用产品等。

国家压力管道元件制造行政许可包括：压力管道元件鉴定评审：钢管及管件，非金属材料管及管件，复合管及管件；压力管道元件型式试验：压力管道用钢管；无缝管件、有缝管件；压力管道用非金属管与管件（聚乙烯管材与管件、金属增强型聚乙烯复合管材）；压力管道用防腐元件。

6）四川科特检测技术有限公司

四川科特检测技术有限公司（以下简称四川科特）是中国石油川庆钻探工程有限公司下属的二级单位，和安全环保质量监督检测研究院为"一套班子，两块牌子"。自2004年成立以来，是川庆钻探工程有限公司下属专业从事安全、环保、质量技术检测评价及安全环保监督业务的专门机构，是全国石油行业唯一一家集安全、环保、质量技术检测、节能监测、职业卫生及安全环保监督业务为一体，具备第三方职能的研究及服务机构，也是中国石油集团内部首家实施异体安全环保监督的专业机构。四川科特专注于石油安全、环保、质量、节能监督检测与评价等业务，拥有国家冠名机构4个、中国石油冠名机构4个；建成国家级实验室1个、专业实验室18个；获得检验检测机构资质认定证书、特种设备、API Q2、设备监理等38项专业认证资质；制修订各级标准239项（其中国家标准25项，行业标准60项）。

四川科特现有用工总人数1617人，其中681人次持有美国石油协会API检测、美国腐蚀协会NACE-CP2、注册设备监理师、注册安全工程师、无损检测Ⅱ/Ⅲ级、压力管道和压力容器检验师、高级能源审计师等资质。

拥有国家工业和信息化部批准成立的工业产品质量控制和技术评价实验室国家级实验室，以及集科研、生产于一体的专业实验室10余个，拥有检验检测、特种设备、API Q2

等 38 项专业认证资质，其中国际资质 3 项、国家级资质 8 项、行业级资质 6 项。

防喷器试验装置，可满足 540 毫米、140 兆帕新型大通径、高压力等级防喷器的型式试验要求。按照国际标准研制的高低温性能试验装置，可开展防喷器、阀门整机高低温循环试验研究工作，低温环境可达 -70℃，高温介质可达 300℃，可满足 28-140、54-70 等系列国内外新型防喷器的设计温度验证要求。旋转防喷器/钻头性能验证试验装置，最大试验动压 35 兆帕，扭矩 0～5000 牛·米，转速 0～300 转/分钟，钻压 50 吨，可开展旋转防喷器动压试验，并可开展钻头室内功能试验，对新开发钻头的断齿率、掉齿率及轴承寿命提供设计验证。内防喷工具试验装置满足标准对内防喷工具的性能试验要求，最大静压达 105 兆帕，最大流量达 60 立方米每小时，工作温度范围 0～80℃，可开展钻具止回阀的冲蚀、循环试验，旋塞阀的外压试验，为内防喷工具的研制提供设计验证。拥有 7000 米和 9000 米模拟钻机、钢结构应变数据采集系统、机械故障模拟实验台架、动设备故障诊断系统、承压设备检测系统等设备，可开展石油钻采设备承载件工况模拟及承载能力测评、动设备故障诊断、承压设备能力测试等试验。拥有包括万能材料试验机、光谱仪、数字材料显微镜等多台设备，开展金属材料理化性能检验、金相检验、残余应力测定，以及石油机械产品失效分析等工作。

7) 北京康布尔石油技术发展有限公司

北京康布尔石油技术发展有限公司（简称 KEMBL）是中国石油集团工程技术研究院全资子公司，2002 年于北京注册成立。2009 年 3 月，依托工程技术研究院成立中国石油集团资质管理办公室资质评价中心。KEMBL 现有员工 89 人，国家注册设备监理师 54 人，高级设备监理师 12 人，国家注册安全工程师 6 人，无损检测Ⅲ级 4 人，无损检测Ⅱ级 52 人，AWS 焊接检验师 2 人，国际焊接检验师 7 人。2012 年获得 CNAS 检测实验室和检验机构能力认可；2016 年取得了检验检测机构资质认定（CMA）；具有中国设备监理协会（CAPEC）设备监理甲级资格、CNPC 资质评估机构和监造机构资质，是 IADC（国际钻井承包商）会员单位、DROPS（国际落物预防协会）会员单位。

KEMBL 具备智能钻修井装备与检验检测技术研究、石油工程装备监测与评价技术研究，陆地和海上油气田设备监理、检测，油气田在役设备第三方检验、评估和再认证的丰富经验和雄厚技术能力。KEMBL 定位于石油装备检验检测方法及仪器研发，油气装备全寿命周期检测检验，打造国内权威、国际有影响力的一流专业机构。

检验检测业务主要包括：陆地和海上油气田设备监理、检测评估和第三方检验，油气田钻完井液及其添加剂检测，岩石力学检测和探管精度检测，其中石油钻机修井机设备监理、资质评估和第三方检验为申请 CNAS 认可的检验项目；钻井和修井井架应力（承载能力）测试、石油机械产品及设备超声检测和磁粉检测、油井水泥检测、钢丝绳检测、岩石和探管检测等为申请CNAS认可的检测项目。

KEMBL已获CNAS认可的检验对象4项，包括检验项目15个，检验标准（方法）36个；获得CMA资质认定的检测项目/参数有5个，检测业务活动全部围绕石油钻井和修井设备的磁粉检测和井架承载能力测试开展。

8）国家石油装备产品质量检验检测中心（山东）

国家石油装备产品质量检验检测中心（山东）依托于东营市工业产品检验与计量检定中心成立，是国家级检验检测资质认定机构（CMA）、中国合格评定国家认可委员会（CNAS）认可实验室，被认定为国家中小企业公共服务平台、山东省石油装备检测研发公共服务基地、山东省石油装备产业集群公共服务平台、山东省大型科学仪器设备资源共享平台及石油装备技术服务平台，是山东省石油装备标准化技术委员会秘书处单位，主要开展石油装备产品的检验检测、标准制定、质量风险监测和安全评价等工作。

国家石油装备产品质量检验检测中心（山东）拥有检测设备440台（套），其中具有井控设备试验台、全尺寸石油管材复合加载试验台、硫化氢腐蚀测试系统、上卸扣试验平台、阀门耐火寿命试验台、阀门逸散性试验设备、动静疲劳试验机、高频疲劳试验机、50000焦落锤式冲击试验机等一批先进的检测设备。提供石油钻采设备、石油专用管材、石油专用工具、阀门、金属材料、非金属材料及电器产品等的质量检验业务，CMA及CNAS授权检测标准623项。包括：石油钻采设备产品性能鉴定试验、型式试验和常规试验，石油专用管材、石油专用工具、阀门等产品的性能鉴定试验，各类金属材料及其制品的理化分析、防腐层及涂层评价、硫化氢腐蚀、各种模拟环境腐蚀试验等；焊接工艺评定；失效分析，电线电缆、高低压成套设备、电动机、变压器、电力金具等电气产品的检测，以及节能评价试验等。

3. 认证认可

中国石油和石油化工设备工业协会（以下简称中石协）根据行业特点和行业内自身需要，组织建立了石油石化设备团体标准体系（CPI），发布并实施了一系列CPI团体标准。为了促进CPI团体标准的推广应用，更好保证石油石化装备产品的安全性、可靠性，推广绿色节能产品，提升行业检验检测技术水平与对外贸易的便利化，为企业走出去参与国际竞争提供强大的技术支持，进一步提高CPI品牌知名度与扩大CPI标准国际影响力，中石协检验检测与认证认可专业委员会（检验专委会）依据《CPI产品符合性注册管理办法（暂行）》，组织实施CPI产品符合性注册工作，推动石油石化装备制造业向高水平、高质量、高效率、智能化、服务化、绿色化方向稳步发展。

CPI产品符合性注册是第三方机构证明产品、过程或服务符合相关技术规范或标准的合格评定活动，是一种"认证"活动。认证是市场经济的"信用证"、企业质量管理的"体检证"、国际贸易的"通行证"。我国石油装备企业基本都取得了质量管理体系和产品认证证书,这些认证对产品质量提升和行业快速发展起到了重要保障作用。

但是,石油装备行业的产品认证基本都是国际认证机构主导,如美国 API、ASME 等,在服务的便利性、管理理念和模式的适应性等方面还存在不匹配。

近年来,在推动高质量发展、实施质量强国战略等政策背景下,我国对认证制度建设给予了高度重视。中国石油集团工程材料研究院具有多年从事科学研究、质量标准、成果转化的丰富经验,尤其是最早从事石油管材等装备驻厂监造的机构,在对现场产品质量控制工作的过程中,对国内石油装备企业的质量管理模式、理念和薄弱环节有全面了解,深刻认识到应尽快建立独立自主的认证服务和认证品牌,以适应国内石油装备制造行业新的发展阶段。同时,推行高端认证也是响应国家"质量强国战略"、提升国内石油装备产品质量的举措之一。

工程材料研究院所属北京隆盛泰科石油管科技有限公司建立了认证组织机构,配置了专职认证人员,建立了认证质量管理体系,并编制了部分石油管材的试行认证方案,目前正在积极向认监委申请认证机构资质。

承担的 CPI 产品符合性注册是自愿性活动,不是取代已有的其他认证。开展的 CPI 产品符合性注册致力于实现"基础认证保底线、CPI 产品符合性注册拉高线",积极推动 CPI 团体标准发展成果落地实施,以高标准拉动石油装备产品质量提升,促进行业向中高端转型升级,为加快建设制造强国贡献石油力量。

第六篇
科技成果

2024年，石油石化装备行业企业牢记习近平总书记关于把装备制造牢牢抓在自己手里的嘱托，加强原创性、引领性科技攻关，着力实现高水平自立自强，全年涌现出一大批原创性科技成果，为提高能源自给率、保障国家能源安全作出了贡献。

除了国家级的成果和奖项外，中国石油2025年1月15日发布2024年中国石油十大科技进展，包括"深地钻探关键技术取得重大进展、钻深突破万米""自主茂金属催化剂实现规模化工业应用突破""700亿参数昆仑大模型建设成果正式发布"等；中国石化2024年10月10日发布10大高质量发展成果，包括"地下珠峰'深地一号'树起油气产业发展新高度""巅峰突破、芳烃成套技术创新驱动未来"等，并于12月31日发布2024年十大油气勘探发现成果；中国海油2024年12月12日发布2024年十大勘探重大发现和十大勘探关键技术进展。

因篇幅所限，本篇仅收录行业相关的央企十大国之重器入选项目、部级典型案例、国家技术发明一等奖、国家科技进步一等奖、二等奖，以及中石协评定的2023年度新产品、新技术、新材料科技创新成果，综述如下。

一、2024年度央企十大国之重器发布

国务院国资委从2024年中央企业建设的重点项目中精心选出20项既有传播"热度"又有创新"力度"的大国重器，发起网络投票。综合网友投票情况和专家意见，"2024年度央企十大国之重器"结果于2025年1月1日发布，我国自主设计建造的首艘大洋钻探船"梦想"号和亚洲首艘圆筒型海上油气加工厂"海葵一号"、亚洲第一深水导管架平台"海基二号"两项位列其中；700亿参数昆仑大模型、300兆瓦级F级重型燃气轮机、我国首台12000米深智钻机三项进入候选。

1. 我国自主设计建造的首艘大洋钻探船"梦想"号正式入列

2024年11月17日，由中国船舶等多家单位完成我国自主设计建造的首艘大洋钻探船"梦想"号（图6-1）在广州正式入列，标志着我国深海探测关键技术装备取得重大突破。

"梦想"号大洋钻探船的钻采系统国际领先，最大钻深可达11000米，具备4种钻探模式和3种取心方式，将助力全球科学家实现"打穿地壳、进入地球深部"的科学梦想，为我国深海资源勘探、关键技术装备研发，以及全球科学家开展大洋科学钻探研究提供重大平台支撑。

图6-1 "梦想"号大洋钻探船

2. 我国自主设计建造的"海葵一号"和"海基二号"同时投产

2024年9月19日，中国海油位于深圳海域的亚洲首艘圆筒型海上油气加工厂"海葵一号"和亚洲第一深水导管架平台"海基二号"两大国之重器同时投产（图6-2）。

该项目位于距离深圳约240千米的东部海域，由中国海油自主设计建造，总投资约90亿元人民币。项目开创了"深水导管架平台+圆筒型FPSO"油田开发新模式，支撑流花油田开采寿命达30年。这种深海油气开发模式的创新应用在国际深水油气开发领域尚属首次，标志着我国深水油气装备的设计、建造和安装能力达到世界一流水平。

图6-2 "海葵一号"和"海基二号"

3. 700亿参数昆仑大模型发布

2024年11月28日，中国石油与中国移动、华为、科大讯飞联手打造的700亿参数昆仑大模型发布。昆仑大模型是中国能源化工行业首个通过备案的大模型，于2024年5月正式启动建设，3个月后大模型参数量级达到330亿。

此次发布的昆仑大模型，在行业大模型方面参数从330亿升级到700亿，自然语言处理、语音视觉识别、多模态交互、科学计算等专业能力大幅提升，视觉大模型训练数据进一步丰富；在专业大模型方面构建了我国首个勘探全领域专业大模型；场景大模型方面按需构建了21个场景大模型。

4. 我国自主研制的300兆瓦级F级重型燃气轮机点火成功

2024年10月7日，我国自主研制的300兆瓦级F级重型燃气轮机首次点火成功。该重型燃气轮机由国家电投作为项目实施责任主体，联合哈电集团、东方电气集团、上海电气集团组建联合重燃公司具体实施，首台样机由上海电气集团总装制造。这是我国首次自主研制的最大功率、最高技术等级重型燃气轮机，技术指标与国际主流F级重型燃气轮机基本相当。采用的新技术、新材料、新工艺对我国燃气轮机基础学科进步、产业技术发展有显著的带动辐射作用，对保障我国能源安全和绿色发展具有重要意义。

5. 中国首台 12000 米深智钻机交付

2024年10月16日，由东方电气集团所属东方宏华自主研制的12000米深智钻机（图6-3）成功交付。

该钻机可实现12000米深井的"自动驾驶"钻井作业，是中央企业为国家超深层油气开发提供的又一大国重器。

图6-3　12000米深智钻机下线交付

二、油气装备物联网应用项目入选工信部行业发展典型案例

2024年12月3日，工业和信息化部发布《关于公布2024年物联网赋能行业发展典型案例名单的通知》（工信厅科函〔2024〕440号），确定了2024年物联网赋能行业发展典型案例名单。此次典型案例征集项目以"十四五"规划中数字经济领域的智能交通、智慧能源、智能制造等应用场景为主，面向行业应用、社会治理、民生消费，以及与新产业融合4个领域、14个具体方向开展，全国共107个项目入选。中煤陕西能源化工集团有限公司的"基于物联网的煤化工智能工厂设备创新管理"、兰州兰石集团有限公司的"基于物联网的焊接数字化系统应用"、中石化胜利石油工程有限公司的"物联网在石油工程装备管理的应用"、中海石油（中国）有限公司的"海上油气生产物联网建设与应用"等4项油气装备及煤化工项目成功入选。

兰石集团"基于物联网的焊接数字化系统应用"以离散型制造企业焊接车间生产现状为背景，围绕工艺和生产协同优化、生产和检测协同作业、生产和供应链协同管理、焊机互联互通和远程实时监控等企业数字化转型的迫切需求，构建的基于工业物联网技术焊接数字化系统，可实现焊接车间的数字化管理，具有优化资源配置、提高产品质量和生产效能、提升技术附加值等优势。胜利石油工程"物联网在石油工程装备管理的应用"致力于将物联网技术融入石油工程装备管理各个环节，实时监测装备运行，及时预警装备故障，助力精细化管理，简化管理流程，提高运行效率，推动降本增效。

三、"宽频宽方位高密度地震勘探关键技术与装备"获国家技术发明奖一等奖

2024年6月24日，2023年度国家科学技术奖揭晓，一大批贡献卓越的科学家和标志性成果获得国家科技奖励。其中，中国石油东方物探"陆上宽频宽方位高密度地震勘探关键技术与装备"（图6-4，简称"两宽一高"）荣获国家技术发明奖一等奖。该成果是中国

石油首次获得的国家技术发明奖一等奖，也是东方物探公司成立以来首次以独立完成单位获得的科技领域最高的国家级奖励。

为实施国家深地发展战略，向更深更复杂油气藏领域进军，东方物探公司在国家重大科技专项和中国石油集团公司的大力支持下，充分发挥综合一体化技术优势，历时15年科技攻关，从理念方法、高端装备、工业软件等方面开展原始创新，自主研发"两宽一高"全新一代陆上地震勘探技术，在全球首创陆上宽频宽方位高密度地震勘探关键技术与装备，实现万米深地目标"测得全、采得快、探得准"（图6-4）。

图6-4　陆上宽频宽方位高密度地震勘探关键技术与装备作业现场

引领油气地球物理迈向海量数据、高精度勘探的新时代。宽方位可以提供更多的观测角度，提高构造成像精度，有利于各向异性研究。宽频带指低频可控震源的宽频激发，能获得更丰富的低频信息，从而可以更有效地识别砂体横向边界，预测含油气性，有效提高反演可靠性。高密度如同照相像素增加，使得数据采样充分，成像边界更加清晰。

"两宽一高"创新"充分、均匀、对称"全波场采样新理念，明确"频带宽度、观测方位、采样密度"三大要素的物理含义及赋值，为地震波场的高精度高分辨率成像奠定基础；

首创宽频大吨位可控震源，全球唯一实现1.5～160赫兹激发，频宽拓展到6个倍频程以上，探测深度达到万米；研制全球首台30万道级地震仪，创新多级并行时钟同步等方法，解决海量数据精准、实时接收难题，关键指标领先国际先进装备，填补了高端接收装备行业空白；发明叠前各向异性裂缝预测等五维解释方法，解决了复杂区裂缝型油气藏预测不准的难题；突破交替激发低效采集技术瓶颈，发明高效混叠采集和数据保真分离方法，实现了"两宽一高"采集工业化落地。

"两宽一高"实现大规模应用，覆盖国内中国石油、中国石化、中国海油及海外18个国家43家油公司，应用项目456个，面积近34万平方千米，支撑国内陆上油气勘探取得重大突破，助力我国首口万米科探井部署实施。在海外，成功实施23.4万道全球最大道数采集项目，率先应用高效混叠采集方法，创造5.49万炮全球最高日效纪录。

四、"'深海一号'超深水大气田开发工程关键技术与应用"获国家科技进步奖一等奖

在距离三亚市约150千米的蔚蓝大海上，一座亮黄色的"巨无霸"稳稳矗立，上方伸出的"铁臂"将一把燃烧的火炬高高擎起，这就是"深海一号"作业平台（图6-5）。在这之下，天然气探明地质储量超千亿立方米，同时有伴生的凝析油资源，最大作业水深超过1500米，是我国迄今为止自主发现的水深最深、勘探开发难度最大的海上油气田。"深海一号"每年为粤港琼等地供应30亿立方米深海天然气，可以满足大湾区四分之一的民生用气需求。

图6-5 "深海一号"超深水大气田全景

2024年6月，中海油海南能源有限公司牵头完成的"'深海一号'超深水大气田开发工程关键技术与应用"项目，获2023年度国家科学技术进步奖一等奖。该项目历经10余年攻关与实践，创新"内胆式"立柱储油等四项核心技术，研发世界首座十万吨级半潜式生产储油平台，建成了1500米水深"深海一号"大气田示范工程，引领了我国深水油气装备产业链发展。"深海一号"项目取得的巨大成功，使我国成为继美国、挪威后世界第三个具备超深水油气自主开发能力的国家，有望撬动更大规模海上天然气资源的经济高效自主开发，为其他国家和地区经济安全开发深海油气资源提供先进可靠的"中国方案"。

1500米，通常被国际上定义为深水与超深水的分界线。尽管超深水区蕴藏着丰富的油气资源，但深入的每一步都"难如登天"，水深每增加1米，压力、温度、涌流等情况都会发生剧变。在"深海一号"超深水大气田被勘探发现时，中国海油已具备水深300米以内油气资源的开发能力，但对于深水、超深水领域涉足未深，由"浅"入"深"，几乎没有实践经验。深水开发对技术、装备能力、关键设计指标的要求都极高，国际上只有少数几家大型石油公司具备深水开发技术能力。

2014年起，中国海油联合百余家单位组建了5000余人的"深海一号"攻关团队，聚焦多种技术难题，全面启动"深海一号"超深水大气田开发工程设计研究。他们首创了一系列技术攻克难题，如"水下生产系统回接半潜式生产储油平台"气田开发新模式、超深水海底气侵早期监测预警技术等。

2021年6月25日，"深海一号"正式投产，累计生产天然气超过80亿立方米。"深海一号"超深水大气田的建成，标志着我国海洋油气自主开发能力实现了从深水到超深水的历史性跨越。

五、长寿命大型乙烯裂解反应器设计制造与维护技术获国家科技进步奖二等奖

2024年6月，国机集团合肥通用机械研究院有限公司作为第一完成单位牵头完成的"长寿命大型乙烯裂解反应器设计制造与维护技术"获国家科学技术进步奖二等奖。该项目面向国家百万吨乙烯工程建设重大装备自主可控迫切需求，围绕乙烯裂解反应器长时服役损伤规律及调控原理，突破失效机理揭示表征等多项关键技术，建立长寿命设计制造与维护技术体系，通过精准的材料设计与制造工艺，大幅提升了反应器的可靠性，实现了从传统的模仿到核心技术自主创新的飞跃，标志着我国在乙烯工业装备制造领域的重大突破，对推动我国乙烯裂解反应器迈向高端具有重要意义。

六、中石协发布2023年度新产品、新技术、新材料科技创新成果

2024年5月16日,"2024第三届石油石化装备产业科技大会暨科技创新成果展览会"在历史名城西安市隆重召开。大会由中石协与中国石油集团科技管理部、中国石化集团科技部、中国海油集团科技与信息化部和国家管网集团科技部联合主办。来自中国石油、中国石化、中国海油和国家管网集团科技、物装和工程等管理部门负责人,中国机械工业联合会、陕西省科技厅的有关负责人,石油石化装备制造企业、用户单位、研究和检测机构、应用工程技术单位、高等院校的领导、专家和代表1000余人参加大会(图6-6)。

图6-6 第三届石油石化装备产业科技大会

为深入贯彻落实习近平总书记关于"把装备制造牢牢抓在自己手里,努力用我们自己的装备开发油气资源,提高能源自给率,保障国家能源安全"等系列重要指示批示精神,宣传推广行业"新产品、新技术、新材料"科技创新成果,加快实施创新驱动发展战略,畅通"产学研用"对接渠道,助推我国石油石化装备产业高质量发展,创新引领石油石化装备产业发展和技术进步,中国石油和石油化工设备工业协会再次组织开展了"2024年石油石化装备行业新产品、新技术、新材料科技创新成果"征集遴选活动。征集遴选活动开展以来,得到了行业内骨干企业的热烈响应,相关制造企业、研究院所、工程技术企业和高等院校提交了一批技术含量高、市场应用好的创新成果,促进了自主行业技术装备水平的提升,有力支撑了石油石化行业的健康稳定发展。

经企业自主申报、行业专家初选和最终遴选,德州大陆架石油工程技术有限公司"高温高压VO级封隔式尾管悬挂器"等杰出创新成果12项(表6-1),宝鸡石油钢管有限责任公司"中口径HFW高性能套管"等优秀创新成果21项(表6-2),经研究决定予以发布,并在"2024第三届石油石化装备产业科技大会暨科技创新成果展览会"期间进行宣传展示。会议为发布的"杰出创新成果"和"优秀创新成果"代表颁发了证书。

第六篇 科技成果

表6-1　2024年度石油石化装备行业"新产品、新技术、新材料"杰出创新成果

申报项目	申报单位
5000m双单根立柱自动化快移钻机	宝鸡石油机械有限责任公司
X80M高应变直缝埋弧焊管	宝鸡石油钢管有限责任公司
ϕ70mm抗震型牵引器研制及应用	中石化经纬有限公司
非常规钻井用长寿命高性能螺杆钻具	北京石油机械有限公司
高含硫天然气压缩机	中石化石油机械股份有限公司三机分公司
高温高压V0级封隔式尾管悬挂器	德州大陆架石油工程技术有限公司
高压高比例掺氢输送用X52MS螺旋焊管制造技术	宝鸡石油钢管有限责任公司
集输油用聚酯增强型非金属柔性复合管	宝鸡石油钢管有限责任公司
连续油管内置式完井管柱技术	中石化江汉石油工程有限公司页岩气开采技术服务公司
随钻方位电阻率边界探测技术	中石化经纬有限公司
智能液压吊卡	北京捷杰西科技股份有限公司
自动化连续油管作业装备	中石化四机石油机械有限公司

表6-2　2024年度石油石化装备行业"新产品、新技术、新材料"优秀创新成果

申报项目	申报单位
15000m特深井多功能液压卡瓦	江苏诚创智能装备有限公司
2250kN海洋液压修井机	中石化四机石油机械有限公司
232℃/105MPa可解封完井封隔器研制	中石化江汉石油工程公司井下测试公司
3000m车装超级单根钻机研制	南阳二机石油装备集团股份有限公司
FLICK-2一体化变粘压裂液	中石化江汉石油工程有限公司页岩气开采技术服务公司
HRZ型大规格活塞推料离心机	重庆江北机械有限责任公司
稠油开采用高性能全金属螺杆泵	北京石油机械有限公司
复杂油气藏智能调流控水提高采收率技术	中石化石油工程技术研究院有限公司
改善镍基堆焊复合弯管内壁堆焊层晶间腐蚀的方法	郑州万达重工股份有限公司
高浓度DMF废水处理低碳型智能精馏工艺技术研究	浙江陕鼓能源开发有限公司
高性能油基钻井液技术	中石化石油工程技术研究院有限公司
光伏离网型阀室电信仪综合装置	中石化中原石油工程设计有限公司
基于TRIZ方法的HAILOONG海上油井"听诊器"及专家决策系统	中海油能源发展股份有限公司工程技术机械采油公司
离心压缩机用防喘振调节阀国产化	纽托克流体控制有限公司
连续油管防喷器组	上海神开石油设备有限公司
面向极限超高温高压环境的多模式油气勘探测井仪系统	杭州丰禾石油科技有限公司
纳米高致密增强剂	中石化胜利石油工程公司固井技术服务中心
扭力冲击器	中石化江钻石油机械有限公司
水下采油树系统关键部件检验检测技术	青岛海洋工程水下设备检测有限公司
正丁烷氧化法制顺酐用节能型汽电双驱同轴机组开发及应用	西安陕鼓动力股份有限公司
中口径HFW高性能套管	宝鸡石油钢管有限责任公司

七、东方宏华再次荣获陆地石油钻机单项冠军

2024年6月，东方宏华陆地石油钻机通过了工信部第五批制造业单项冠军企业复核，自2021年斩获"制造业单项冠军"后，再次获此殊荣。制造业单项冠军是指长期专注于制造某细分产品市场且生产技术或工艺国际领先，同时单项产品市场占有率位居全球或国内前列的企业。

东方宏华是专业从事油气勘探开发装备的研究、设计、制造、总装、成套的大型设备制造及钻井工程服务商，具备年产100台（套）石油钻机的生产能力，是全球陆地石油钻机制造顶尖企业之一，也是全球电驱压裂设备制造和服务的领军企业之一。东方宏华自成立以来，始终深耕油气钻井设备领域，2001年研制出40DBS数控变频电动钻机，2011年研制了万米大陆科学科探钻机，2016年研制了-50℃作业极地钻机，2023年研制了超静音智能钻机等多款"明星产品"。通过多年持续创新和制造实力的积累，东方宏华成为陆地钻机领域的单项冠军，为推进新型工业化、加快建设制造强国提供有力支撑。

八、北石公司静音节能永磁直驱顶驱摘得大赛金奖

2024年6月14日，北京石油机械有限公司（以下简称北石公司）研制的"静音节能永磁直驱顶驱"，喜获第18届北京发明创新大赛金奖。这对推动油气装备和油田服务业务自动化智能化升级、提升作业本质安全水平等具有重要意义。

顶部驱动钻井装置（简称顶驱）是油气钻井的核心装备之一。复杂传动结构引起的高故障率、冷却系统产生的额外能耗、水平段钻柱因井壁摩阻无法向前延伸是制约顶驱高效钻井的三大技术难题。

北石公司从结构、自动控制、高效散热等方面开展系统研究，研制的静音节能永磁直驱顶驱解决了多项技术难题，在能效、噪声、控制精度、自动化水平方面走在行业国际前列。该顶驱利用永磁直驱电机精确调速，简化了机械结构，提高了传动效率，可显著降低故障率和维护保养成本。其中，相变散热系统实现了废热再利用，大幅提升了综合能效；配备的扭摆减阻技术，有效延伸了水平井的水平段长度。目前，直驱顶驱已在长宁—威远国家级页岩气产业示范区等地成功应用40余口井，作业全程顺畅高效。直驱顶驱的成功研制，推动了顶驱技术向绿色节能转变，助力油气资源清洁高效开发。

第七篇
发展综述

2024年，中国石油与石油化工工业设备协会与会员企业一道，认真落实习近平总书记一系列重要讲话和批示精神，以服务保障为己任，以解决现场难题为重点，深化管理，大胆创新，解决了一些"卡脖子"问题，研制了许多首台套装备，获得了较多专利、标准和省部级以上奖励，石油与石油化工行业技术水平得到了进一步提升，整体技术水平达到了国际一流、部分达到国际领先，较好地满足了各项工程需要，为石油天然气事业的发展作出了重要贡献。

尽管如此，也要清醒地看到：我国部分高端装备与国际领先相比，还有很大差距，有的装备甚至还存在代级差距。例如：在深地油气钻探方面，许多井下装备和助剂不抗高温高压，还不能满足万米深层钻探需要；在非常规油气水平井钻井方面，智能旋转地质导向相差两代，严重制约着长水平段水平井钻完井质量和效益，严重影响着非常规油气藏的规模有效开发；在深海油气钻探方面，一些深海石油勘探开发重大装备不成体系，国产化率较低，深水导管送入工具、深水钻井隔水管、控压钻探系统、深水钻探软件系统以及一些核心设备和关键元器件仍然依赖进口，还不能自主制造；在炼化方面能够生产新型高档化工材料的装备较少；在数字化和智能化方面，步伐整体较慢，差距比较明显，存在信息基础设施薄弱、信息孤岛较多，AI场景应用较少、大量数据资产闲置、高端软件依赖进口等问题。

当前，全球能源结构加速转型，油气资源仍然是保障能源安全的重要支柱。我国作为全球最大的油气进口国和消费国，核心技术装备的自主可控能力直接影响着能源产业链安全。综合各方信息还可以预测：我国今后勘探开发的主攻方向依然是探明程度和开发程度较低的深层、深海和非常规油气藏，炼化的主攻方向依然是"减油增化"、开发更多的高附加值的化工产品。在这些方向上进行勘探开发炼化，困难和挑战越来越大。需要创新大量新工艺、新技术和新装备，全面提升产业链保障水平才能应对。

2025年是我国"十四五"的收官一年，也是谋划"十五五"发展的关键一年，石油与石油化工设备行业应在现有基础上，认清形势和需求，敢于站在国际领先的高度，认真借鉴国内外先进经验和做法，针对自身存在的诸多问题，积极开拓进取，勇于创新驱动，加快设备行业转型升级，实现更高质量发展：

一是制定好《"十五五"石油石化装备发展规划》，明确优先发展的方向和重点。特别是加强科技立项管理，进一步梳理勘探开发炼油化工产业链的技术弱项、短板和"卡脖子"问题，本着立足当前、着眼长远，实现"强弱项、补短板、自主可控、满足重大需求、全面提升国际竞争力"的目标，形成进攻性强、迭代升级快的研发计划体系，减少科研的盲目性、重复性，提升科研的针对性、适应性和有效性。

二是高度重视人工智能在油气勘探开发炼油化工中的应用，加强信息基础设施建设和复合人才培养，深化AI技术和专业技术融合，尽快完善物联网和数据库建设，大幅增加智能化应用场景，攻克更多"智能设备＋智能软件"，努力实现智能制造、智能钻完井、智能采油、智能炼化和智能储运，使我国石油装备在新一轮科技竞争中争取主动，走在世界前列。

三是进一步强化基础科学研究，加强智能装备、能源材料学科设置，加强高精尖复合型人才培养和重点实验室建设，允许更多失败，充分调动大专院校、科研院所积极性和创造性，力求在基础研究和高新技术领域方面取得更多原创性重大成果，充分发挥科技的引领作用，不断催生新质生产力和战略新兴产业。

四是充分塑造和发挥企业的创新主体作用，协同攻关，鼓励企业牵头组建跨领域、跨学科、跨单位的产学研用体系和联合研发团队，对重点领域和关键环节核心技术实施战略研发，蹄疾步稳，系统解决现场重大问题，进而全面提高工程质量和效益。

五是充分发挥政府政策引导和市场调节作用，强化完善激励约束长效机制，注重从国家层面加大支持与考核力度，支持石油石化装备产业基地建设，进一步加强对首台套装备的税收减免和财政补贴，引导企业重视科技，树立战略研发思想，激励约束企业长期加大科技资源投入，重奖创新有功人员，彻底解决深地、深海、非常规，以及化工领域的"卡脖子"问题。

六是切实以世界眼光、高点站位、满足国内外需求和落地见效为目标，加快技术装备迭代升级，既要重视单项设备的突破，补齐缺项和短板，又要重视重大装备的系统研究，整体推进。积极构建"材料—设计—制造—服务"一体化生态链，支持制造商进行"智能制造＋现代服务"转型，积极走向国际市场，并全面赶超国际水平。

七是开展质量品牌培育工程。敢于与国际领先水平对标，全面实施高端装备制造工艺优化和质量提升行动计划，支持企业建立技术装备"白名单"制度，加强对装备全生命周期和全供应链质量控制，全面提升装备质量、寿命和效益；鼓励企业开展国际质量认证，引导支持企业参与国际、国家、行业和团体标准制定，提高行业话语权和影响力，助推产业加快转型升级；完善品牌管理体系，争取更多装备进入国际市场参与竞争，并成为国际知名自主品牌。

为帮助读者深入了解我国勘探开发炼油化工主要技术装备的发展状况、差距、方向和重点，笔者选取和摘要了部分院士和知名专家的七篇文章，从地质工程需求、深层油气钻探装备、深海油气钻探装备、非常规油气钻探装备、炼化工程装备和数字化智能化装备等六个方面向大家进行了分述，期望能够进一步提高各会员单位工作的针对性、创新性和有效性。

一、面临的形势与需求方面

"十四五"油气增储上产进展与"十五五"展望

总结分析"十四五"油气勘探开发进展，对编制"十五五"油气规划、研究油气中长期发展战略具有重要而现实的意义。

1. 油气增储上产成绩显著，生产供应能力明显提升

"十四五"以来，全国油气勘探取得喜人成绩，探明了一批大中型油气田，在新区新领域获得一系列重大突破。2021—2023 年，全国油气勘探先后发现 7 个亿吨级油田、4 个千亿立方米常规气田（含致密气）、2 个千亿立方米深层页岩气田、3 个千亿立方米（深）煤层气田。

"十四五"以来，全国新增油气探明地质储量创历史新高。2021—2023 年，全国年均新增石油探明地质储量约 14.25 亿吨，创历史纪录，分别高出"十二五""十三五"年均增储约 16.3%、37.2%。

天然气产能建设态势更加强劲。2019—2023 年，年均新建产能约 400 亿立方米，比"十二五"年均新建产能高出 82%；2021—2023 年，天然气产能建设进入新高潮，2022 年达 478 亿立方米，2023 年也超过 400 亿立方米，为天然气持续大幅上产提供了有力支撑。

石油产量重回 2 亿吨大关并稳步上产。2019—2023 年，全国石油产量实现了连续 5 年增产，年均增产 400 万吨，2022 年时隔 6 年重回 2 亿吨大关，2023 年进一步增至 2.09 亿吨，2024 年预计 2.13 亿吨。

页岩油快速发展。先后建成新疆吉木萨尔、大庆古龙、胜利济阳等三个国家级页岩油开发示范基地，2023 年页岩油产量超过 400 万吨，5 年合计增产超 230 万吨，约占同期全国石油增产量的 12%，年均增产 45 万吨以上，日益成为陆上石油增产的重要来源。

天然气产量连续 7 年增产过百亿立方米。2019—2023 年，全国天然气（含致密气，下同）产量增加约 720 亿立方米，年均增产 144 亿立方米，年均增速 7.7%。超过 80% 的增产量主要来自川渝地区（四川盆地）、陕蒙晋地区（鄂尔多斯盆地）和新疆（塔里木盆地）。预计 2024 年全年产量约 2480 亿立方米。

页岩气、煤层气等非常规气产量持续增加。2019—2023 年，全国页岩气、煤层气产量合计增加了约 200 亿立方米，年均增产约 40 亿立方米，约占同期全国天然气增产量的 27.8%，在全国天然气总产量中占比达 16.7%，提升了 5 个百分点以上。

2. 面临的问题与挑战

资源品质下降加大油气勘探开发和增储上产难度。在勘探发现和增储方面，常规优质资源探明率较高，普遍进入勘探中后期，中、东部陆上和部分海上主力富烃凹陷探明率普遍超过 50%；剩余资源和勘探目标要么散碎、规模小，难以实现规模效益勘探，要么埋深更大、海域更深，地质条件更复杂，大中型油气田发现难度更大。开发和产能建设方面，新增储量品质持续下降，规模效益开发难度越来越大。"十四五"以来，尽管年均新增油气探明地质储量规模较大，但新增可采储量占比却不断下降，其中石油平均约为 16%，低于"十三五"平均水平；常规气平均约为 42%，比"十三五"平均水平下降 4 个百分点以上。

中低丰度储量占比高达80%左右,(特)低渗透储量占比高达95%以上。同时,受制于技术、成本及政策因素,大量(超)深层、超稠油、超低渗透等难动用储量,规模效益开发和上产其难度和风险加大。东部老油田(区)稳产难度持续加大,挖潜成本攀升。

受油气地质认识与关键技术能力制约更加突出。受地质认识与关键技术等制约,部分具备资源条件、风险高的有利目标区始终未能取得重大战略性突破,未能形成预期大场面。技术问题日益成为油气上产的关键瓶颈。受关键技术制约,大规模低品位难动用探明油气地质储量,以及潜力巨大的深层页岩气、陆相页岩油气、深部煤层气,无法实现规模效益开发。东部老油田稳产面临强化采油、提高采收率技术挑战,用于驱油驱气的CCUS-EOR/EGR产业发展因技术瓶颈导致成本过高。海上超浅层气藏和天然气水合物开发面临技术制约。部分工程技术与装备、部分关键零部件和材料,依然依赖进口,受制于人。

矿业权政策对油气勘探开发提出了新要求、新挑战。政策环境日趋严峻,导致承担国家增储上产主责的勘探空间大幅缩减,不利于油气增储上产。用地用海需求不断攀升,征用难度加大、成本高,手续办理效率低,不利于加快勘探开发步伐。自然保护区生态保护红线与油气勘查区块、开发生产作业区的大面积重叠给油气增储上产带来新挑战。海上油气开发与新能源开发间的矛盾影响海上油气产能建设。深水、深层及低边稠等低品位、非常规资源开发成本不断攀升。

3. "十五五"油气勘探开发和增储上产前景可期

石油资源潜力依然较大。截至2023年底,全国石油平均探明率约37%,依然整体处于勘探中期阶段,具备持续高位增储的资源潜力。初步预计,"十四五"后两年和"十五五",即2024—2030年,全国石油勘探年均新增探明地质储量10亿吨以上,不断夯实产能建设的储量基础。中西部鄂尔多斯、塔里木、准噶尔、柴达木和海域的渤海、珠江口等大型含油气盆地是勘探增储的"主力阵地",东部松辽、渤海湾等大型盆地待探明资源量高达150亿～180亿吨,精细挖潜勘探潜力不可忽视。从领域和类型看,来自成熟探区、已发现油气区的勘探增储占比将攀升至70%左右,而完全来自新区、新领域的增储占比降至30%左右,页岩油将在多个盆地取得更大规模勘探突破,日益成为石油勘探增储的重要来源。

石油产量有望高位稳中有升。基于持续的高位勘探增储,加上超百亿吨探明未开发储量,考虑提高采收率的巨大潜力,借助于国家政策支持、技术进步,未来石油开发和生产潜力较大,石油产量可长期稳定在2亿吨,在一定国际油价下,石油产量依然有一定上升空间。其中,"十四五"后期,石油产量将延续近年增产态势,到2025年,石油产量将达2.15亿吨以上,有望创历史纪录;"十五五"期间,如国际油价保持在80美元/桶以上,在技术进步和支持政策的加持下,石油产量可保持稳步上产,年均增产300万吨左右,到2030年可攀升至2.30亿吨左右,再创历史新高。如果国际油价振荡于60～80美元/桶,在同等技术和政策条件下，石油产量将稳定在 2.05 亿～2.10 亿吨；如国际油价长期徘徊在 50～60 美元／桶，石油产量将总体稳定在 2 亿吨左右。

从开发和生产格局上，海域、中西部继续成为石油增产主战场；东部老油区采收率持续提高，生产韧性增强，可避免大幅减产；页岩油开发获得较快发展，成为石油增产重要来源之一。仍有约 30% 产量来自东部老油区，约 70% 产自中西部、海域；页岩油产量不断增加，2025 年可达 600 万吨以上，2030 年有望达 1200 万～1500 万吨。全国超过 50% 的石油增产量来自渤海、鄂尔多斯盆地，二者产量合计将占全国石油总产量的 35% 以上。

天然气勘探开发力度持续加大。天然气资源勘探程度总体相对较低，全国平均探明率约 22%，整体进入勘探早—中期阶段，资源潜力大。页岩气、煤层气等非常规资源勘探程度较低，探明率普遍不足 10%，总体处于勘探早期阶段。初步预计，"十四五"后 2 年和"十五五"，即 2024—2030 年，借助于技术创新，常规气（含致密气）增储规模 8000 亿～9000 亿立方米，非常规气增储贡献将越来越大。区域格局上，超 80% 的增储规模来自四川、鄂尔多斯、塔里木等三大主力盆地，海域天然气勘探取得更大突破，相继建成南海北部、渤海—黄海等两个万亿立方米储量规模大气区。领域类型上，深水、深层、非常规等将继续主导天然气勘探新发现，风险勘探在潜力大、久攻不克的低勘探程度地区将取得重大战略性突破，深层页岩气、深部煤层气将成为非常规资源勘探增储的主要领域，特别是深部煤层气将继续在中西部、南方取得重大发现，天然气水合物有望取得历史性突破，获得工业规模储量。

天然气产量持续大幅增加。加强气田开发和产能建设，产量持续大幅增加。初步预计，"十四五"后期至"十五五"时期，天然气产量将延续近几年增长态势，年均增加 100 亿立方米以上，2025 年将达 2600 亿立方米左右，2030 年进一步增产至 3100 亿立方米以上。从生产格局上，陕蒙晋（鄂尔多斯盆地）、川渝（四川盆地）、新疆（塔里木盆地）等地区仍为天然气增产主战场，其产量合计约占全国天然气总产量的 80%，其中川渝和陕蒙晋有望建成 2 个千亿立方米产量超大型产气区，海域产量显著增加，占比将进一步提升。从资源类型上，常规气（含致密气）产量在 2025 年可超过 2100 亿立方米，2030 年产量将达到 2400 亿立方米以上，年均增产 70 亿～90 亿立方米；深层、超深层将成为页岩气增产主要领域，在新领域、新层系将形成重要产能接替，页岩气开发将突破瓶颈期，预计 2030 年产量为 400 亿立方米左右。随着深部煤层气规模效益开发，煤层气产能建设加速，2030 年产量将超过 330 亿立方米。天然气水合物开发可能取得商业突破。

4. 有关政策与措施建议

加快研究制定"十五五"油气发展规划、中长期油气增储上产发展战略，明确目标，制定实施方案并出台配套改革政策措施，从而构建市场机制和国家行政命令相结合的增储上产新机制。

加快构建持续推进油气增储上产的体制机制。完善勘查区块退出机制，推动区块退出与油气勘探发现之间互动良性发展，加大区块投放力度。推进生态环境保护与增储上产协调发展，加快建立完善油气开发用地用海制度。积极探索油气矿业权流转，加快建立油气矿业权二级市场，推进石油央企间、石油央企与其他企业间的矿权流转，实现多层级、多类型、多模式油气矿权流转。加快构建和完善油气勘探开发工程与技术服务市场，健全和完善地质资料汇交和共享使用机制。

构建新型油气增储上产科技创新体制机制。实施新一轮国家重大油气科技攻关工程，着力解决制约油气增储上产的重大地质理论、关键技术、"卡脖子"装备设备等问题。健全完善油气科技创新协同机制，以重大油气勘探开发项目为依托，建立跨学科、跨领域的创新联合体，形成协同攻关合力。激发科技创新活力，健全完善油气创新平台体系，发挥主要石油企业科技攻关主力军的作用，集中优势资源突破制约增储上产的关键核心技术与装备，鼓励中小企业参与国家重大油气科技攻关，专注单项技术，掌握独门绝技。

加大政策支持力度，降低增储上产风险与成本。鼓励和支持油气风险勘探，由中央财政牵头，联合石油央企及各类投资主体，设立国家风险油气勘探专项，支持风险勘探和科探井项目，重点支持资源潜力大、勘探程度低的新区勘探，着力寻找大中型油气田。降低油气探矿权、采矿权区块出让收益标准，切实鼓励勘探开发投入。延续并完善现行非常规资源开发补贴政策，精准补贴支持页岩油、深层页岩气、深部煤层气开发。另外，持续降低国产气增储上产成本，增强应对市场风险的能力，提升市场竞争力。

原载于《中国能源观察》，根据原文改编。
原文作者：中国海洋石油集团能源经济研究院，潘继平，王萌。

二、深地油气钻探装备方面

深地钻完井技术装备面临挑战与发展展望

我国深部油气资源总量达671亿吨油当量，占全国油气资源总量的34%，83%的深地油气资源尚未开发。国家要求加大力度创新深地科技，突破超深层油气理论和关键技术，提升油气勘探开发水平和能力。

截至2023年9月，国外超过8000米超深井累计580余口。全球累计钻探各类万米深井93口，主要集中在海上深水、大位移井。万米直井方面，陆上垂深超万米仅有1口，为苏联SG-3井，在油气领域陆上尚无万米级直井。2022年阿联酋完成的UZ-688井，完钻井深 15240 米。我国超深井主要集中在塔里木、四川和准噶尔南缘等地区。2023 年，中国石油分别在塔里木盆地和四川盆地开钻深地 TK1 井和深地 CK1 井两口万米深井，设计垂深分别为 11100 米和 10520 米，深地科探与油气预探挺进万米"无人区"。

通过持续攻关，中国石油研发形成了 7000～12000 米自动化钻机及配套顶驱等装备，井身结构不断优化，地质工程一体化深入推进，抗温 240℃水基钻井液日趋完善，温压响应型堵漏材料和膨胀管裸眼封堵技术取得重要突破，软硬件一体化交互自动化固井技术迈上新台阶，超深井钻井突破 9000 米，工程技术进步支撑勘探迈向万米超深层。

通过研究发现制约万米超深层油气产业发展的技术壁垒和短板，明确技术攻关方向。其中超深井井身结构优化、9000～12000 米钻机、高温高密度油基钻井液、大温差固井和韧性水泥浆、自动化固井等技术处于商业化应用阶段。高效 PDC 钻头、N80 钢级膨胀管、ϕ311.1 毫米以上垂直钻井工具、旋转地质导向系统等处于工业示范阶段。万米级智能钻机、自适应钻头、随钻扩眼工具、C90 钢级膨胀管、175℃高温随钻工程参数测量系统、抗高温高造斜率旋转地质导向系统、抗温 240℃以上井筒工作液新材料、钻完井工程设计与优化决策一体化软件、智能化钻井技术等处于研发试验阶段。其中，万米级智能钻机、万米深井井身结构拓展、高强度低密度耐腐蚀油井管、超长井段能量高效传递、超深强研磨地层高效破岩材料及提速工具、耐高温随钻测控系统、超高温高压井筒工作液、"三超井"井控与复杂处理、钻完井一体化软件等关键技术与国外差距大，属于万米超深层油气勘探开发产业链关键工程技术中的短板弱项，需重点攻关。

1. 面临的挑战与技术需求

塔里木盆地富满地区奥陶系已发现 10 亿吨级大油藏。四川盆地川西北部地区成藏条件优越，单个圈闭资源量近万亿立方米。因此，中国石油在塔里木盆地和四川盆地启动万米深地科探与预探工程。塔里木盆地和四川盆地超高温超高压、多压力体系、地层坚硬及可钻性差、富含酸性流体等问题共存，面临一系列世界级的超深井钻完井技术难题，万米深井"打成、打快、打优"挑战性大。

1）地质构造复杂，井身结构拓展困难

四川盆地地层压力系统复杂，压力预测难度大。据预测，深地 CK1 井将钻遇 13 套压力系统，存在 4 个必封点和 2 个风险点，塌、漏、断层复杂交互，且二叠系以下无可参考资料，需设计六开井身结构，且考虑备用 1～2 个开次应对下部未知地层可能存在的风险层段。但是目前国内井身结构最多 8 层（HX1 井），采用 ϕ114.3 毫米小套管完井，完井尺寸过小，无法满足万米深井完井需求。

据预测，塔里木盆地深地 TK1 井区块存在 6 套压力系统，且含高压盐水层，存在 3 个必封点和 1 个风险点，深部地层复杂未知，奥陶系下部、蓬莱坝组可能钻遇缝洞储集体，存在溢流、漏失风险，设计四开井身结构，且备用 1~2 个开次应对下部未知地层可能存在的风险层段，若采用 ϕ215.9 毫米完井，则开眼尺寸过大（大于 ϕ914.4 毫米），需优化井身结构，保障合理性。

因此，需要提高地层压力及风险预测精度，保障井身结构设计的合理性。同时采用随钻扩眼、膨胀管等非常规手段拓展井身结构，提高其应对复杂能力。

2）管柱超长，钻机提升能力和管柱强度要求高

深地 TK1 井设计三开 ϕ365.1 毫米套管下深 7557 米，最大空重 1078 吨；深地 CK1 井设计 ϕ482.6 毫米套管下深 3608.5 米最大空重 819 吨，三开悬挂套管空重 652 吨，常规套管螺纹、尾管悬挂器强度无法满足要求。现有 12000 米钻机提升负荷仅 900 吨，提升能力不足。CK1 井设计上部 ϕ149.2 毫米钻杆空重 307 吨，钻杆最小抗拉余量仅 10 吨，抗拉余量不足，且高含硫加剧管柱腐蚀破坏，增加井下风险，甚至无法应对。需要采用高强度低密度钻杆降低钻柱重量、提高拉力余量，同时采用高钢级套管、特殊螺纹提高套管强度；采用重载尾管悬挂器提升超长尾管悬挂能力，保障安全。

3）沿程能量损耗大，钻头破岩困难

万米深井水力能量与机械动力传递困难。CK1 井预计最高泵压 46 兆帕，现有钻井泵最高泵压 52 兆帕，水力能量及机械动力大都在沿程中损耗，传输至钻头的破岩能量少。需要采用耐高温长寿命动力钻具、适合深部地层的扭力冲击器来增加机械破岩动力，将钻柱损失的振动能转化为水力能量补充破岩，研发高耐磨钻头提升深部地层的破岩效率与行程进尺。

4）超高温高压、复杂地应力等多因素耦合，井壁稳定难度大

目前超深层井壁稳定机理不清，超深地层高地应力失衡、超高温地层冷却致裂、水活性变化等多重因素叠加导致井壁失稳更加凸显。同时超深井段还面临高密度钻井液流动阻力大、流变性控制难度大等难题，极易导致循环当量密度高、井底压力波动大，从而诱发井下复杂事故频发问题。因此，需要通过揭示超高温高压井壁失稳机理、研发新型水活性材料等手段来解决超高温高压、复杂地应力等多因素耦合下的井壁失稳难题，同时研发降摩减阻材料降低流动阻力。

5）超高温高压给关键工具装备带来挑战

据预测，深地 TK1 井井底温度 213℃、压力 165 兆帕；深地 CK1 井井底温度 224℃、压力 177 兆帕。现有尾管悬挂器和分级箍两项关键工具耐温耐压不足；现有电子式测斜工具最高耐温 175℃；现有防喷器及节流压井管汇承压 140 兆帕。需要研制高密封性重载尾管悬挂器解决超深大吨位悬挂难题；研制机械式大量程测斜仪为高温测斜提供手段；研制 175 兆帕防喷器及节流压井管汇解决超高井口压力控制难题；攻关多层金属绝热保温与密封技术解决测试压力计高温高压难题。

2. 关键技术发展现状与国外差距分析

1）井身结构优化与拓展技术

国内三压力预测模型单一，国外三压力预测模型先进、分析软件成熟，对于复杂成压机制复杂岩性的超深地层没有针对性的预测方法。综合应用随钻测录井数据、矿物现场自动化分析开展三压力随钻实时监测，研制了温压微型测量工具，最高测量温度为160℃，最大压力为 103 兆帕。目前国内三压力预测精度与国外存在差距，温压测量工具测量范围有待提升。

国外随钻扩眼技术成熟，扩眼工具规格齐全，单趟扩眼进尺超过2000米，无故障作业时间大于 150 小时，耐温达200℃，已经形成全过程动态仿真分析软件。国内的随钻扩眼处于起步阶段，未用于井身结构拓展，且随钻扩眼器综合性能、设计和施工工艺等方面均和国外有较大差距。

国内研发了高性能膨胀管材料及裸眼封堵配套工具，强度达到 N80 钢级，膨胀管应用最大下深 6170 米、单次应用最长 838 米、最大管径为 299 毫米；国内 P110 钢级高强度膨胀管正在攻关研发中，目前已完成小样炼制与测试。国外常用膨胀管材料胀后强度为 L80 钢级，胀后最高为 P110 钢级，膨胀管应用最大管径为 406 毫米。国内差距主要在于 P110 钢级膨胀管材料、大管径膨胀管工具方面尚未成熟，应用数量与应用指标与国外存在差距。

2）高效破岩技术

国内形成了基于测井资料的可钻性评价技术，揭示了 7000 米复杂超深层地应力环境下岩石破碎机理，指导钻头设计与选型。国外形成了基于地震、测井资料和随钻岩屑分析的可钻性评价技术，掌握了万米超深层岩石破碎机理。主要差距在于国内万米超深层岩石可钻性评价手段缺乏、预测精度低，脆塑性岩石破碎机制不清。

国内复合片钻头在超高温高压环境下磨损快，深部硬地层进尺 120 米，寿命 80 小时，缺乏适应万米深层的长寿命高耐磨钻头。国外复合片材料及合成工艺成熟，PDC/孕镶混合钻头在万米超深硬地层进尺 200 米，使用寿命超过 120 小时。目前国内在复合片材料及合成工艺方面有差距，万米超深层高温高压环境下钻头进尺及寿命差距较大。

国内涡轮钻具功率小、效率低，耐温300℃，寿命 200 小时，输出功率 30 千瓦；国外涡轮钻具功率大、效率高，耐温300℃，寿命 300 小时，输出功率 50 千瓦。国内涡轮钻具的可靠性、工作寿命、输出功率有待提升。

国内目前已经成熟定型抗150℃高温螺杆，研发了抗175℃高温螺杆，现场应用寿命 200 小时；研制出 ϕ89 毫米小尺寸金属马达。国外研制出抗190℃高温螺杆，寿命 300 小时以上，在超深井和地热井中广泛应用，部分寿命高达 2000 小时，全金属马达耐温260℃。国内在螺杆钻具的加工工艺、耐高温橡胶材料方面存在差距，螺杆耐高温性能不足、使用寿命有待提升。

国内研制出扭力冲击器，处于现场试验阶段，耐温175℃，适用于钻井液密度小于等于1.80克每立方厘米工况，寿命150小时以上。国外扭力冲击器规格品种齐全，综合性能优异，最高耐温200℃，寿命200小时以上，适用于钻井液密度大于2.0克每立方厘米工况。国内扭力冲击器在能量利用效率、高温可靠性方面有待提升，且使用寿命短，高密度钻井液适应性不足。

3）超深井钻机装备及关键工具

国外钻机钻深能力突破15000米、配备TDX1250和TDX1500顶驱、全套自动化操作及控制系统，美国SPM公司新研制了77.3兆帕高压钻井泵。国内目前自动化升级12000米钻机（额定钩载900吨），研制出70兆帕、3000马力钻井泵。

国内铝合金钻杆的比强度为105~138千牛·米/千克，强重比比S-135钻杆提高32%，抗拉强度460兆帕以上，屈服强度325兆帕以上。国外铝合金钻杆的比强度为121~159千牛·米/千克，强重比比S-135钻杆提高37%，抗拉强度530兆帕以上，屈服强度480兆帕以上。目前国内铝合金钻杆在比强度和强重比上较国外存在一定差距。

国内垂直钻井工具耐温能力150℃，应用井眼尺寸311.2~558.8毫米；国外垂直钻井工具耐温能力175℃，个别型号达到200℃，应用井眼尺寸139.7~711.2毫米。国内目前缺乏ϕ711.2毫米以上大尺寸井眼及ϕ139.7毫米以下小尺寸井眼工具，且在耐温能力上与国外存在差距。

国内电子式随钻测量工具耐温150℃，耐压140兆帕，国外工具耐温175℃，耐压140兆帕。在机械式随钻测量工具方面，国内机械式测斜仪处于样机试制阶段，在测量范围、精度及传输距离上不能满足万米深井需求，国外在地热钻井过程中成熟应用，应用井深5000米，且由于"摆锤—阶梯环"测量原理限制，无法在测量范围、精度及传输距离上进一步突破。国内电子式随钻测量工具耐温能力差距较大，国内外现有机械式随钻测斜工具均不能满足万米深井需求。

国内尾管悬挂器ϕ177.8毫米×ϕ139.7毫米悬挂能力1600千牛以上，耐温180℃，顶封封隔/回接筒密封压差70兆帕。国外尾管悬挂器ϕ177.8毫米×ϕ139.7毫米悬挂能力3200千牛以上，耐温232℃，顶封封隔压差105兆帕，回接筒密封压差70兆帕。国内尾管悬挂器较国外在抗温、承压稳定性方面存在差距，且工具性能稳定性有待提升。

4）井壁稳定与钻井液降摩阻技术

国外井壁稳定研究方向与国内大致相同。目前国内外均未针对超高温高压井壁稳定与降摩阻机理开展深入研究。

国内受密封件耐温能力限制，润滑性等评价装置耐温200℃，无法满足万米深井超高温条件下的评价需求。国外通过新型超高温密封技术，大幅提升了井壁稳定、润滑等评价装置的使用温度上限，最高耐温可达300℃。国内目前超高温钻井液评价装置耐温能力不足，高温密封技术落后于国外先进水平。

国外超高温井壁稳定、降摩阻材料研发较早，配套相对完善，抗温能力基本240℃以上。国内已开展抗温抗盐降滤失剂、高温保护剂等抗温240℃处理剂材料的攻关，但超高温条件下稳定井壁、降摩阻等特种功能材料相对缺乏。主要差距在于超高温井壁稳定与降摩阻材料研发相对落后，配套不完善。

国内水基钻井液抗温220℃，极压润滑系数约0.2，油基钻井液抗温240℃，沉降阻力600克力以上，180℃承压能力提高钻井液当量密度0.05~0.1克每立方厘米。国外水基钻井液抗温240℃，极压润滑系数0.15~0.2，油基钻井液抗温240℃，沉降阻力400克力以下，240℃承压能力提高钻井液当量密度1.0克每立方厘米以上。目前国内在超高温条件下承压能力和润滑减阻能力方面与国外尚有一定差距。

3. 关键技术进展

1）特深井关键钻井装备

研制的"一键式"人机交互7000米自动化钻机及配套设备能够实现钻台面和井场80%以上的重体力劳动被机械替代，自动化升级了12000米钻机，其钩载900吨、配套900吨顶驱及70兆帕、3000马力钻井泵。

2）井身结构设计与优化技术

国内外钻井界高度重视井身结构研究，以美国墨西哥湾超深井钻井为代表，采用"扩眼＋膨胀管"技术拓展井身结构，已经实现9~11层结构。国内针对超深层钻井地质环境因素存在不确定性的问题，建立了井震一体化地层压力预测、钻井工程风险识别、风险概率评估、非标系列套管、随钻扩眼和膨胀管等技术优化拓展井身结构，可应对多断层、多套盐层、多套压力系统等复杂地质条件下的钻井难题，井身结构最高实现八开八完。

六开井身结构成熟、七开基本配套，八开井身结构设计由ϕ114.3毫米尾管完井拓展至ϕ139.7毫米，为应对不确定风险留有余地，支撑了PS6、DT1等一批复杂超深探井钻探成功并取得勘探突破。四川盆地海相地层深地CK1井为应对复杂压力系统和异常地质体，设计采用六开备八开井身结构，应对不确定性；塔里木盆地山前针对盐层、断层、压力系统复杂难点，采用五开至六开井身结构，盐膏层随钻扩眼拓展结构；准噶尔盆地南缘压力系统"三低两高"及深层窄密度窗口，采用ϕ241.3毫米井眼扩眼，六开备七开井身结构。

3）随钻扩眼工具与高性能膨胀管

设计了耐高温平动滑移式扩眼工具，采用一体化本体和刀翼平衡性的同心设计，增加了工具抗拉伸和抗扭能力，刀翼打开后与壳体上刀翼的轨道紧密咬合，从而最大限度降低振动，减少对刀片的损伤，具有安全可靠、高效破岩、长寿命和高保径能力的优点。开展了领眼钻头和扩眼刀翼复合破岩机理研究和井下工具串动力学仿真分析，形成个性化刀翼设计方法，可针对具体工况进行刀翼、钻井参数和钻具组合优化设计，以提高扩眼作业效率和安全性。

针对万米超深井，在前期 N80 钢级膨胀管材料的基础上，创新开展了 P110 钢级膨胀管材料研究，经过实验室小样测试，性能指标达到 P110 钢级材料水平，目前已进入工业化样管试制阶段；探索形成了突破 6000 米井深的膨胀管井身结构拓展工艺，在 LH1 井、ZG3C 井等风险探井和超深井中进行了试验应用，膨胀管最大下深 6170 米、单次下入最长 838 米、应用段最高井温 145℃。

4）深井井下动力高效传递与破岩

创新形成利用井底钻柱振动能量提高钻头射流压力（增压 8~10 兆帕）的方法，"变害为利"，减小钻柱振动、保护钻头、提高射流压力，实现增能破岩，研制出井底钻柱减振增能工具。

揭示了井深 8000 米以上强研磨地层岩石特性及破碎机理，研制出高耐磨 PDC/孕镶齿复合钻头，有效提高超深地层钻头单趟行程进尺，减少起下钻次数。融合 PDC 齿抗冲击性和孕镶齿耐磨性，研制出高耐磨复合钻头，在西南、辽河、玉门等深部难钻地层现场试验 5 井次，平均进尺提高近 1 倍，在西南 PS101 井 7000 米井段应用，进尺提高 89%，机械钻速提高 56%。

结合 HNBR/聚酰胺共聚物材料的耐温性、碳纳米管高长径比的截面缝合作用，形成耐 200℃ 高温橡胶弹性体配方，研制出抗 200℃ 高温螺杆，解决万米深井动力传输破岩问题。ϕ197 毫米高温螺杆在西南油气田现场试验 2 井次，在筇竹寺组，井底温度 150℃ 以上环境下，单支应用累计工作时间 186 小时，进尺 177 米。

5）高温测量与测斜工具

创新双偏重井斜感应方法与"类连续波"脉冲信号发生方法，突破量程小、精度低、传输距离短的瓶颈，成功研制出双偏重机械式随钻测斜系统样机，现场试验 1 井次，实现了井斜 0~20 度内，测量精度 1 度内的技术指标。为万米级超深、超高温地层随钻测斜提供有效手段。

6）超高温高压井壁稳定与钻井液降摩阻技术

研制了一种核壳结构隔热材料，发明了一种以抗高温有机—无机杂化凝胶作为柔性内核，以热敏性树脂作为韧性外壳的自适应随钻封堵剂，具有抗高温 240℃、高弹性、强韧性特征，解决了地下孔缝尺度未知条件下常规封堵材料粒径难以匹配的技术难题。研发了一种"类荷叶"结构的抗超高温纳米疏水材料，处理后岩石表面接触角大于 130 度。采用片层纳米石墨烯和油酸酯复合材料制备了抗 240℃ 水基钻井液润滑剂，油酸酯能吸附在钻具表面形成一层润滑膜，有利于防卡和增加滤饼润滑性。石墨烯的层状结构易于黏附在金属和滤饼的表面，有效分离摩擦表面与其他固体颗粒之间的接触，进一步提高钻井液的润滑能力。体系抗温达到 240℃，滤饼黏附系数最低为 0.5915，降低率达到 74.5%，极压润滑系数最低可降至 0.1209，降低率 37.8%。

7）控压钻井技术

建立高温高压钻井液"流变参数计算及流变模式优选 + 循环温度场预测 + 水力压耗精确计算"方法，升级水力学计算软件，软件内置多种水力学计算模型，具备全天候实时数据存储、回放功能，开发多对象数据传输模块，通信模式可杜绝数据传输丢包现象，数据交换稳定，水力学软件计算精度提高了 13%；构建"双通径节流阀分段控制 + 压力闭环反馈 + 装备无故障监测"的安全闭环自动控制体系，实现自动节流阀执行层闭环调节，其追压速度、压力波动控制能力均大幅提高，自动控制系统响应速度提升了 20%，地面水循环控制精度由 0.20 兆帕提升至 0.05 兆帕，实测性能指标达国际先进水平。

8）高强轻质油井管

我国开发新一代铝合金钻杆需要多学科、多领域交叉，结合国家重大战略需求，形成具有自主知识产权的高性能铝合金钻杆技术体系。

研究通过原位自生技术，在铝合金基体中化学合成纳米 TiB_2 陶瓷颗粒，TiB_2 陶瓷颗粒形状圆整、尺寸细小、与基体界面结合良好，同时具有良好的高温稳定性，显著提高铝合金材料的强度和耐高温能力，结合半连续铸造和挤压工艺，实现了高强度耐热纳米陶瓷铝合金钻杆的工业化制备。

4. 展望

中国石油通过持续攻关，8000 米超深层油气勘探开发工程技术与装备体系基本形成，塔里木、四川盆地等深层超深层油气勘探，攻关形成的 12000 米自动化钻机、耐温 220℃油基钻井液等装备及工艺技术，为万米深地科探与预探工程实施奠定了坚实基础。万米目标井的实施，超高温（224℃）、超高压（138 兆帕）及复杂地应力等多因素耦合对井筒工作液、井下工具仪器提出更高要求，尤其是现有螺杆、随钻测量等井下工具仪器面临耐温 175℃提升至 200℃的技术瓶颈和需要跨越的鸿沟，关键核心技术仍需进一步突破。

1）持续提升井身结构优化与拓展能力

国外以美国墨西哥湾超深井钻井为代表，采用"扩眼 + 膨胀管"技术拓展井身结构，已经实现 9~11 层结构。国内近年来持续攻关，结合非标尺寸套管和扩眼技术研发，井身结构最多可实现八开，但仍需持续提升优化拓展能力。一是要持续攻关海相地层、深部地层压力和风险精准预测技术，为应对多压力系统和突发复杂工况，实现安全钻井的井身结构拓展技术奠定基础；二是进一步提升随钻扩眼工具的破岩效率、刀翼寿命和工作稳定性；三是攻克等井径膨胀管钻井技术，在不损失井眼尺寸的前提下，解决超深特深井套管层次不足、井身结构拓展能力受限难题。

2）攻克超高温超高压带来的工具仪器材料不适应等难题

抗240℃以上超高温井筒工作液处理剂、材料、低密度高强度管材需要持续攻关；随钻测量工具、螺杆钻具的耐温能力，以及机械式随钻测斜工具的应用深度等亟须攻关解卡，为深部高温地层安全高效钻进提供支撑。

3）提升深部难钻地层高效破岩能力

重点通过揭示井深8000米以上强研磨地层岩石抗钻特性及破碎机理、研制高效破岩钻头、提升钻头破岩能量等手段来提升深部难钻地层破岩效率。

4）进一步提高井壁稳定材料和钻井液体系的抗温抗盐能力

对于油基超深井钻井液技术，摩阻高仍是制约油基钻井液的关键技术，温度对于润滑剂及钻井液体系核心处理剂的影响很大，未来的研究重点仍需要加强温度对处理剂分子结构的影响规律研究，处理剂与固相颗粒之间的相互作用机理研究和加强交叉学科的融合研制超高温降摩阻材料。超深井水基钻井液技术仍是未来的发展方向，深入探索导致钻井液摩阻高的影响因素和高摩阻机制，重点仍需放在研制超高温降摩阻材料及其他抗超高温处理剂上。

5）提升钻完井管柱性能

钻完井管柱是保障安全、高效、经济钻探的核心。随着油气钻井向着深层超深层、超长水平段的发展，对钻完井管柱的性能要求越来越高。需攻关高强轻质铝合金钻杆等相关技术，减轻管柱重量，提升管柱强度，以提高深井钻探能力和水平井延伸能力。

6）解决超大尺寸井眼出现钻井新难题

特深井压力系统复杂，设计井身结构层次多、开眼尺寸大，出现一些钻井新难题。如深地CK1井上部ϕ812.8毫米和ϕ593.7毫米超大尺寸井眼钻遇了循环携砂困难、井壁失稳掉块多、钻具阻卡频发、钻具振动剧烈等超认知的新问题，导致钻井速度慢、施工困难，需针对性攻关，保障超深井上部大尺寸井眼的安全高效钻进。

原文载于《钻采工艺》2024年47卷第2期，根据原文改编。

原文作者：孙金声（中国工程院院士），刘伟，王庆，黄洪春，纪国栋。

三、深水油气钻探装备方面

深水油气钻探技术装备发展现状与趋势

在深水油气钻探开发领域，自2000年以来，全球海洋油气的新发现开始超过陆上，且储量和产量持续增长，目前已成为油气资源的战略接替区。近10年来，全球重大油气发现 70%来自深水（深水一般是指水深大于 500 米），排名前 50 的超大油气开发项目中，3/4 是深水项目。据国际能源署统计，2017 年全球海洋油气的技术可采储量分别为 10970 亿桶和 311 万亿立方米，分别占全球油气技术可采总量的 32.81%和 57.06%。预计未来 10~20 年，全球油气总产量中来自海上的比例将达到 50%，全球海上油气产量中来自深水的比例达到 35%。可以预见，随着海洋油气勘探向深水、深层、高温高压领域拓展，深水钻探装备技术已成为保障油气勘探开发和后续安全供应的重要支撑。

1. 深水油气钻探装备技术的特点

中国海洋油气资源开发面临着从浅水到深水，从常规钻探到智能环保钻探的挑战，这对海洋油气开发的装备、技术提出了更高的要求，特别是在深水油气智能钻机、浮式生产储卸平台、智能平台、无人平台等装备领域有较大发展空间，在深水油气智能钻探、海上油气大数据库技术、旋转导向钻井与随钻测井技术、智能钻柱技术等方面与欧美国家尚存在一定差距。

2. 国内外深水油气钻探技术装备现状

1）国际深水油气钻探装备技术现状

当前，全球海洋油气开发技术研发聚焦于海洋超深水、超高温、超高压油气钻探技术、深水钻探开发一体化技术、深水控压钻探技术等。

美国在海洋油气资源开发方面具有一整套完备的工业体系和研究力量。美国能源部下属有 17 个国家实验室，比较著名的有劳伦斯伯克利国家实验室和洛斯阿拉莫斯国家实验室，海洋油气钻探开发也是这些实验室的重点研究方向之一。美国国家实验室的研究人员比大学里的还多，财力雄厚，可保持对某一研究领域的长期投入。同时，西方发达国家在钻探平台（船）等深水油气钻探装备领域一直处于优势发展地位，海上移动式钻井平台从 1996 年的 56 艘急增至 2002 年的 670 艘，其中拥有 1524 米及以上超深水钻探平台（船）111 艘，包括 83 艘超深水半潜式钻井平台和 28 艘超深水钻探船（图 1）。而在深水油气钻探装备钻深适应能力方面，西方发达国家也实现了跨越式发展。2002 年，雪佛龙公司钻井垂直深度达到 9210 米。2003 年，雪佛龙公司在美国墨西哥湾的钻井工作水深突破了 3000 米。这些充分说明了西方发达国家在深水和钻深适应能力方面的进展十分迅速。

总体而言，得益于技术、资金、人才等多个方面的优势和持续的产业创新升级，以美国为首的发达国家在深水钻探领域形成了一整套的装备技术，处于优势明显的领跑地位。

2）国内深水油气钻探装备技术现状

"十三五"期间，中国在深水钻探领域取得丰硕成果。在深水油气钻探技术创新方面，中国海洋石油集团有限公司（简称中国海油）基本掌握深水开发钻探设计能力，具备 1500 米常规油气田开发钻探作业能力，成功进行超深水高温高压钻探和测试作业，创西太平洋第一水深（2619 米）钻探作业纪录，实现了深水油气从钻探到开发的跨越。经过 30 多年的探索和实践，通过国家科技重大专项攻关，中国海上油气钻探开发取得了一系列重大成果。自 2012 年至今，中国已在南中国海自主作业深水井超 100 口，支撑发现了 5 个大中型深水油气田，包括中国首个自主发现和勘探开发的"深海一号"超深水大气田（图 2），成功建造了全球首座 10 万吨级深水半潜式生产储卸油平台——"深海一号"能源站（图 3）。截至目前。中国海油已形成四大油气生产区，在生产油气田共 125 个，动用石油地质储量超过 40 亿立方米，天然气储量超过 7000 亿立方米，形成了年产油气当量超过 6000 万吨规模，建成了"海上大庆"，实现了中国海上油气开发从"浅蓝"到"深蓝"的历史性跨越。

图 1　DP Hunter 钻探船

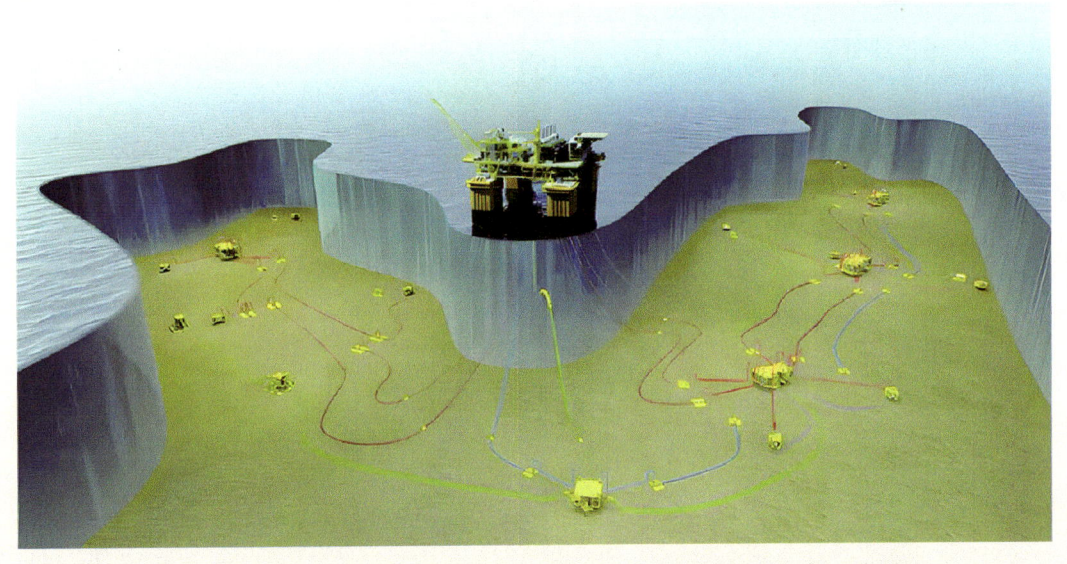

图 2　"深海一号"大气田开发项目水下生产系统分布示意图

图 3 "深海一号"能源站

目前，中国深水钻探工程装备处于早期发展阶段。截至 2018 年，中国海域建成固定平台 244 座、浮式生产储运装置 13 艘、总长 6725 千米的海底管道 370 条，已具备了 300 米水深以内常规油气田钻探、开发、工程建设、油气田运营维保能力。随着油气勘探开发向深水推进，建成了具备 1500 米以深作业能力的"海洋石油 981"半潜式平台，"蓝鲸Ⅰ"号、"蓝鲸Ⅱ"号半潜式平台等大型深水作业工程装备（图 4），填补了国内空白，具备了自主开发建设深水油气田的"深水舰队"。

图 4 "蓝鲸Ⅰ"号半潜式平台

然而，中国在深水油气钻探领域存在高端产品制造质量和可靠性差，轻型、高性能材料研发滞后，核心设备、元器件依赖进口，重大装备不成体系等问题。在深水钻探的关键装备方面，如深水导管送入工具、深水钻井隔水管（图5）、控压钻探系统等领域，中国仍然依赖进口，缺乏自主知识产权的深水钻探软件系统，落后于国际先进水平。依托于"863"计划、"973"计划、国家科技重大专项、国家重点研发计划等项目，宝鸡石油机械有限责任公司、中石化江钻石油机械有限公司等4家国内知名石油设备供应商试制了水下采油树；华北石油荣盛机械制造有限公司试制了深水水下防喷器；但上述关键装备因欠缺全尺寸的测试平台，缺乏示范应用推广。

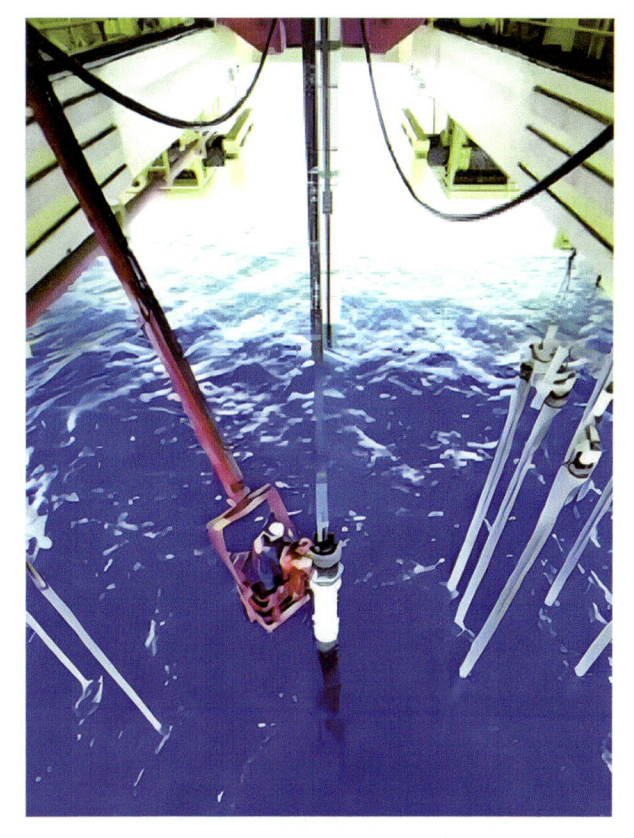

图5 深水钻井隔水管

3. 深水油气钻探关键技术和关键装备发展趋势及建议

1）深水油气钻探关键技术发展趋势

深水智能化钻探技术是一种基于现代化信息技术和人工智能算法的海洋油气钻探和开发技术，主要目的是提高钻井的效率和安全性，同时降低成本。该技术可以通过实时监测井口和井底参数、智能决策和控制钻井过程，以及数据分析和预测，优化钻井过程，减少操作失误和事故的发生。

挪威康斯伯格油气公司开发的Hi-Drill和E-Drilling系统是目前智能化深水钻探技术的翘楚。其中，Hi-Drill通过仿真模拟培训系统的建立，实现了人员和技术培训自动化，用于提高钻探专业人员的培养效率和质量。E-Drilling系统是一个创新的实时动态模拟、三维可视化、钻探远程监控系统。该系统通过实时模拟对钻探过程进行监控和优化，并直接将实时数据和模拟数据通过三维虚拟井筒显示。E-Drilling 2D可将钻探数据实时监控，并将实测与计算数据曲线共同展示，以对比和显示井下是否存在异常情况。目前，中国海油已经初步建立了E-Drilling系统，可为钻探风险监测和井下风险识别提供安全保障。随着海洋油气钻探向深水迈进，智能化深水钻探技术将成为未来深水油气钻探的主要发展方向之一。

深水油气钻探大数据库技术应运而生，已成为现代深水油气钻探和开发中必不可少的技术手段之一。深水油气钻探大数据库技术是一种基于海洋油气领域的大量数据积累，通过计算机技术实现大规模、高效、全面的数据管理、分析和利用的技术。作为大数据库技术的典型代表，挪威康斯伯格油气公司的 SiteCom® 系统涵盖了地质、油藏、钻探、测试、完井、修井及生产等作业数据，实现了海上油田多专业数据的融合。未来，海洋油气钻探开发大数据库技术必将扮演越来越重要的角色，成为实现海洋油气资源可持续开发的重要支撑。

旋转导向钻井与随钻测井技术可以精确控制钻头在地下几千米深的岩层中的钻进方向，实现"盯着"油气去，"瞄着"边界钻，甚至能在只有1米厚的薄油层中稳定穿行数千米。同时，该技术可以对地层资料实时分析，大幅降低油气田钻探开发成本，是全球高效开发常规油气、页岩气、煤层气、可燃冰等资源关键核心技术，代表着当今世界钻井、测井技术发展的最高水平。截至2023年，由中国海油自主研发的首套旋转导向钻井与随钻测井系统（简称"璇玑"系统）成功实现1000口井作业、100万米钻井总进尺，关键作业指标达到世界一流水平，标志着中国高端油气钻井技术实现了里程碑式的跨越。目前，在全球定向井市场上，旋转导向技术份额超过千亿元人民币，发展前景远大。

而智能钻柱采用高精度传感器和现代化数据采集技术，能够实时检测并纠正钻柱倾斜度和偏移，降低井下事故的发生概率，并保障了钻井作业的安全性。此外，智能钻柱能够自动调节转速和扭矩，使钻头在不同地层条件下具有更好的适应性和钻进效果。最后，智能钻柱能够提供高精度的钻探数据，包括钻头与地层接触点的位置、井壁稳定性等，为后续的油藏评价和开发提供了重要的参考数据。该技术有效地提高了深水钻探的安全性和效率，并为优化钻探工艺提供了强有力的支持，在当前及未来海洋油气钻探工程中，智能钻柱技术将成为深水钻探技术的主要发展趋势。

2）深水油气钻探关键装备发展趋势

深水油气钻机系统已经向着智能化方向转型。深水油气钻探智能钻机集机械、电子、控制、信息等多学科技术于一体，是一种利用现代信息技术和先进的自动化控制技术对海洋油气钻探开发中的钻井过程进行全面监测、数据收集、分析和控制的装备。智能钻机可以实现对钻探过程的自动化控制，通过实时监测和预测，预防可能发生的事故和故障，从而提高钻探的效率和安全性；可以通过自动化钻井过程和优化管理，降低钻探成本，缩短建井周期，实现深水钻探作业安全、智能、高效。

近年来，随着海洋油气钻探向深远海的不断推进和深入，油气回输管线铺设成本的增加和风险的加大已经成为油气钻探开发面临的一大难题。为了应对这一难题，建设FPSO平台已成为解决方案中最为有效的途径之一。FPSO平台是一种在海上生产、储存和卸载油气的浮式生产装置。FPSO平台的建设可以大大降低长距离油气回输管线的成本和风险（图6）。然而，FPSO平台的建设也面临着一些技术和管理上的挑战。一是FPSO平台的建造和运行需要高度专业化的技术人才和管理人员。二是FPSO平台的设备设施需要具有高度的集成性，各个系统之间需要相互协调配合，因此需要更加复杂的设计和施工工艺。三是 FPSO 平台的运行和维护也需要精细的管理和维修工作，以保障其长期稳定运行。尽管 FPSO 平台的建设存在一些技术和管理上的挑战，但其作为海洋油气开发的有效解决方案已经得到了广泛认可，被誉为海洋工程领域的"皇冠上的明珠"。FPSO 平台将会在未来海洋油气钻探领域发挥更加重要的作用。

图 6 "海洋石油 119" FPSO 平台

2021 年，由中国自主设计建造的全球首艘智能深水钻井平台"深蓝探索"在中国南海珠江口盆地成功开钻。"深蓝探索"（图 7）配备 12 点大抓力锚泊定位系统，是全球首艘安装 89 毫米直径和世界最高强度海洋系泊链的钻井平台，安全性能超强，能抵御近 16 级风；"深蓝探索"最大作业水深 1000 米，最大钻井深度 9144 米，搭载全新自主研制的"智能运维系统"，具有"感知、分析、决策"智能一体化功能，可实时采集生产运维数据，实现云端处理、远程协同和优化决策。平台配备了智能防喷器系统，极端情况下可实现自动剪切关闭，确保安全可靠。该平台可以实现主、辅井口同时作业，相比常规单井口模式，综合作业效率可提高 35%。同时，它也是全球首艘获得挪威船级社（Det Norske Veritas, DNV）认证的智能深水钻井平台，装配国内首个危险区域水处理环保装置，可实现气体物质分离，油、水、钻井液物质分离，最大限度减少污水和危险水的排放。

海上油气无人平台，具有智能化、无人化、多功能、可远程操控等特点。无人平台几乎分布于世界上所有油气活跃海域，如挪威、英国、墨西哥湾等。2019 年，中国海油在番禺油田区块首次试点井口平台无人化改造，这项井口平台无人化改造后，将为油田节约

2000万元人民币。这是中国海油深圳地区的第一个海上无人平台。目前，中国海油共有在生产无人平台23座，集中在渤海、东海和南海西部（图8），大多为简易井口平台或与中心平台栈桥相连的井口平台。起初，这些符合无人驻守技术标准的海上无人平台，并未实现真正意义上的无人化智能化管理，一直遵循着有人驻守的管理模式。后来，经过可行性分析和调研，功能测试和智能化改造，建立了无人化管理体系，模拟遥控生产、远程操作、无人驻守等阶段，才实现井口平台的智能化无人化管理，有效突破降本增效瓶颈。当前，海上浅水无人平台已在边际油田的钻探开发中取得了许多实践经验，但在深水油气钻探中智能无人平台尚无实际应用，未来，智能无人平台在深水油气钻探开发生产中的应用前景十分广阔。

图7 全球首艘智能深水钻井平台"深蓝探索"

图8 中国首个标准化设计建造的智能海上油气无人平台"恩平10-2"

3）深水油气钻探关键装备发展建议

深水油气钻探是一项高技术含量、高风险、高投入的领域，需要依靠一系列关键装备来实现，关键装备的自主创新能力非常重要。

（1）目前，中国在深水油气钻探关键装备方面还存在着严重的依赖进口的问题，特别是一些核心部件和关键装备。因此，相关行业应该加大对装备的研发投入，提高自主创新能力，以降低依赖进口装备的风险。

（2）智能钻机、钻井平台、井下设备和海底生产设备需要不断优化，以适应深海环境和复杂地质条件的变化。未来，应大力提升推动海洋油气服务产业和海洋工程等大型装备制造业的发展，加强装备研发，推动装备智能化、自动化和信息化，提高装备的效率和安全性。

（3）深水油气钻探是一个全球性行业，政府和企业应积极参与国际合作，深化交流和人才培养，制定一系列的装备标准和规范，以确保自主创新成果的质量和可靠性，共同推进深水油气钻探装备的发展和应用。

（4）深水油气钻探装备研究的战略布局应以拓展勘探开发领域、提高油气产量为目标，以提升深水油气开发关键装备和设备国产化率为突破口，实现海洋油气绿色安全高效开发，培育海洋油气高端制造产业，带动相关高新装备产业链的发展；以新理论、新装备和新材料的发展推动海洋油气的高效规模性开发，实现以海洋油气的大规模开发利用带动海洋石油工业全产业链的发展，响应建设海洋强国的需要，推进科技自立自强，勇当建设海洋强国"排头兵"。

原文载于《前瞻科技》2023年第2期"油气钻采科学技术专刊"，根据原文改编。

原文作者：谢玉洪，中国工程院院士，中国海洋石油集团有限公司首席科学家；杨进，中国石油大学（北京）海南研究院院长，安全与海洋工程学院副院长。

四、非常规油气钻探装备方面

大力发展旋转导向　促进非常规油气革命

非常规油气资源在我国储量巨大，需要采用长水平段水平井加体积压裂的方式开发才能有效益。旋转导向钻井系统已经成为北美安全优质高效钻水平井的首选。而我国在这方面研发应用差距较大，严重制约了开发进程。

本文在介绍滑动导向钻井与旋转导向钻井技术原理和特点的基础上，对标分析了国内外旋转导向钻井技术进展情况，提出了我国旋转导向钻井技术发展方向和发展路径，对于推进我国旋转导向钻井技术快速高质量发展、进而助力我国实现非常规油气实现"革命"具有重要意义。

1. 滑动导向钻井技术进展与问题

1）滑动导向钻井主要技术进展

针对滑动导向钻井的原理和存在的问题，近年来现场在装备配套、井眼轨道和钻具组合优化设计、水力振荡器和顶驱扭摆系统等减摩降扭工具研制、钻井液体系优选和性能优化、钻井参数优化等方面加强了技术研发与应用，提高了滑动导向钻井效率和效果，也形成了一套行之有效的滑动钻井技术系列。

2）滑动导向钻井存在的突出问题

滑动导向钻井时，井下钻具组合中只有钻头和钻头上边的配合接头（二者长度小于1米）转动，而其他绝大部分钻柱不转动，所以一些突出问题并没有得到很好解决。

（1）钻进时钻柱不旋转，会导致井眼循环携岩困难，井眼底边岩屑床厚度增加，再加上绝大部分钻柱躺在下井壁上，井眼的摩阻扭矩会增大，而且弯螺杆钻具的弯角越大，摩阻越大。当水平位移超过临界水平位移4000米时，很难均匀连续滑动，甚至无法滑动钻进。这也是采用滑动导向技术难以承钻大位移井的主要原因。

（2）由于井壁摩阻大，存在不同程度的托压现象，不仅减小了地面钻压和扭矩的传递，也降低了螺杆钻具可用于旋转钻头的有效功率，最终导致钻头上的实际钻进参数大打折扣，钻速大幅降低。

（3）在滑动钻进过程中，井下经常会出现井眼清洁困难、钻具黏滑涡动、卡阻严重、钻速过低、轨迹控制困难、井眼不光滑和储层钻遇率低等问题，有时也会影响到后续的固井质量和压裂效果，进而影响到油气井产量。为了及时解除复杂情况，钻进过程中不得不采用弯螺杆钻具和转盘（或顶驱）交替钻进，以及频繁短起下和起下钻等措施，这样就大大降低了钻井效率，增加了钻井成本。

2. 旋转导向钻井技术特点与进展

迄今为止，导向钻井钻具组合已经发展到第三代。第一代是弯接头钻具组合：单点测量仪＋弯接头＋直螺杆动力钻具＋钻头；第二代是弯外壳钻具组合：MWD/LWD＋弯螺杆动力钻具＋钻头；第三代是偏心垫块（偏心环）钻具组合：MWD/LWD＋直螺杆动力钻具＋旋转导向头＋钻头。前两种组合属于滑动导向钻井，而后一种钻具组合则属于旋转导向钻井。三代钻具组合的演变，如图1所示。钻具组合的变化带来的是：造斜支点

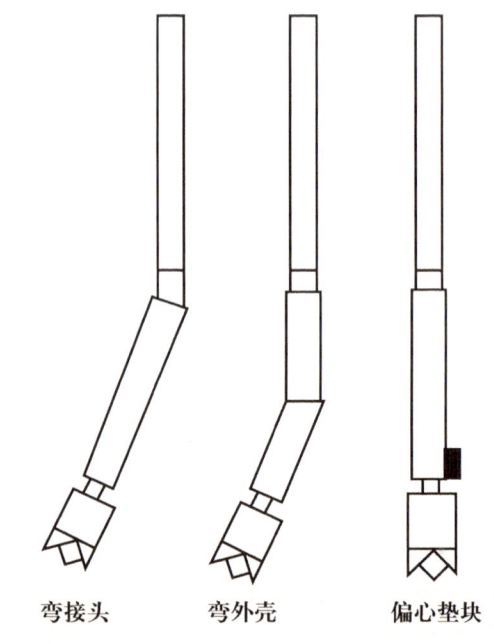

图1 3种导向钻井钻具组合造斜方式示意图

逐次下移，钻头侧推力逐次增大，造斜率逐次增加，反扭力逐次减小，轨迹控制难度逐次变小，井眼质量逐次变好；而与此同时，井下测量变化带来的是：单点测量—多点测量—MWD—LWD—近钻头测量。导向钻具组合加上井下测量两个巨大变化，就诞生了智能旋转地质导向技术，它很好地解决了滑动导向钻井存在的诸多问题。

1）旋转导向钻井技术基本原理

旋转导向钻井系统是一种钻柱可以连续旋转的定向钻井装置，主要由地面监控子系统、双向通信子系统、井下测量子系统、短程通信子系统和井下工具子系统组成，如图2所示。

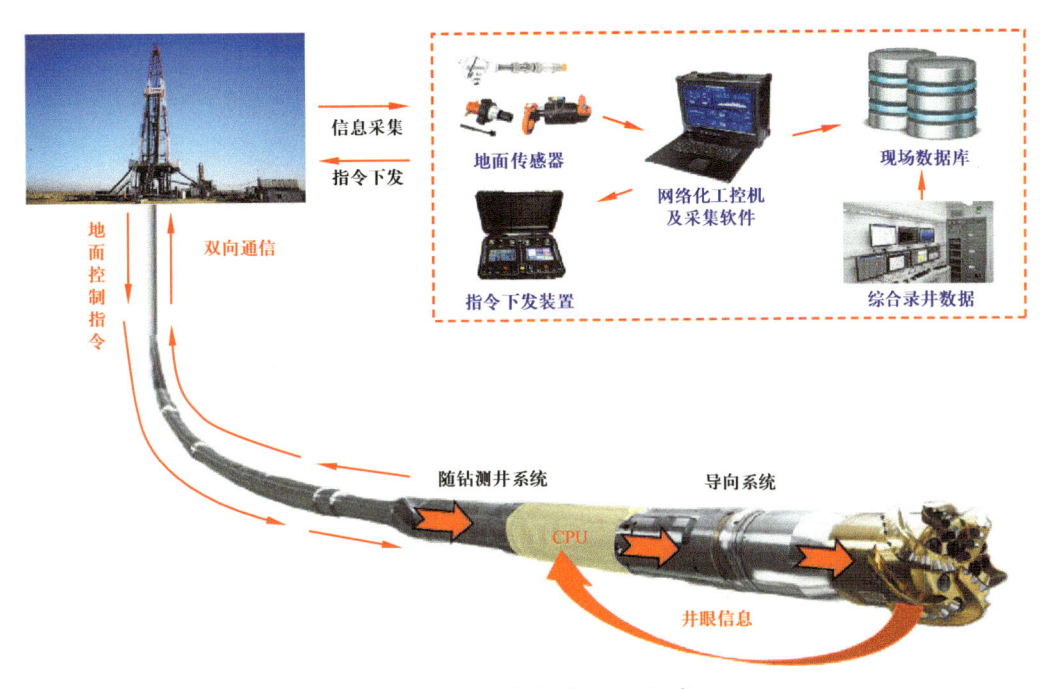

图2 旋转导向系统的组成

旋转导向系统的核心工具是导向头，其导向原理一般分为推靠式和指向式，如图3所示。推靠式旋转导向系统是在钻头附近直接给钻头提供侧向力，以贝克休斯Auto Track旋转导向系统为代表；指向式旋转导向系统是通过近钻头处钻柱的弯曲使钻头指向井眼轨迹控制方向，以哈里伯顿Geo-Pilot旋转导向系统和斯伦贝谢Power Drive Xceed旋转导向系统为代表。

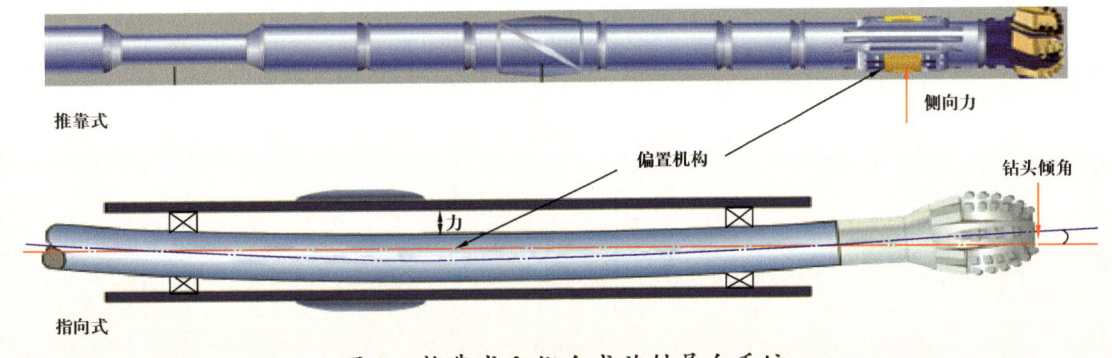

图3 推靠式和指向式旋转导向系统

2）旋转导向的优势

旋转导向钻井技术在美国油气开发中得到广泛应用，特别是在页岩油气开发中应用比例达到95%以上，而且效果显著。例如：高造斜率，缩短了靶前距，提高了造斜段钻进效率；形成了薄储层长水平段关键技术，页岩油气水平井水平段长度突破8000米；有力支撑美国实现了非常规油气革命。旋转导向钻井技术在我国也展现了较好效果。例如：与常规钻井技术相比，长宁—威远页岩气水平井造斜段应用旋转导向钻井技术，钻进效率提高3~5倍；新疆玛湖油井造斜段应用旋转导向钻井技术钻进，平均段长596米，平均施工周期7天，与滑动导向钻井相比，钻进效率提高了3.53倍。

实践证明，与滑动导向钻井相比，旋转导向钻井具有无可比拟的优势：不存在钻压施加困难的问题，允许大钻压、高转速钻进，钻速高，周期短，综合效益好；井眼轨迹控制精确，井眼光滑，三维绕障能力强，适合井工厂钻井，有利于安全高效钻进；井眼净化好，摩阻扭矩小，井下事故复杂少，能有效延长水平段长度；配套工程地质多参数随钻测量仪器，能有效提高储层钻遇率和油气井产量。

3）旋转导向系统的主要进展

（1）国外旋转导向系统的进展。

目前，国外旋转导向系统已发展到以"高温、高造斜率、多参数、智能化"为特点的第三代产品。其中，斯伦贝谢产品代表为Neosteer Clx，哈里伯顿产品代表为iCruise®，贝克休斯产品代表为Lucida，其关键参数见表1。

表1 国外旋转导向系统类别及关键参数

型号	贝克休斯 Auto Trak			斯伦贝谢 PowerDrive			哈里伯顿 Geo-Pilot		
	G3	Cruve	Lucida 系统	Xceed	Archer	Neosteer Clx	Hybrid	Dirigo	iCruise
技术特点	推靠式	推靠式	小尺寸，静态推靠，高温，高造斜	指向式	混合式	全旋转，钻头推靠，高集成，智能化	指向式	指向式	全旋转，动态推靠，智能化
最大造斜率/（度/30米）	6.5	15.0	15.0	8.0	15.0	15.0	15.0	10.0	18.0
最大钻压/千牛	255	250	—	245	245	—	245	245	289
最大转速/（转/分钟）	400	250	400	350	350	350	250	245	400
最高工作温度/℃	150	150	175	150	150	150	150	150	150
最大静压/兆帕	140	140	—	140	140	—	175	175	140
近钻头井斜传感器位置/米	1.0	1.8	有	4.4	2.0	有	1.0	1.0	有
近钻头伽马传感器位置/米	5.4	3.5	有	—	2.7	有	1.0	1.0	有

哈里伯顿 iCruise® 智能旋转导向系统最大造斜率 18 度 /30 米，可实现大钻压、高转速、高扭矩快速钻进；具有井下闭环导向控制功能，适用于垂直钻井、水平井钻井；配套 EarthStar® X 近钻头超深探测电阻率和前探测电阻率技术，可实现近钻头 60 米半径储层描绘（为行业最深）和 30 米前探。斯伦贝谢 Neosteer Clx ABSS 创新性最强，钻头与导向执行机构采用一体化设计，靠水力驱动，实现了钻头推靠；可以实现智能闭环，技术已经成熟；已经大量应用于页岩油气长水平段水平井，可实现更高造斜率、更快速度、更好井眼和更长水平位移。

（2）国内旋转导向系统主要进展。

国内旋转导向系统研发较晚，主要以推靠式为主，目前基本处于第一代产品水平（表2）。目前，我国旋转导向系统在定向井/水平井钻井中应用比例约为 20%，而且旋转导向系统的级别低，随钻 MWD/LWD 参数少，今后发展潜力巨大。

表2　国内旋转导向系统类型及主要参数

序号	研发企业	产品名称	系统类型	系统规格	适用温度 /℃	系统现状
1	中国海油	Welleader®	静态推靠式	475、675 和 950	≤150	675 投入产业化应用，475 和 950 处于试验阶段
2	中国石化	SINOMACS ATS	静态推靠式	675	≤165	投入应用
3	川庆钻探	CG STEER	静态推靠式	675	≤150	投入应用
4	航天一院	AutoServo	静态推靠式	475、675 和 950	≤150	投入应用
5	中油测井	CNPC-IDS	静态推靠式	675	≤175	投入应用
6	天意石油	D-Guider RSS	静态推靠式	675	≤150	投入应用
7	中科院	—	静态推靠式	475 和 675	≤150	研发阶段
8	宏华石油	—	静态推靠式	675	≤150	研发阶段
9	西安石油大学	—	静态推靠式	675	≤150	样机试验

4）旋转导向钻井技术存在的主要差距

国内旋转导向钻井技术经历了 10 多年快速发展，但与国外相比，差距仍然很大。

（1）国外在井下闭环控制、地面系统噪声处理、随钻测量数据处理等方面研究得更深入、更全面；国内在导向钻井基础理论研究方面相对薄弱。

（2）国外旋转导向系统有多种类型，工具尺寸呈系列化，适用温度较高，可以满足 ϕ152.4~444.5 毫米井眼和抗高温钻井需要；国内仅研制出推靠式旋转导向系统，工具尺寸单一，抗高温能力较差。

（3）国外旋转导向系统的可靠性、稳定性明显优于国内旋转导向系统。国外旋转导向系统的随钻测量参数多，传输速率可达 30 比特/秒以上，前探和探边距离可达 30~60 米，正在向随钻测量和随钻地层评价方向发展；国内旋转导向系统的随钻测量参数较少，传输速率仅有 3 比特/秒左右，且不具备前探和远探功能。

（4）国外旋转导向系统智能化程度高，已经实现了自主巡航导向钻井；国内旋转导向系统智能化研究还处于起步阶段。

3. 国内旋转导向技术发展方向与路径

随着深井超深井、大位移井和特殊工艺井增多，对旋转导向钻井技术的需求会不断增多，对其性能要求会越来越高，需要不断加强旋转导向钻井关键技术和核心工具的研发攻关，尽快提高我国旋转导向钻井技术水平，以满足安全高效钻井的需求。

1）国内旋转导向钻井技术的发展方向

针对国内旋转导向钻井技术存在的差距和问题，应大力推进国产旋转导向系统向多参数、高性能、多功能、易操作、集成化、数字化、可视化、智能化和井下智能闭环方向发展。

近期发展方向和目标为：（1）实现旋转导向系统的规格化、系列化，满足 ϕ101.6～444.5 毫米井眼钻井需求；（2）提升旋转导向系统的稳定性、抗温性和可靠性，增加其行程钻速和进尺；（3）扩大旋转导向钻井技术的应用范围，并强化人员培训，尽快把旋转导向钻井技术变成一项普通技术。

远期发展方向和目标为：（1）实现井下智能闭环钻井，即形成井下智能控制（实现按照设计的井眼轨道或地质要求的井眼轨迹自主导向钻进），以及井下与地面双向高速传输（实现地面指令及时改变井下钻进的模式）两个闭环；（2）实现地面远程智能决策与控制，即专家利用大数据分析、人工智能等技术对多口井钻井过程进行仿真模拟、参数优化、井身结构设计、故障智能诊断、风险识别与预测、实时分析决策与控制；（3）实现"航地"——"井下自动驾驶"，形成集精准制导、深远探测、闭环调控、智能决策于一体的智能旋转地质导向钻井技术，大幅提高储层发现率和钻遇率；（4）实现"超级一趟钻"质的飞跃，即综合应用智能旋转地质导向+井筒压力自适应+钻头钻进自适应等先进技术，大幅增加单只钻头进尺和钻井速度，大幅降低工程风险和成本，大幅提高低品位油气资源开发效益。

2）国内旋转导向钻井关键技术攻关方向

旋转导向钻井技术涉及"机、电、液、测、控、材"等多学科知识，以及"钻井、测井、录井、地质"等多专业技术，需要围绕其近期及远期发展目标，组建强有力的跨领域、跨专业、跨单位的研发团队，采取战略性举措，持续开展关键技术攻关，不断迭代升级技术与装备。

（1）攻关优选偏置方式。推靠式旋转导向系统钻出的井眼轨迹不够平滑，影响井身和固井质量；钻头和钻头轴承磨损较快，影响行程钻速和进尺；指向式旋转导向系统属于钻头倾角导向，造斜率受地层因素影响小，钻出的井眼较平滑，钻柱摩阻和扭矩较小，可以使用较大的钻压钻进，机械钻速较高，而且钻头和钻头轴承侧向载荷小，有助于发挥钻头性能，井眼延伸能力强，适应中软地层。因此，国内应该开展指向式旋转导向系统关键技术与工具的攻关研究，尽快实现指向式旋转导向系统的突破。另外，一种基于伯努利方程原理利用液力作用使钻头产生侧向力的导向钻井技术，简化了导向执行机构的内部结构，也应加快研究。

（2）攻关优选测量控制方式。目前，国内旋转导向系统都采用静态测控平台，而斯伦贝谢公司则采用动态测控平台。动态测控的原理是，测控机构与钻柱保持同速率反方向转动，使测控机构与大地保持相对静止，从而实现导向工具姿态的准确测量和偏置力方向的有效控制。可以看出，研发的难度就在于保证测控机构的反转速度与钻柱的正转速度绝对一致。国内应克服困难，开展动态测控平台姿态测量、导向控制方法研究，以期实现动态推靠式旋转导向系统的研制和应用，填补国内在此方向上的空白。

（3）攻关全姿态稳定控制平台方法研究。全姿态稳定控制平台实现了旋转状态下的姿态测量，相对于动态测控平台，姿态测量部分可以随着钻柱同步旋转，优化了同速率反方向转动机构，减少了动力消耗。需要开展捷联式测量平台多源动态姿态测量方法研究和全姿态稳定控制平台导向控制方法研究，实现基于全姿态稳定控制平台方法的新型旋转导向系统的研制。

（4）攻关随钻测量和测井系列。目前，国外随钻测井技术已用于地质导向钻井和随钻地层评价（尤其是大斜度井），这有利于实现卡层中靶，提高储层钻遇率，及时识别钻井风险，缩短钻完井周期，提高效率和效益。国内随钻测量和测井系列在150℃内实现了静态姿态测量和伽马电阻率成熟应用，但在抗高温性、抗震性方面能力不足；中子密度、探边、地层测试等随钻工具刚刚开始试验；远探、前探等随钻工具还处于理论、样机的研制阶段。这些均需要研究攻关，以满足地质导向和随钻评价的需求。

（5）攻关双向通信传输技术。亟须开展连续波、钻杆、光纤等信息传播技术研究攻关，突破信息上传瓶颈，满足旋转地质导向信息上传速率需求，如图4所示，否则大量测量数据仍然难以上传，随钻测井只能在目前的低水平上停滞不前。

（6）攻关优选井下动力源驱动方式。目前动力源驱动方式主要有井下发电机驱动、蓄电池驱动和高压钻井液驱动（钻柱内外压差）等，存在发电机耐温能力受限、蓄电池寿命有限、钻柱内外压差难以实现高造斜率等问题。要升级强化现有驱动方式，开展新型井下动力源驱动方式的研究，力争研发出一种功率大、持续时间长、能够实现"超级一趟钻"的动力源。

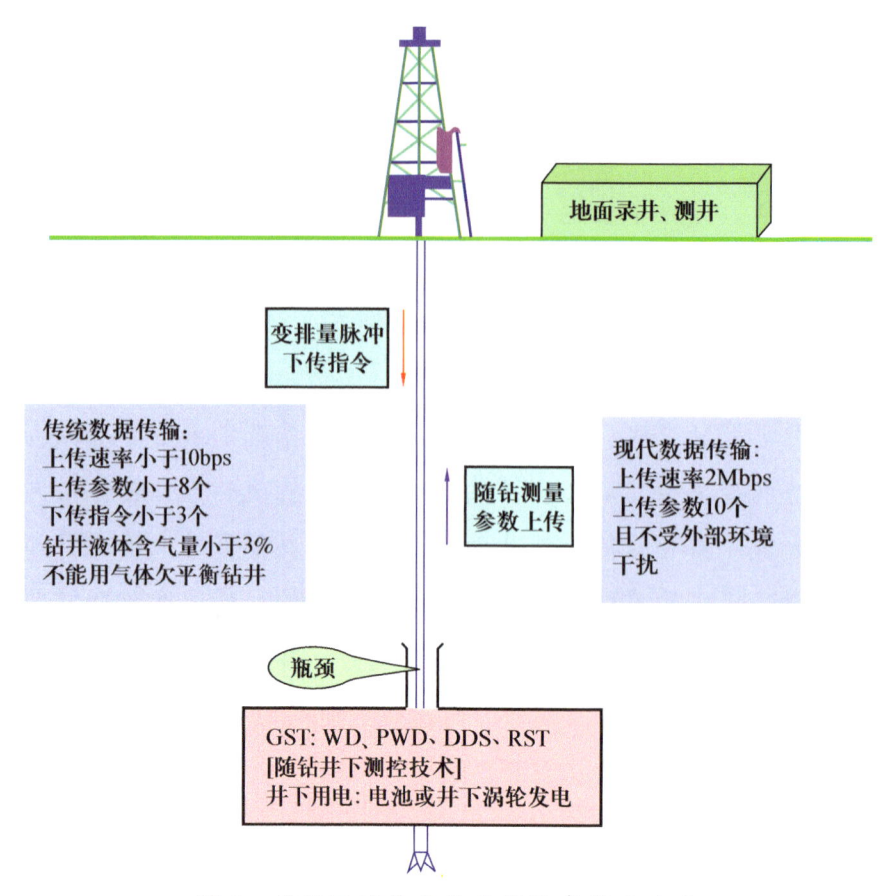

图 4 旋转地质导向信息传输参数及速率

（7）攻关满足工程地质需求的软件。井下闭环、地下地面双向通信、井场总部远程监控，这"三环"高速畅联，相辅相成，实现数字化智能化闭环控制。需要多专业紧密协作，研发完善一套能综合利用录井数据、工程参数、上传的井下随钻参数，以及地震资料、测井资料和邻井资料，并具有自主学习功能的智能软件。

作者：秦永和，中国石油天然气集团有限公司科协副主席、原石油工程首席专家，中国石油大学（北京）智能钻完井技术与装备研究中心主任。

五、炼油化工装备方面

我国石油化工装备面临的形势及发展展望

本文首先总结了我国石油化工装备的现状，主要包括：国家新政策、石化装备生产运行情况、产品的进展、科研成果、数字化转型、节能环保和标准化工作，进一步分析了石化装备发展面临的形势，重点对石化装备发展提出了实施技术创新、发展高端化、推进数智化、节能环保低碳、持续标准化和开拓国际市场的建议，可供石化装备行业及企业参考。

1. 我国石化装备现状

1）国家新出台了一系列装备有关政策

2024年，国家新出台了一系列装备的有关政策，主要包括：国务院印发《推动大规模设备更新和消费品以旧换新行动方案》、工信部印发《关于进一步完善首台（套）首批次保险补偿政策的意见》《首台（套）重大技术装备推广应用指导目录》《中国首台（套）重大技术装备检测评定管理办法（试行）》、工信部等七部门印发《推动工业领域设备更新实施方案》、工信部部署20项重点任务打造"中国制造"品牌等，为石化装备发展提供了强有力的政策环境。

2）我国石化装备生产运行情况

据统计，2024年1—11月，我国石化装备产量143.6358万吨，同比减少3.51%。石化设备行业营业收入同比减少2.8%，利润同比增长6.43%，石化设备行业出口交货值比去年同期减少5.89%。

石化设备出口同比保持增长，石化设备重点出口商品2024年1—11月出口额超过亿元人民币以上的国家由2023年的26个增长到2024年的30个，净增加了4个国家。排在前五名的国家分别是美国、俄罗斯、墨西哥、马来西亚和印度尼西亚。重点商品出口石化设备类有4种产品：热交换装置、精馏塔、加氢反应器和提净塔。

3）石化装备产品的进展

经过多年努力，我国石化装备制造业持续开展技术创新攻关，同时，加强引进国外先进技术的消化吸收再创新，成功研制了千万吨级炼油成套设备、百万吨级大型乙烯成套设备、百万吨级PTA成套设备、大型煤化工成套设备，炼油装备国产化率达到95%，乙烯装置装备国产化率达到87%，提高了重大石化装备的国产化与自主化，部分石化装备产品已达到或接近国际先进水平。

2024年我国石化装备又取得了一批新成果，例如，沈鼓集团承接了全球最大乙烯装置——中海壳牌160万吨/年乙烯三机组；中国寰球工程公司乙烷制乙烯技术装备取得突破；中国一重集团有限公司承制的世界最大3000吨级锻焊加氢反应器批量化交付；陕鼓研制出"净化＋双离心压缩"节能降碳产品；兰石重装承制四川盆地气田项目高含硫工况设备；上海神开石油化工装备股份有限公司完成的中石化齐鲁石化进口汽油辛烷值机和柴油十六烷值机国产化升级改造项目；江苏贝特管件有限公司研制全球最大1.6米旋转补偿器模拟试验装置；宝山钢铁股份有限公司研制乙烯裂解装置裂解气急冷器换热管替代进口；合肥通用院研制聚乙烯装置超高压反应釜并实现国产化应用；山东豪迈公司研制中沙古雷150万吨/年乙烯项目丙烯塔出厂，国产化装备在有效降低采购成本的同时，缩短制造周期，效果显著。

4）石化装备科研成果

我国通过强化科技创新，开展基础研究、消化吸收再创新等，石化装备"卡脖子"问题持续解决，以大型压缩机、挤压造粒机等为代表的新产品，全面实现国产化，2024年，长寿命大型乙烯裂解反应器设计制造与维护技术获国家科技进步一等奖。

5）数字化转型有效推进

随着信息化深入，智能化发展效果显现，例如，国内涌现了一批智能化成果。

中国石油宝石机械有限公司通过实施"黑灯工厂"和"机器人自动化焊接"，成为行业内首条集5G、"互联网+"、人工智能等新技术为一体数字化智能柔性生产线；广东石化分公司研制出首台塔壁吹扫"爬壁机器人"。

中国石化集团在中科炼化建设全球首个数字孪生智能乙烯工厂；湖南石化自主研发炼化装置泵群智能巡检机器人；广西南宁石油南站西加油站首款智能加油机器人投入试运行。

中国海洋石油集团有限公司所属海油工程天津智能化制造基地正式投产，创新应用"海洋油气装备大规模机器人焊接"等10项国内"行业首次"先进技术，实现了海洋油气装备制造工艺管理数字化、生产任务工单化、生产设备自动化和生产过程可视化。

6）注重产品节能环保

为满足石化行业节能环保的装备需要，国内装备企业进一步提升产品，涌现出一批节能产品，例如，热效率达到95%的炼油加热炉、高效分壁塔、焦炉煤气综合利用的"净化+双离心压缩"、新型催化裂化专有设备等，在炼化企业节能环保中起到了重要的作用，取得良好的效果。

7）标准化工作取得积极进展

我国石化装备的标准化层级主要包括国家标准、行业标准和企业标准三个层级，除了国家标准外，行业标准，如，由中国石化广州工程公司主编的11项石化行业标准，于2024年10月1日实施，涵盖设备、工业炉、给排水等专业；企业标准，如《中国石化炼化企业设备检查细则》等，由企业内部制定和实施，用于规范企业内部的设备管理和操作标准。

截至2024年底，中石协标准化管理委员会已组织制定并发布了57项团体标准，其中，石化装备相关标准包括：《炼油与化工企业设备完整性管理体系要求》《炼油与化工企业设备完整性管理评价标准》《炼油与化工装置设备可靠性数据收集规则》《炼油与化工装置设备缺陷分类方法》《炼油与化工装置烟气轮机运行管理规范》《炼化企业高危泵机械密封技术规范》《炼化企业离心压缩机干气密封技术规范》《炼油与化工装置离心式压缩机组在线监测系统技术规范》《炼油与化工装置机泵在线监测系统技术规范》《炼油与化工装置设备润滑管理技术规范》《炼油与化工装置机泵设备维修质量评价》《炼油与化工设备腐蚀在线监测技术指南》《炼油与化工装置定点测厚管理指南》《低负荷生产条件下炼油装置防腐蚀导则》《炼油与化工装置停工全面腐蚀检查指南》《加氢装置高压空冷系统运行及管理技术规范》《炼油与化工装置细小接管完整性管理指南》《炼油与化工装置安全仪表系统安全完整性等级（SIL）评估技术规范》《炼油装置工艺防腐蚀精准加注技术规范》《炼油与化工装置全流程自动控制水平提升管理规范》《炼化企业故障强度评定标准》《炼化企业保运服务绩效评价标准》《炼化企业联锁可靠性设置规范》《液氢生产、储运和应用安全技术规范》等，这些标准在推动行业的技术发展和标准化方面发挥了作用。

2. 石化装备发展面临的形势

习近平总书记在2022年4月考察中国海油集团"深海一号"作业平台时强调："把装备制造牢牢抓在自己手里。要加强原创性、引领性科技攻关，努力用我们自己的装备开发油气资源，提高能源自给率，保障国家能源安全。"党的二十大报告提出要"实施产业基础再造工程和重大技术装备攻关工程，推动制造业高端化、智能化、绿色化发展"。

近年来，我国石化装备制造业在一定程度上支撑了我国炼油和乙烯产业的发展，但是目前，乙烯下游装置的部分装备一直依赖进口，例如，高压聚乙烯装置反应器；EVA装置釜式反应器，目前釜式反应器壳体部分已能国内设计制造，但核心电机部分仍需引进；EVA/LDPE二次压缩机（出口压力300兆帕）处于国产化研究阶段（出口压力达260兆帕以上）；PTA空压机，国外产品（流量620吨/小时、功率59000千瓦、多变效率89%）有业绩的采用四合一机组，而国内产品（流量280吨/小时、功率27925千瓦、多变效率87%）有业绩的采用三合一机组，差距较大。

此外，部分基础材料（高端柴油机和机组、电控系统变频器）等与国际先进对比，存在较大差距。一是我国石化设备在基础创新方面，特别是原创能力上，相较于发达国家仍存在一定的差距，基础创新仍局限于降低成本、提高可靠性，创新发展缺乏源动力，缺少原创技术；二是部分关键核心装备仍依赖国外制造，超高温、超高压装备、特殊仪表及控制系统等还存在"卡脖子"技术瓶颈，大型压缩机等方面与国外制造存在一定差距；三是重大设备的软件技术开发，基本上仍停留在模仿开发阶段，二次开发能力比较差等。

目前，在设备信息化建设方面，仅部分设备制造企业建成了装备制造ERP、产品数据管理PDM、生产运行管理MES等系统，DCS、ESD、SIS等炼化行业控制系统的替代进口工作仍处于起步阶段，国内数字化基础相对薄弱，石化装备智能化程度普遍较低。

石化装备绿色低碳布局刚刚起步，高能效、低排放的高端装备短缺，装置电气化率水平较低，支撑石化装备转型升级仍存在薄弱环节。

海外市场受国际上地缘政治、安全环境、贸易摩擦、货币结算等因素影响较大，不确定因素较多，特别是石化装备所涉及的地区多为不发达地区，这些影响会更加大一些。

3. 石化装备发展展望

1）实施技术创新，开展核心技术攻关

以关键核心技术攻关提高自主可控能力。深入推进重点领域和关键环节核心技术攻关工作，充分发挥政策和市场作用，将短期利益和长远利益相结合，自主研发和国际合作相结合，加快攻破"卡脖子"问题。

加强技术创新，推进石化高端装备发展。改造提升传统优势装备性能，创新发展新兴高端装备，加快布局战略前沿装备；确保石化高端装备自主可控，提高石化装备产业链供应链韧性和安全水平。

2）优化产品结构，发展高端化

石化装备着力发展千万吨炼油成套装备、特殊装备、大型乙烯裂解炉、大型板翅式冷箱、350兆帕超高压反应器、聚丙烯环管反应器、带搅拌浆的各类聚合反应器、重型螺旋卸料离心机、百万吨以上乙烯所需的关键"三机"——裂解气压缩机、丙烯压缩机、乙烯压缩机、大型透平压缩机组、大型低温球罐（-30℃，1.72兆帕）等及有关的节能、环保装备；煤化工装备重点是煤炭清洁转化装备；继续推进重大炼化装备国产化，提升整机的国产化率；推动高端装备比重持续提升，不断向产业链价值链高端攀升，助推行业高质量发展。

3）积极推进数智化发展

大力发展智能制造装备，聚焦感知、控制、决策、执行等核心关键环节，推进产学研用联合创新，攻克智能制造关键技术。制定适合中国国情、顺应企业特点、融合先进制造技术、优化与集成的石化装备制造业应用软件框架体系，以数据库为系统集成核心，应用信息技术及先进制造技术，以实现产品开发、工程设计、经营管理、质量控制与制造自动化的集成制造系统。

4）发展新型节能环保低碳的设备

发展绿色环保装备。重点发展污染治理机器人、基于机器视觉的智能垃圾分选技术装备、干式厌氧有机废物处理技术装备、高效低耗难处理废水资源化技术装备、非电领域烟气多污染物协同深度治理技术装备、高效连续的挥发性有机物吸附—脱附、蓄热式热氧化/催化燃烧技术装备。

发展节能装备。一是推广节能低碳技术装备，例如加热炉、开展精馏系统能效提升等绿色低碳技术装备攻关，加强成果转化应用。二是加快对燃油、燃气、燃煤设备的电气化改造。三是实施高效催化、过程强化、高效精馏等工艺技术改造，以及废盐焚烧精制、废硫酸高温裂解、高级氧化、微反应、煤气化等装备改造。

发展机械行业节能降碳装备。持续推进基础制造工艺绿色优化升级，实施绿色工艺材料制备、清洁铸造、精密锻造、绿色热处理、先进焊接、低碳减污表面工程、高效切削加工等工艺技术和装备改造。

5）持续开展标准化建设

建设质量品牌培育工程。实施高端石化装备制造工艺优化和质量提升行动计划，建立完善质量标准体系和安全体系，开展高端装备制造业标准化试点。支持企业加强对产品全生命周期和全供应链的质量控制，鼓励企业开展国际质量认证，引导支持企业参与国际、国家、行业和团体标准制定，提高行业话语权，助推产业转型升级。开展品种、品质、品牌"三品"专项行动，完善品牌管理体系，培育国际知名自主品牌，争取更多产品进入行业名牌和机械工业优质品牌。支持企业、协会抱团参加国内外会展，开拓品牌传播渠道，扩大品牌影响力和知名度。

6）持续开拓国际市场

加快海外布局，开拓国际市场。重组整合各企业现有海外营销资源，在现有海外机构基础上，调整优化营销网络布局和功能；大力实施过剩产能转移，加快发展海外集成组装和制造业务；加快国际化营销队伍的培养，同时加快海外各地区国际石化公司及油气服务公司的供应商资格认证，加强电子商务平台建设。

作者：张福琴，中国石油天然气集团公司咨询中心。

六、数字化智能化方面

数智钻井技术进展与展望

近年来，石化油服、中油技服、海油技服，遵循"两化"融合大方向，按照"数据＋平台＋应用"大思路，注重顶层设计、标准先行、探索创新，应用物联网、云计算、大数据等信息化技术，开启前端物联网、数据资源中心研发应用，加强网络基础设施、标准制度、系统运维和人才队伍保障，持续开展数字孪生钻井和井下、井场智能采集决策一体化等重点项目研究，形成了物联网MRO、井控智能预警、井场智汇盒等一批数智化建设成果，在胜利油田国家页岩油示范区开展了数智化钻井技术的集成试验与示范应用，在深地工程、页岩油气钻完井领域测试应用钻井实时参数智能感知预测优化、智能导向钻进，取得初步成效，数智钻井进入新阶段，智能钻井实质性起步。宝石机械、石化机械开展自动钻机设计制造，国产首台套全自动7000米、15000米钻机鉴定投产，中曼集团离线钻机成功进行现场测试应用并通过技术成果鉴定，钻井压裂作业装备智能制造呈现加快发展的新态势。

1. 数智化钻井关键技术进展

1）立足提升作业现场自动化，装备研制应用取得新成效

石化油服钻井现场配套全自动化钻机36套、占比6%，升级改造猫道、机械手、二层

台等自动化单元 208 台，配套自动化固井车 5 套、占比 15%，劳动强度降低 90% 以上，投入旋转导向仪器 62 串，自研 22 串、占比 35%，实现全产业链自主可控；酸化压裂现场配套远程控制试油气装备 11 套、占比 20%，配套自动化修井装备 2 套、占比 2.2%，配套全电驱压裂机组 7 套、占比 21.9%，减少单队人员 38%；地面建设现场配备全自动焊机组 824 台套、占比 18%，大口径长输管道、站场工艺管道自动化焊接率超 85%。

基本建成涵盖所有施工现场的视频监控体系，钻井工程参数、钻井液数据、气测数据、井控数据、定向数据、钻机装备运行参数等可通过综合录井仪、VDX 钻井参数仪、钻井液性能在线监测、装备 MRO 物联网、智能坐岗、溢漏监测等系统实现采集覆盖。固井数据、压裂数据和试油气数据受限于数字化配套程度，尚未满足全面采集覆盖要求。

2）立足石油工程数智化建设，工业化软件取得新突破

聚焦提速降本、提质增效、本质安全等方面，研发形成钻井经济指标统计、钻井井史系统、钻井优化等 30 套软件系统，支撑生产管理、钻井优化、风险预警、决策支持等业务。

通过物联网技术实现装备的全面感知、实时监控、预防维护，实现由"人工值守"向"在线监控"转变和装备报表自动生成，完全替代纸质报表。荣获国资委首届国企数字化转型创新场景大赛二等奖及山东省工业互联网平台、质量标杆。在胜利、中原、江汉等地区公司先后推广应用 48 部钻机。

实现液位监测、井控预警、自动灌浆、电子报表等功能，减轻现场人员坐岗工作劳动强度，提高现场井控安全水平，得到了一线用户充分认可，特别适用于窄密度窗口地层和井控风险较高的重点井，在黄河、西南、海洋试点推广配套 5 支井队，在牛页、利页、丰页、元坝等区块服务近 30 口井，助推页岩油开发创出新纪录。

自主研制的一套集数据采集、汇聚、存储、传输及现场应用为一体的数智化产品，实现了钻完井及井下作业全链条现场数据的汇聚应用，可同时支撑 IPPE 及石油工程应用需求，开创石油工程边端数据统采共享新模式。初步先在试油气、固井，以及下套管等现场开展实时数据的采集、汇聚、传输和应用。

开发了一套完善的钻井工程理论体系和现场实践技术相结合的应用方法，强调以实时监控数据为基础，基于对低效事件、井眼清洁、起下钻措施、井壁稳定及井漏异常等状况开展数据监测、对比分析，给出参数优化调整建议，帮助现场精准决策、科学管控，累计推广应用 136 口井，钻井周期平均缩短 11.3%，平均机械钻速提升 25.7%。

智能钻头可直接获取钻头位置最真实的数据反馈，可对钻头的振动、扭矩、载荷、压力、温度等 6 个参数进行实时监测，降低振动、冲击荷载，以及黏滑效应，实现快速平稳钻进，延长钻头的使用寿命；随钻工程参数智能监测，集成钻压、扭矩、弯矩、三轴振动、三轴冲击、内外环控压力等多参数同步采样。

攻克轨迹控制、通信效率、地质测量、可靠性等4大难题，形成4大创新成果、9项核心技术，建立研发、制造、服务、维保全流程产业化体系，国产化率达94.5%，是智能油田增储提产降本核心技术利器，累计生产22串、应用286口井，进尺35.5万米，耐温165℃，最大造斜率15度/30米，55口井实现趟钻进尺"超千米"，国内首家实现页岩油、页岩气等全场景应用。

开发了井场一体化决策支持平台，实现数据的统一汇聚，生产3套A型决策房、15套B型决策房，在牛页示范区应用，实现甲乙方一体化协同办公构建远程监测、实时数据分析、生产管理等多场景应用，研发形成第三代MatriExplore CSD-Ⅲ智能岩屑采洗仪，应用22口井，产品已定型发布，清洁程度高、连续取全取准（快钻时1～4分钟/米），剖面符合率等高于人工取样，大大降低劳动强度。

研制了固井参数实时监测系统，能够实现固井施工参数密度、压力、流量等数据实时监测（密度0.8～2.9克每立方厘米、压力0～75兆帕、流量0～3立方米每分钟），开发了固井大数据系统，实时监测固井过程参数，快速准确分辨井下异常特征，实现施工过程预警分析和参数优化，应用20口井，监测固井压力范围0～70兆帕，实时监测精度不小于95%，信号延时小于5秒。

开展一体化压裂数据采集分析决策技术研究，实现施工数据自动采集、远程展示及裂缝动态监测等功能，形成了压裂设备自动化控制技术，实现了压裂设备状态监测报警，一键自动供液，储砂罐与地面管汇流程的远程控制。

2. 数智化钻井技术展望

智能钻井是综合作业工艺、仪器与装备、组织与计划的多学科、多领域交叉的系统性工程，在根本上促进传统工艺、技术的发展升级与行业变革，从而进一步提高机械钻速、降低作业风险、缩短非作业时间，实现安全、高效、绿色生产。可靠数据采集（井下地质—钻井工程参数、地面装备物联网数据、人员—物资—作业管理等）、高速双向通信（井下—地面—远端的数据上传、指令下达）、科学智能决策（设计优化、风险预警、决策控制、群智能协同等）、联动协同自控（地面自动、井下闭环、远程支持）成为数智化钻井规模应用的关键问题。中国石化将持续开展上述问题攻关，稳步推进传统油气开发向数字化、智能化变革。

1）强化数智赋能，推进透明井筒建设

加快完成数字钻头、分布式测量、固井监测、无人机巡检、智能化可穿戴设备等数据采集、汇聚技术、装备研制，实现装备—物资—人员—作业—环境的全井场数字化重构；打通井下—地面双向高速通信链路、建立井下测—传—控工具环网，实现井下—地面实时数据、指令交互；全面推进自动化装备升级改造，开展井下电控工具、全电驱自动化钻机等自动化装备系统研制、升级；为智能化分析、决策、控制提供实施保障。

2）加强基础性、信息化、智能化科技攻关，重塑钻完井工程决策控制体系

聚焦知识发现，基于井场数据融合挖掘，开展基础性理论优化完善；通过智能＋机理融合，建立具有泛化能力的钻完井智能算法体系与专业化计算引擎，开展智能场景应用探索，科学指导现场作业；推进信息化系统建设与融合集成，梳理钻完井全周期业务逻辑与信息化、智能化成果，实现各功能模块间数据贯通与业务交融，形成具有多源数据融合可视、多智能体交互协同、多目标博弈优化能力的一体化平台；持续开展细分领域知识库与钻完井工程大模型建设，通过多模态理解、多源推理、知识嵌入等，实现钻完井工程智能化分析决策从感知向认知的转变。

3）完善终端应用，推动业务管理与运行模式变革

打造动态感知、实时交互的数字化井场，通过云边端协同与AI智脑完成钻完井作业全过程操作，少人化、无人化钻完井作业模式；打造现场施工的数智化服务与监控体系，智能优化资源配置、实现全生命周期的精细化管理；建立动态感知和实施管控的安全环保管理体系，实时推送预警信息，构建数字井场，实现钻完井作业全过程智能闭环与"人、机、物、管、环"的全方位业务管理。

此外，还需加快研发测试并推广应用国产智能钻完井工业软件。

撰稿人：张锦宏，崔杰，宿振国，吕蒙蒙。

智能钻井技术装备实践与探索

1. 智能钻井实施路线与关键问题

智能钻井是一个综合了作业工艺、仪器与装备、组织与计划的多学科、多领域交叉的系统性工程，其本质是通过融合新技术，挖掘传统钻井体系中曾经被忽视的信息、各种信息之间的关联、机理和机制，以信息化分析为基础、以智能化决策为手段、以自动化控制为表征，为钻井理论完善、工艺改进、技术优化、决策控制提供更为科学、细致、精确的方法支撑与硬件基础，从根本上促进传统工艺、技术的发展升级与行业变革，从而进一步提高机械钻速、降低作业风险、缩短非作业时间，实现安全、高效、绿色钻井。结合SPE的自动化钻井规划与胜利工程应用探索经验，可以设想智能钻井技术的实施路线，如图1所示。基于随钻地质前探、工程参数测量、分布式测量等手段，开展地层、钻具、流体的精细化建模与数字化重构：一方面，为井下智脑中枢提供决策依据，通过环网通信实现井下工具的数据融合与闭环行为控制；另一方面，与地面综合录井、物联网设备运行数据

等实时数据进行融合挖掘，通过智能化科学钻井决策与自动化钻机联动控制，实现井下—地面智能协同。建立井下—地面数据高速通信链路，开展井下—地面数据与指令信息交互，实现地面介入监管与控制；建立远端决策控制中心，通过卫星等无线通信技术开展远端与现场的数据互通，实现一个技术专家团队对多个井场的技术支持与装备、工具的控制监管。

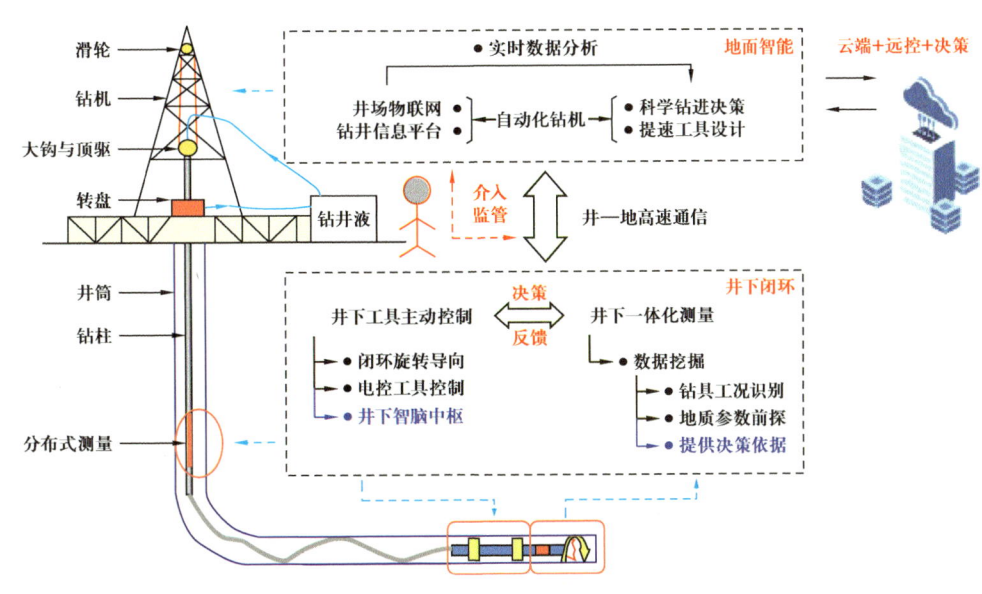

图 1 智能钻井技术的实施路线

因此，可靠数据的采集（井下地质—钻井工程参数、地面装备物联网数据、人员—物资—作业管理等）、高速双向通信（井下—地面—远端的数据上传、指令下达）、科学智能决策（设计优化、风险预警、决策控制、群智能协同等）、联动协同自控（地面自动、井下闭环、远程支持）成为智能钻井落地的4项关键问题，具体涉及随钻地质前探、数字钻头、闭环旋转导向、电控提速工具、分布式测量、信息钻杆、全自动钻机、地面装备物联网、多源数据融合挖掘、智能决策、风险预警、主动控制等核心技术。

2. 胜利工程智能钻井技术探索

针对智能钻井采集、传输、决策、控制的4个关键问题中的部分核心技术，在中国石化智能钻井体系规划与分工的基础上，结合前期技术积累与一线实际需求，从地面自动化技术与装备、井下测/传/控工具、智能信息化建设3个技术方向开展了技术攻关与应用探索。

1）自动化技术与装备

自动送钻技术。目前，自动送钻控制已经成为自动化、智能化钻井核心的技术之一。中石化胜利石油工程公司研制了自动送钻地面控制系统，基于profibus协议实现了绞车与顶驱信号的接入与指令控制（图2），传感器数据与PI调节运算配合实现了钻机恒钻速、恒钻压、恒压差、恒扭矩4种基本模式与多种组合模式的执行控制，进行了5口井的现场试验，钻速、钻压、压差和扭矩的控制精度分别为±0.2米/小时，±3千牛，±0.1兆帕和±320牛·米；配套开展了数字钻头参数感知、钻井参数优化决策等技术研究，以井下数据为依据、以智能决策为手段，开展了智能送钻控制技术探索。在自动送钻基础上，开展了扭摆减阻技术攻关，研制了双向扭摆控制系统，通过在滑动钻进时控制顶驱往复扭摆的方式，使上部与底部钻具分别在波动性扭矩与反扭矩作用下往复转动、实现滑动钻进的降阻减摩，进行了15口井的现场应用，摩阻最高降低80%。此外，参考美国Nabors钻井公司扭摆滑动钻进导向控制系统（DSCS）和北京石油机械有限公司滑动钻井导向控制技术（TDDS）的理念，开展了自动化滑动导向钻井技术探索，目前正在进行井眼轨迹动态规划与工具面调控理论研究。

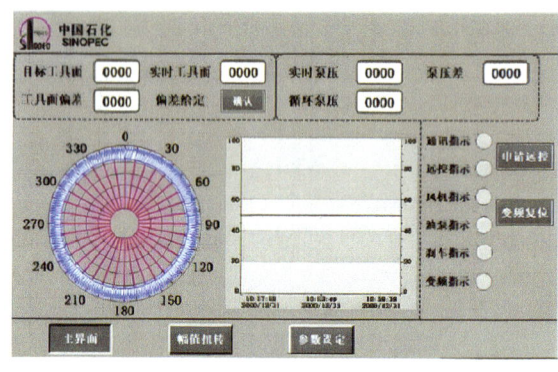

a. 自动送钻控制系统　　　　　　b. 双向扭摆控制系统

图 2　自动送钻控制系统和双向扭摆控制系统

（1）管柱自动化处理与一体化集成控制系统。统计表明，整个钻井过程中有30%以上的时间用于管柱处理作业，相比于传统人工作业模式，使用自动化机械装备进行管柱排放操作，起下钻时间能够缩短约25%、人员安全风险降低30%～52%。因此，胜利工程联合多家单位开展了动力猫道、动力鼠洞、动力卡瓦、钻台机械手、二层台排管装置等装备的研制，一键集成控制、安全管理等技术研究。利用机器视觉实现管柱接箍识别、定位，配合逻辑控制，实现自动化机具间30项互锁与39项防碰安全管理，通过模块化灵活引用的方式实现建立柱、钻进、起钻、下钻、下套管、固井、甩立柱七项作业的自动化闭环控制，管柱传输速度45根/小时、排管效率18～20柱/小时、上卸扣速度45秒/根。配合中石化四机石油机械有限公司钻机主机，建成了2台7000米自动化钻机、1台5000米和1台8000米自动化钻机，在17口井进行了现场应用，其中，7000米自动化钻机在牛页国家级页岩油示范区创造了二开ϕ311.1毫米井眼日进尺1620米的全国纪录。

（2）钻井液智能调控系统。除旋转、举升之外，以钻井液性能调控为代表的循环系统自动化也是地面自动化技术的重点领域，主要涉及钻井液性能在线监测、钻井液自动配浆、岩屑分型识别、精细控压钻井，以及自动化压井5类技术、装备的研究工作。目前胜利工程已开展前4类技术、装备的研究与应用。其中，钻井液性能在线监测系统已实现油基、水基、油水3种钻井液体系的性能监测，实现了钻井液流变性、密度、破乳电压、油水比、离子含量等16项性能参数的实时监测、连续记录、数据远传，在245口井进行了应用。精细控压钻井系统采用一体式全电驱动，相比于传动电控液控压钻井系统，体积更小、重量更轻、响应更快、精度更高，牛页国家页岩油示范区某井应用该系统实现了全过程精细控压施工，完钻井深6362米，创页岩油井最深纪录。钻井液自动配浆主要涉及袋装处理剂的自动开袋添加与包装回收装置，通过五轴机械臂与3D视觉引导实现机械臂摩阻对袋装物料的识别、抓取，经由拆袋输送装置进行拆袋、分离、送料。钻屑分型识别技术主要涉及岩屑体积、大小、形状、流量的识别评价，用于辅助开展井筒完整性评价、异常监测预警，以及钻井液性能优化，相关装置与系统在5口井开展了应用测试，监测预警功能运转正常，岩屑体积测量准确率88.7%。

2）井下测—传—控技术与工具

（1）数字钻头参数感知技术。作为破岩钻进的直接执行机构，钻头的动力响应是破岩工况、钻进参数、地质特性间数据关系的直接体现。受客观原因影响，钻具的动力学响应在钻柱不同位置处表现出明显的特征差异，传统安装于螺杆上游的工程参数测量工具难以获得钻头位置的真实数据反馈，以此为基础的数据分析与智能决策存在严重的数据偏见与不可预测的风险。针对于此，胜利工程探索研制了小型化的数字钻头参数感知模块（图3），可以在不改变现有钻具组合结构的前提下安装于钻头内部，直接获取钻头位置处振动、转速、钻压、扭矩、井斜角、井温等多种工程参数，进行11井次的现场测试。利用该模块，可以通过离线采集、事后分析的方式进行钻头真实工况识别评价、制定提速技术措施，以及提速工具的优化设计与主动控制。此外，该小型化、嵌入式的测量模块亦

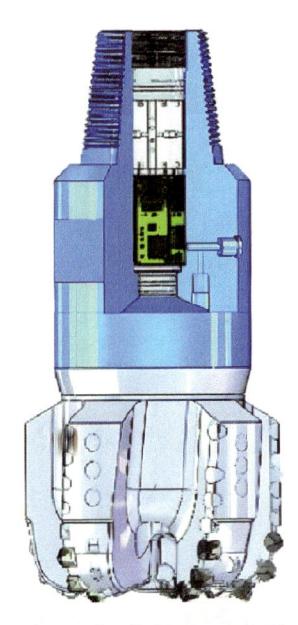

图3 数字钻头示意图

可安装于其他钻具内部，经过优化水力学结构，其在30升/秒排量下的理论水力压降小于0.1兆帕，具备沿钻柱多点分布式测量的条件。

（2）地层流体随钻取样分析技术。地层、钻具、流体是实现井筒数字化的3个对象。一般而言，现有钻后电缆式流体取样与钻井液性能监测系统都是在地面进行钻井液性能参数的测量与分析，在一定程度上分别涉及了地层流体样品污染与井筒流体环境改变等问题。胜利工程研制了适用于ϕ215.9毫米井眼的随钻井下流体取样工具样机，其可以在钻井过程中的短暂间歇进行地层流体取样，在胜利某井进行了现场测试，样品污染率平均6.62%。目前正在推进电导率、黏度、密度、地层压力等参数测量挂接模块的研制。

（3）非接触式信息通信钻杆。随着井下测量技术的进步，现阶段传统5～36比特/秒的钻井液脉冲、电磁波，以及声波通信技术已无法满足高频率、高分辨率的井下测量的需

求，严重制约了智能化钻井技术的发展进程。胜利工程自2009年开始进行信息钻杆关键技术的研究，通过在钻杆本体内穿线、公母接箍处嵌入线圈的方式，探索了电磁感应与有缆通信接力的井下—地面间数据通信技术。在室内条件下进行了140米连续传输测试，传输速率56千比特/秒。目前正在推进分布式测量模块、中继短节、旋转通信短节等关键配套装备研制与信息通信钻杆成型加工工艺工作。

3）智能信息化建设

（1）井场数据中枢与业务一体化平台。基于中国石化标准建设成果，制定了数据规范、统一编码体系和信息交互标准；研制了井场数据中枢，内置集成Modbus、RS485、TCP等多种通信协议，可以实现井场多源数据融合汇聚与远程通信。一方面，通过在关键设备安装传感器的方式实现了绞车、转盘、顶驱、钻井泵等14类设备运行数据采集、共享，通过特征分析建立了设备健康智能诊断模型，开发了具有全面感知、实时监测、维保提醒、预警提示、保障运行等功能的钻机设备健康管理系统。RFID射频与手持式终端配合，实现了设备快速巡检与报表自动填写。另一方面，根据中国石化SICP系统组件开发、模块集成的设计思路，融合钻前设计资料与钻进实时数据采集，搭建了井筒业务一体化平台。该平台具备施工方案优化管控、工程动态监测与异常预警、钻后资料一体化运行管理、案例知识库管理利用等功能。相关装置与系统平台均已形成规模化应用，为提速提质增效提供了信息支撑。

（2）钻井参数优化决策。基于数字钻头实测数据与地面综合录井数据融合挖掘，初步建立了钻井参数方案量化评价与钻速、比能、振动等关键参数超前预测模型，实现了指标参数云图预测与钻井参数边界控制；平衡各关键参数间让步竞争关系，建立了钻井参数方案的多目标博弈优化模型，实现了钻井参数的优化决策。配套测井解释、井眼轨迹推算、螺杆效能、比能计算、力学计算等传统模型，初步构建了专业化计算模块。相关方法在胜利工区进行了3井次的试验，钻井参数优化结果与人工分析结果一致。

（3）科学钻井远程决策支持中心。为推动钻井工程技术向信息化、科学化、智能化发展，胜利工程成立了科学钻井远程决策支持中心，运用云计算与大数据智能分析手段，实现了钻前地质工程一体化方案优化、钻中实时监测—诊断—优化，以及钻后评估分析的全生命周期远程技术决策支持，形成了地质工程一体化协同、实时分析决策、现场执行反馈的"交互式"技术管理模式。自2024年该中心投入使用以来，已完成24口井的试点应用，制定提速方案24套，出具优化报告及作业建议书500余份，全面提升了钻井作业效率与质量。

3. 问题与建议

胜利工程在智能钻井地面自动化装备、井下测量与传输工具、智能信息化建设等领域均有涉及，与中石化石油工程技术研究院有限公司、中石化经纬有限公司、中石化四机石油机械有限公司等合作互补，初步形成了相对完整的智能化钻井技术、装备体系。但是在实际应用探索中发现，除油基钻井液影响、高温高压环境耐受、测量精度与决策准确性等常规改进需求外，胜利工程在智能钻井整体实施层面仍面临着大量问题，还需要在双向通信、业务融合、知识挖掘3个领域开展技术攻关与深入探索。

（1）井下—地面数据通信不畅、井下设备组网能力有限。井下—地面数据通信是决定智能钻井技术落地的关键。目前在技术应用过程中，仍然通过硬件连接实现有限设备的组网通信，利用钻井液脉冲进行数据上传与指令下达，数据总量小、兼容设备少、通信效率低。需在挖掘现阶段累积数据的基础上，研制井下智脑中枢，通过井下采集、井下分析、井下决策、地面监督的方式实现井下智能闭环，降低井下—地面通信压力；加大低成本、高速率井下—地面通信技术的研发力度，探索井下与地面全双工通信与井下多设备自由组网技术，助力智能钻井以井下—地面智能协同的方式落地。

（2）全系统融合度有限，缺乏业务逻辑上的融合集成。相关技术主要是硬件系统在空间上的集成与多源数据在载体上的集中，部分实现了同一细分领域内测量—决策—控制系统的联动，但在钻井工程整体业务逻辑上仍然缺乏交叉融合与协同联动。需进一步梳理业务逻辑，实现各智能系统在数据挖掘与决策分析上的多模态理解、深度融合、群体博弈，开发具备可视化工艺编程、全系统联动控制能力的自动化控制系统。

（3）理论研究局限于方法替代，数据挖掘深度不足。基础理论研究主要集中于智能模型对传统方法的替代，忽略了大数据条件下对隐藏知识、机理、机制的分析发现，未能推动钻井工程理论的进步。需深入开展多源数据融合下钻井工程数据挖掘与知识发现，结合传统钻井理论成果与施工经验，搭建细分领域知识库与知识图谱，推动机理—数据混合驱动建模与智能模型迁移泛化研究，为智能钻井行业大模型的构建创造条件。

基于信息化、自动化、智能化的智能钻井技术是新时代油气行业变革的迫切需要。国内外企业与高校针对可靠数据采集、高速双向通信、科学智能决策、联动协同自控4个关键问题已开展大量的研究并取得了突出的成果。其中，国外以美国国民油井自动化闭环钻井与贝克休斯自动导向钻井为代表，已初步形成了相对完整的智能化钻井解决方案并提供商业化服务。国内虽在各关键技术上均有突破，但在井下—地面高速通信技术，以及各系统业务逻辑的交叉融合、协同控制上存在差距，需进一步深化改进。此外，在智能决策领域还需要注意，智能化技术只是实现传统技术升级的手段，其本质目标是知识挖掘与效率提升，而非简单的技术替代；需持续开展基础性钻井理论研究，并着重发挥信息化、智能化技术对理论研究的促进作用。

原文来源于《中国知网》和《石油钻探技术》，根据原文改编。
原文作者：裴学良，黄哲。